# 马克思对黑格尔辩证法的扬弃

朱长兵 著

中央编译出版社

图书在版编目（CIP）数据

马克思对黑格尔辩证法的扬弃 / 朱长兵著. —北京：
中央编译出版社，2018.1
ISBN 978-7-5117-3455-6

Ⅰ. ①马…
Ⅱ. ①朱…
Ⅲ. ①马克思主义哲学-研究②黑格尔（Hegel，Georg Wehelm 1770-1831）-辩证法-研究
Ⅳ. ①B0-0 ②B516.35

中国版本图书馆 CIP 数据核字（2017）第 304990 号

**马克思对黑格尔辩证法的扬弃**

| | |
|---|---|
| 出 版 人： | 葛海彦 |
| 出版统筹： | 贾宇琰 |
| 责任编辑： | 曲建文 |
| 责任印制： | 刘　慧 |
| 出版发行： | 中央编译出版社 |
| 地　　址： | 北京西城区车公庄大街乙 5 号鸿儒大厦 B 座（100044） |
| 电　　话： | （010）52612345（总编室）　　（010）52612370（编辑室）<br>（010）52612316（发行部）　　（010）52612346（馆配部） |
| 传　　真： | （010）66515838 |
| 经　　销： | 全国新华书店 |
| 印　　刷： | 廊坊市海涛印刷有限公司 |
| 开　　本： | 710 毫米×1000 毫米　1/16 |
| 字　　数： | 177 千字 |
| 印　　张： | 15.5 |
| 版　　次： | 2018 年 1 月第 1 版 |
| 印　　次： | 2018 年 1 月第 1 次印刷 |
| 定　　价： | 55.00 元 |
| 网　　址： | www.cctphome.com　　邮　箱：cctp@cctphome.com |
| 新浪微博： | @中央编译出版社　　微　信：中央编译出版社（ID：cctphome） |
| 淘宝店铺： | 中央编译出版社直销店（http://shop108367160.taobao.com）　（010）55626985 |

本社常年法律顾问：北京市吴銮赵阎律师事务所律师　闫军　梁勤
凡有印装质量问题，本社负责调换，电话：（010）55626985

# 马克思主义理论研究文库编委会

主 任：夏天东

副主任：丁虎生　饶旭鹏

委 员：夏天东　丁虎生　饶旭鹏　苟颖萍
　　　　叶　进　杨　莉　王海霞　张铁军
　　　　张军成　吴宗铖　刘海霞

# 总　序

呈现在读者面前的是兰州理工大学马克思主义学院"马克思主义理论研究文库"系列著作。马克思主义理论研究文库（以下简称"文库"）旨在支持学院专、兼职教师在马克思主义理论学科领域内开展理论探讨和研究。这项计划于2015年正式启动，每部著作给予一定的经费支持，准备连续开展几年，形成系列学术研究成果。

意识形态工作是党和国家一项极端重要的工作，高校作为意识形态工作的前沿阵地，肩负着学习研究宣传马克思主义，弘扬社会主义核心价值观，为实现中华民族伟大复兴的中国梦提供人才保障和智力支持的重要任务。做好高校意识形态工作，是一项战略工程、固本工程、铸魂工程，事关党对高校的领导，事关全面贯彻党的教育方针，事关中国特色社会主义事业后继有人，对于巩固马克思主义在意识形态领域的指导地位，巩固全党全国人民团结奋斗的共同思想基础，具有十分重要而深远的意义。

习近平总书记指出，每个时代都有每个时代的精神，每个民族都有每个民族的价值观念。一个民族、一个国家的核心价值观必须同这个民族、这个国家的历史文化相契合，同这个民族、这个国家的人民正在进行的奋斗相结合，同这个民族、这个国家需要解决的时代问题相适应。当前，我们全党、全国人民正在为中华民族伟大复兴的中国梦而努力奋斗，这是当代中国马克思主义研究的重大主题。伟大的事业需要伟大的精神，伟大的精神需要基本的价值共识。像中国这样一个有着13亿多人口、56个民族的大国，要真正做到这一点，必须确立反映全国各族人民共同认同的价值观的"最大公约数"，最大限度地团结全社会的力量，"众人拾柴火焰高""一箭易折，十箭难断"。

　　我们也必须清醒地认识到，世界范围内各种思想文化交流交融交锋更加频繁，社会思想意识更加多元多样多变。面对这样的新情况、新问题，我们必须保持头脑冷静，始终坚持马克思主义的指导地位，大力培育和践行社会主义核心价值观，增强价值观自信，扩大主流价值观念的影响力。还要全面提升意识形态话语权和国家文化软实力，讲好中国故事，传播好中国声音。要以马克思主义理论为指导，牢牢把握国家、社会、公民各层面核心价值观的制高点，才能赢得驾驭党和国家长治久安全局的主动权。面对各种思潮和复杂的社会现象，运用马克思主义的立场观点方法在多样中求得共识、在多元中确立主导，形成全社会的价值共识，凝魂聚气、固本清源，发挥正能量，增强对重大理论和现实问题的阐释力，是中国马克思主义者共同的责任。为此，我们需要在全社会倡导以改革创新为核心的时代精神，为实现中华民族伟大复兴的中国梦提供共同精神支柱和强大精神动力的理论研究。

　　近年来，中宣部、教育部连续出台了系列文件，就进一步加强马克思主义在意识形态领域的指导地位、创新思想政治理论课程体系及马克思主义学院建设提出了明确要求，这体现了党对马克思主义理论及意识形态教育的高度重视。高校马克思主义学院建设要以马克思主义理论学科优先发展、优势发展、优质发展带动高校哲学社会科学繁荣发展，更充分发挥高校哲学社会科学育人功能。推进马克思主义理论学科基础理论和重大问题年度主题研究，搭建高端马克思主义理论教育和研究平台，培养一批理想信念坚定、业务能力精湛、对时局把握准确的高水平的马克思主义者，凝练学科方向，汇聚学科队伍，扩大学科影响，把马克思主义理论学科建设成为哲学社会科学优势学科，构建以马克思主义理论学科为引领，相关学科为补充，有效支撑思想政治理论课建设的学科体系，使马克思主义理论学科真正成为强势学科并发挥在意识形态教育中的作用。

　　我校马克思主义学院按照全面深化改革、全面推进依法治校、全面加强党的建设、全面加快建设国内高水平教学研究型大学步伐的总体部署，带领全院师生解放思想、开拓创新、真抓实干、加快发展，要把老师们研究成果运用到思想政治理论课教学中，拿起马克思主义的理论武器，坚决同一切反马克思主义、伪马克思主义思潮做斗争，切实树立马克思主义理论学科的优势地位，化理论为方法，给学生传递正能量。这事关意识形态工作大局，事关中国特色社会主义事业后继有人，事关实现中华民族伟大复兴的中国梦，必须始终摆在突出位置，持之以恒、常抓不懈。在学校的大力支持下，马克思主义学院近年来发展势头很好，先后获得了马克思主义理论一级学科硕士点、省级重点学科，马克思主义学院入选甘肃省首批重点建设马克思主义学院，马克思主义理论学科入选学校"红柳一流学科建设规划"，这些成绩的取得是学校重视马克思主义理论学科发展和学院师生共同努力的结果。这对于加强马克思主义理论学科建设和教学水平提高，无疑是非常重要的。

　　马克思主义学院开展的"马克思主义理论研究文库"出版计划，顺应了国家加强思想政治理论课建设的形势，对于提升其学术研究能力、凝练学科方向、提高思想政治理论课教学质量具有重要的意义。

　　该文库紧紧围绕马克思主义理论研究展开研究，尽管每位学者关注的问题有所不同，但都自觉运用马克思主义的立场、观点和方法来分析问题，坚持马克思主义的主导地位，并将这一核心立场贯穿始终，有的则直接研究马克思主义文本、著作、历史影响等。大家的观点可以争鸣，但都围绕马克思主义理论展开研究，充分体现了马克思主义的主导地位。马克思主义理论学科有六个二级学科，应该说，在每个学科方向上都形成特色是不大现实的，因此，有必要凝练几个特色研究方向，重点支持，并突出重点方向，结合西北地方特点和民族特点，多出高水平成果。该出版计划是一项持续的出版计划，要一直开展下去，必要时可以向全校、甚至全社会征集理论选题，真正体现包容性，也有利于创造学术品牌。动员老师积极参与，认真组织选拔，确保文库的学术水平。

希望学院老师能以本"文库"出版为契机，抢抓发展机遇，大力发扬学校提出的"红柳精神"，踏石有痕、抓铁留印、苦练内功、攻坚克难，为把马克思主义学院建设成省内有示范，国内有影响的马克思主义学院而努力奋斗。

是为序。

"文库"编委会

2017 年 1 月 1 日

# 目录 Contents

导论 ········································································· 1
  一、为何选取这个问题 ············································· 1
  二、研究内容 ························································· 4

第一章　辩证法概述 ················································· 7
  一、理论辩证法 ······················································· 8
    1. 朴素辩证法 ······················································· 9
    2. 否定辩证法 ······················································ 10
    3. 思辨辩证法 ······················································ 12
  二、实践辩证法 ······················································ 13

第二章　马克思在辩证法规律上对黑格尔之扬 ············ 17
  一、否定之否定规律 ················································ 18
    1. 否定之否定是辩证法实质和核心 ······················· 18
    2. 自否定 ···························································· 21
  二、马克思和黑格尔哲学中的否定之否定规律 ············ 24
    1. 黑格尔哲学体系和方法并不矛盾 ······················· 24
    2. 黑格尔自由思想中的否定之否定 ······················· 34
    3. 黑格尔美学思想中的否定之否定 ······················· 62
    4. 马克思人学思想中的否定之否定 ······················· 77

    5. 马克思自由思想中的否定之否定 …………………… 93
  三、对立统一规律 ………………………………………… 105
    1. 对立统一规律含义 …………………………………… 105
    2. 马克思哲学中人和自然的对立统一 ………………… 108

## 第三章 马克思在辩证法方法上对黑格尔之扬 ………… 124
  一、综合与分析 …………………………………………… 124
    1. 与内容相统一的方法 ………………………………… 125
    2. 分析与综合的统一 …………………………………… 131
  二、抽象和具体 …………………………………………… 135
    1. 黑格尔论抽象和具体 ………………………………… 135
    2. 马克思论抽象和具体 ………………………………… 139
  三、研究方法与叙述方法的统一 ………………………… 146
    1. 黑格尔哲学中研究方法和叙述方法 ………………… 147
    2. 马克思哲学中研究方法和叙述方法 ………………… 181
  四、逻辑与历史的统一 …………………………………… 187
    1. 黑格尔哲学中逻辑和历史的统一 …………………… 188
    2. 马克思哲学中逻辑和历史的统一 …………………… 200

## 第四章 马克思对黑格尔辩证法之弃 …………………… 212
  一、从绝对理念到人的现实活动 ………………………… 213
    1. 绝对理念作为辩证法载体的缺点 …………………… 213
    2. 人的现实活动 ………………………………………… 220
  二、从解释世界到改造世界 ……………………………… 221

**参考文献** ………………………………………………………… 227

**后记** ……………………………………………………………… 235

# 导 论

## 一、为何选取这个问题

在众多哲学问题中,为何要选取这个问题来研究,有两个理由。

一是问题本身值得研究。毫无疑问,辩证法是哲学中一个十分重要的问题,学术界对此研究非常丰富,诸如辩证法的本质到底是什么,是一种方法论,还是本体论,或是兼而有之?辩证法的内容有哪些?如何理解?等等。要研究辩证法问题,自然需要深入研究哲学史上哲学大家对辩证法的探究。众所周知,黑格尔是辩证法大师,尽管因其辩证法的唯心性质而受诟病,我们不能完全赞同他对辩证法的理解,但无疑他对辩证法的理解十分深刻。马克思受到黑格尔辩证法的影响很大,但他并不是全盘接受,而是发扬黑格尔辩证法的优点,克服其不足,对之进行扬弃。既然黑格尔辩证法十分深刻,而马克思又对之进行了扬弃,因此就非常有必要搞清马克思对黑格尔辩证法的扬弃所在。搞清这个问题，既是对黑格尔辩证法的澄清，也是对马克思辩证法的认准。同时，搞清了黑格尔和马克思的辩证法，一定程度上可以说，也就对黑格尔和马克思哲学有了很深刻的理解。故此，我把"马克思对黑格尔辩证法的扬弃"作为本专著研究的主题。

二是目前对此问题的研究还需深入下去。对马克思与黑格尔辩证法之间关系的研究很多，直接对此研究的就有不少，有的以此作为博士论文的主题。间接研究的更是十分丰富，凡是单独研究马克思辩证法的，几乎都离不开与黑格尔辩证法的比较。同样，只是研究黑格尔辩证法的，往往也少不了与马克思辩证法进行对照。无疑，这些研究或多或少或深或浅取得了成绩，值得参考。但是由于这个问题本身的难度，对此的研究远没有结束，仍需继续深入下去。马克思对黑格尔辩证法有扬有弃，对于扬的方面，从辩证法作为规律方面看，马克思发扬了通常所说的黑格尔辩证法三大规律，即否定之否定、对立统一和质量互变规律。但是，对这三大规律，特别是对否定之否定和对立统一规律的理解仍需进一步思考。比如，如何理解辩证法的实质和核心，如何理解"否定"，如何理解"对立统一"，如何理解黑格尔哲学体系和其方法关系，如何从否定之否定规律角度来理解黑格尔的自由和美学思想主义及马克思的自由和人学思想，这些问题都需进一步探讨。辩证法一方面作为规律存在，另一方面也可以作为方法存在。从辩证法作为方法看，马克思发扬了黑格尔辩证法方法，黑格尔在"逻辑学"中专门论述了辩证法方法，他认为辩证法的灵魂是否定，其表现形式是综合与分析的统一。马克思强调抽象与具体、研究方法与叙述方法的统一和历史与逻辑的统一，实际上是以否定之否定为基础的，是对黑格尔方法的发扬。

黑格尔辩证法是理论哲学视野下的辩证法，马克思辩证法是实践哲学下的辩证法，要想搞清马克思到底是如何克服黑格尔辩证法的，必须理解实践哲学和理论哲学分野何在。恰恰在这个问题上，还需进一步研究深入。目前这方面的探讨大体可总结为四个过程。① 一是认为黑格尔辩证法是唯心的，马克思辩证法是唯物的，马克思对黑格尔辩证法的克服是唯物辩证法对唯心辩证法的克服，马克思辩证法是关于自然、社会和人类思维普遍规律的概括，这很明显是把马克思辩证法当成理论哲学，其目的是追求对世界规律的掌握。二是强调应从思维和存在关系上、从认识上来理解马克思辩证法，这种对马克思辩证法的理解虽然比第一种的理解要合理，但仍没有找到与黑格尔辩证法相区别的根本所在。三是与前两种不同，看到了实践在马克思哲学中的根本地位，把马克思哲学理解成实践唯物主义、实践本体论等，由此而把马克思辩证法理解成实践辩证法。② 应该说，看到实践在马克思哲学和辩证法中的重要作用，确实比前两种看法有巨大的进步，但是，这种实践辩证法仍属于理论哲学，它仍是追求世界的规律，只不过，现在是以实践为基础而已。所以，实践辩证法也没有真正克服黑格尔辩证法。四是在对实践扩大理解的基础上，认为马克思哲学是以人的生存为根基的，马克思哲学是生存论哲学，由此马克思辩证法是生存辩证法。把人的实践扩大理解为人的生存，看到人的生存在马克思哲学中的地位，这无疑十分重要，生存辩证法也因此比前三种进步。但是如果自觉或不自觉地把马克思生存哲学理解成是以生存为根基来对世界的认识的话，那么这种生存哲学就仍属于理论哲学，其生存辩证法也就仍属于理论层面的辩证法，这就仍没有与黑格尔辩证法真正区别开来。与马克思和黑格尔辩证法在性质上的不同相应，两者在功能上也有质的差别。一般都认为马克思哲学是改造世界的哲学，其辩

---

① 此处参考了白刚、张荣艳的《当代中国马克思辩证法的四大范式》，《教学与研究》2007年第10期。
② 注意，这里所说的实践辩证法与第一章中所讨论的辩证法发展历史中一个阶段的"实践辩证法"含义不同。

证法是改造世界的辩证法；黑格尔哲学是解释世界的哲学，其辩证法是解释世界的辩证法。其实，解释世界和改造世界是分不开的，把黑格尔和辩证法归结为单一的功能是不合理的，应该从解释世界和改造世界这两者相统一的角度来理解马克思对黑格尔辩证法的克服。

## 二、研究内容

对马克思如何扬弃黑格尔辩证法的研究，在内容上做不到也没有必要面面俱到。本专著研究内容的取舍基于两个原则：一是研究内容的重要性，如果内容不重要，也就没有必要进行研究；二是目前学术界对此内容的理解还不够令人满意，如果内容很值得研究，但目前学者已经对此研究得很好，那么也就不必研究了。依据这两个原则，本著作研究内容是：

第一章概述辩证法。主要是大致梳理到马克思为止辩证法的发展历史，通过对辩证法发展的概述，可对黑格尔和马克思辩证法有一个性质上的了解，从整体上初步看出马克思对黑格尔辩证法的扬弃所在。我们把辩证法的历史分为两个阶段：理论辩证法和实践辩证法。理论辩证法认为理论活动居主导地位，实践活动处于从属地位，由此而认为理论活动是无限的，人们能够获得对世界永恒不变的真理，或者虽认为实践活动居主导地位，理论活动处于从属地位，但并不由此得出理论活动是有限的，不能获得永恒不变的真理，理论辩证法旨在追求对世界的永恒认识。理论辩证法可分为三个阶段：一是朴素辩证法，在这个阶段中，人们虽然看到事物具有对立的性质，但实际上并没有认识到真正的对立，可以说在这个阶段思维实际上具有朴素确定性；二是否定辩证法，这个阶段中，人们虽然发现了事物所具有的对立性质，但是并不予以承认，而是竭力消除这种对立，思维实际上被发现具有不确定性；三是思辨辩证法，这个阶段中，人们发现了事物所具有的辩证性质，并予以承认，是确定地承认了这种不确定性，在这个意义上可以说思维是确定的。实践辩证法认为实践活动居主导地位，理论活动处于从属地位，并且由此认为理论活动是有限的，不可能获得永恒不变的真理，实践辩证法的旨趣不是追求对世界的永恒认识，而是从哲学高度上去理解人们应该如何去实践。

  第二章讨论马克思在辩证法规律上对黑格尔辩证法之扬。在辩证法规律中，我选取否定之否定和对立统一规律来讨论。尽管马克思和黑格尔辩证法性质有根本不同，但是他们对这两个规律的理解却是一致的。在对否定之否定规律的理解中，马克思和黑格尔都认为辩证法的实质和核心是否定之否定规律，而并不是对立统一规律。马克思和黑格尔都认为否定是一个事物自己否定自己，而不是两个事物之间的否定，是一个事物的自否定，否定之否定是自否定的形式。对于黑格尔辩证法，有一种十分常见的批评就是黑格尔哲学体系与其方法相矛盾，如果成立的话，那将是对否定之否定规律的一个沉重打击，为此我特来论证这两者并不矛盾，以维护否定之否定规律的普遍性。同时，我从否定之否定角度来解读黑格尔有关自由和美学的思想，以此来表明否定之否定在黑格尔那里有深入广泛的使用。马克思在其辩证法中，很多地方自觉用否定之否定规律来思考问题，在此，我们选取一个特别重要的两个例子即马克思对人的理解和马克思自由思想来加以说明。对于对立统一规律，马克思和黑格尔也有相同的理解，他们是从自否定的高度来理解这个规律的，都认为对立指一个事物自己和自己的对立，是一个事物肯定方面和否定方面间的对立，而不是指两个事物之间的对立。一个事物的肯定方面和否定方面才是对立面，这两个对立面是同时存在的，既统一又对立。黑格尔在"逻辑学"的"本质论"中深入讨论了对立统一规律，这里自不必说。马克思虽然没有专门对之进行讨论，但他实际上却娴熟地运用对立统一规律。这里举出人和自然在马克思那里相对立统一的例子。

第三章讨论马克思在辩证法方法上对黑格尔之扬。我们既可以把辩证法当成一种规律，也可看成一种方法。马克思同样从方法上发扬了黑格尔辩证法。马克思和黑格尔都很强调作为方法的辩证法是以否定为灵魂。我们主要从四个方面讨论了马克思对黑格尔辩证法方法之发扬，即综合与分析、抽象与具体、研究与叙述和逻辑与历史。

第四章讨论马克思对黑格尔辩证法之弃。马克思对黑格尔辩证法的扬弃主要表现在两个相关方面：一是对黑格尔辩证法运行平台的扬弃，黑格尔辩证法运行平台是绝对理念，把绝对理念当作辩证法的运行平台，有两个突出缺点。其一是违背了对立统一原理，因为绝对理念实质上只是单纯的意识，没有把自然包括在内；其二是绝对理念是有前提的，这里的有前提并不是辩证意义上的，而是指绝对理念并没有真实反映人类生活。绝对理念的开端只是一个单纯精神意义上的"纯有"，而实际上人类生活一开始出现的并不是这个纯粹的"纯有"，而是人类的现实生活。人的现实生活作为人类一开始就面对的东西，是无前提的。同时，从人类生活出发，不会存在纯粹的精神，也不会出现单纯的自然，所以，马克思用人的现实生活就克服了绝对理念的这两个缺点。与第一个扬弃相关，马克思对黑格尔扬弃的第二个方面是用实践辩证法替换了黑格尔的思辨辩证法。表现在功能上，就是马克思从黑格尔辩证法的解释世界到自己的实践辩证法的改造世界。马克思之所以能够改造世界，首先是它能正确彻底地解释世界；其次，由于理论足够彻底，所以它能够给人们足够强大的情感驱动力，使人们切实能够依照实践辩证法来改造世界，解放人类。

# 第一章
# 辩证法概述

古希腊哲学中，辩证法的本来意义是指谈话的技巧，是通过揭露和克服彼此谈话中的矛盾而求得真理的方法。亚里士多德称爱利亚的芝诺为"辩证法的创立者"，黑格尔也认为辩证法起始于爱利亚派，"我们在这里（指爱利亚学派——引者）发现辩证法的起始"[①]。辩证法到了智者学派那里，由于当时辩论成风，辩证法成了诡辩法，成了玩弄概念、混淆是非的同义语。辩证法到了苏格拉底那里，变成反对诡辩论的工具，辩证法成为问答法，通过这种问答诘难对方，使对方陷入矛盾境地，从而逐渐对意见加以修正，而最终朝向真理。辩证法到了柏拉图那里，在把辩证法看成诘问对方以求得真理的方法外，还把辩证法当作研究"理念"如"一""多"等的性质和它们相互之间关系一种方法。到了

---

① 〔德〕黑格尔：《哲学史讲演录》（第一卷），贺麟、王太庆译，商务印书馆1959年版，第253页。

亚里士多德那里，辩证法除了传统意义上的揭露矛盾的方法外，还变成一种逻辑方法。到了中世纪，辩证法变成论证神学的工具。到了近代，康德才给辩证法提到一个较高的位置，但康德只把辩证法看作理性在认识过程中必然产生的谬误和背反，辩证法在康德那里只具有否定意义。辩证法到黑格尔那里，具有了肯定意义。辩证法作为一种思维方法，是一种在对立、矛盾中进行思维的法则。在方法上，马克思也是这么理解辩证法的。我们现在所理解的辩证法在方法上来讲基本上都是这种含义。一般来说，人的思维都要趋向确定性，人们不愿意在对立、矛盾中思考问题。但是，为什么黑格尔那么推崇辩证的思维？为什么后来的马克思等人也那么重视辩证法？人们对对象的认识总希望符合对象，现在既然人们愿意辩证地去认识事物，那么只能说明对象本身就是辩证的。辩证法的这种在对立、矛盾中进行思维的方法上的含义尽管到黑格尔才有了系统的肯定的阐述，却并不意味着黑格尔之前的辩证法就没有这种含义。实际上，在马克思之前，辩证法的这种方法上的含义有一个发展过程。我们可以大致把马克思之前的辩证法称为理论辩证法，把马克思辩证法称为实践辩证法。

## 一、理论辩证法

理论辩证法是理论哲学中的辩证法，这里的所谓理论哲学，是相对于实践哲学而言的。划分这两种哲学的依据是理论和实践的关系，关于理论和实践的关系，后面将予以论述。这里稍作说明，理论哲学对理论和实践关系持这种态度，认为理论活动居主导地位，实践活动处于从属地位，理论活动是无限的，人们能够获得永恒不变的真理。理论辩证法就是这种理论哲学中的辩证法。马克思以前的西方哲学，大体上都属于这种理论哲学。理论哲学有一个发展过程，相应的，理论辩证法也有一个发展过程。辩证法是一种对立、矛盾的思考问题的方法，尽管其包含矛盾，但是包含矛盾这一点是确定的，在这个意义上，辩证思维也是一种确定性的思维。只不过它包含了矛盾，把不确定性包含在自身之中的确定性。这样，我们就可以把理论辩证法发展过程概括为一个否定之否定过程，即朴素确定性—不确定性—真正确定性。其中对应朴素确定性的是朴素辩证法，对应不确定阶段的是否定辩证法，相应确定性阶段的是思辨辩证法。

## 1. 朴素辩证法

朴素辩证法是理论辩证法发展的初始阶段。从本性上讲，人类的思维总想趋向确定性，在人类认识之初，人类的思维水平还很低，人们认识的对象一般都是有限的，这时人们的思维一般遇不到矛盾，思维表现出朴素的确定性。随着人类生活的丰富和思维的发展，人类开始朴素地认识到事物具有辩证性质。例如事物是运动发展的，事物往往具有两个对立的性质等等。说此阶段辩证法具有朴素性质，是指在这个阶段中，人们对辩证法的理解是朴素的表面的，人们还没有领会辩证法的内涵。在这个阶段，人们也认识到事物具有对立的两面，例如，一个人既有好的一面，又有坏的一面，做一件事既有所得又有所失等。人们虽然看到了这些对立，但是这些对立实际上并不是真正的对立。在此阶段，人们往往这样来理解这些对立，如刚才那个好坏的例子，人们通常理解成一个人在这个时候是好的，在另外一个时候是坏的，而不是这样来理解：一个人在同一时间同一方面既是好的又是坏的。在此阶段，人们对辩证法的理解还很朴素，远未达到真正辩证法水平。从思维性质上看，在此阶段，人们的思维处在黑格尔所指出的知性水平阶段。虽然在此阶段，人们认识到了事物的辩证性质，似乎由此得出人们思维具有了辩证性质，但是由于此时还未真正理解辩证的真正含义，因此尽管人们认为事物具有辩证性质，但并没有真正辩证思维，此时思维还是知性思维。例如，说一个人有好的一面，又有坏的一面，人们在此阶段对此的理解是一个人在这个时候是好的，在那个时候是坏的，这个恰恰是知性思维。只有一个人在同时既是好的又是坏的，那才是真正的辩证思维。从存在与思维统一方面来看，这时思维和存在还处在朴素的统一阶段，尽管是知性的，但是人们在进行知性思维时，由于思维水平还不高，还未发现知性思维本身具有的矛盾，因此这时思维和存在还朴素统一在一起。在朴素辩证法阶段，虽然表面看事物具有辩证性质，但这种辩证实际上是虚假的，并非真正的辩证。在此阶段，思维实际上还是具有确定性的，当然这种确定性是朴素的，是初始的未反思过的，正是由于这样，我们把这个阶段称为朴素辩证法。

## 2. 否定辩证法

否定辩证法阶段是理论辩证法发展的第二阶段。在这个阶段，按照知性思维，所得出的存在和真实存在不一样。当这两者不一致时，由于真实存在不会发生错误，那么发生错误的就只能是知性思维这种思维方式。由此本应该认识到知性思维的局限，从中能够引出辩证的思维，承认辩证思维的合法性，并据此认可事物具有的辩证性，从而在辩证法高度上重新达到思维和存在的统一。但是，在此阶段，当人们认识到思维具有矛盾时，并不想承认此矛盾的合法性，而是想尽办法去消除思维所具有的矛盾，其结果是不承认事物所具有的辩证性质。这样，在此阶段，虽然发现了思维所具有的辩证性质，但是并不承认其合法性，所以，我们把这个阶段称为否定辩证法阶段。古希腊的芝诺有一个著名论证：阿克琉斯追不上乌龟。乌龟在阿克琉斯前面，阿克琉斯要想追上乌龟，首先必须到达乌龟开始所在的位置，当阿克琉斯到达乌龟开始所在的位置时，乌龟已经向前爬了一段距离，这时阿克琉斯没有追上乌龟。阿克琉斯要想追上乌龟，他必须到达乌龟现在所在的位置，当阿克琉斯到达乌龟现在的位置时，乌龟又先前爬了一段距离，这时阿克琉斯仍未追上乌龟。这样，阿克琉斯就永远追不上乌龟。芝诺的论证十分清晰有力，用知性思维无法进行反驳。但是，在事实上，阿克琉斯显然能追上乌龟。这样，就出现了思维和存在的不一致，在事实上阿克琉斯追得上乌龟，可是在理论上却得出阿克琉斯追不上乌龟的结论。事实终归是事实，事实不会出错，现在这两者出现不一致，只能是思维出现了问题。可是这里以知性为标准，思维没有任何问题。由此，问题就出现在知性思维方式上。如果这时认识到思维和事物具有辩证性质，意识到有限和无限是统一的，那么就不会知性地而是辩证地来论证这个问题，就会得出和事实一致的结果了。可惜当时人们思维还没有达到辩证水平，没有意识到思维本身具有辩证性质，以至这个问题在当时无法得到正确论证。康德意识到思维具有辩证性质，但是他并不认为这种辩证具有合法性，认为这是幻相，他极力去排除这种幻相。康德的四个二律背反道出了思维所具有的矛盾。例如，在第一个二律背反中，康德通过论证，得出了宇宙在时间和空间上既是有限的又是无限的；在第三个二律背反中，康德得出既有自由因果性存在又有自由因果性存在。康德发现了宇宙在时间和空间上既是有限又是无限这个矛盾之后，并没有承认这个矛盾，而是排除这个矛盾，他认为宇宙是一个本体，对于一个本体，我们是不能对之有什么规定的，既不能说宇宙在时空上是有限的，也不能说是无限的，康德因此取消了这个矛盾。对于自然因果性和自由，康德通过区分本体和现象而同时承认了两者的存在。康德认为，在现象上，只有自然因果性没有自由；在本体上，我们可以设立自由的存在，这样自然因果性和自由都可以同时存在而并行不悖。康德发现了知性思维的矛盾，遗憾的是他没有接受，而是极力排除掉，这样康德就错失了通达辩证思维的机会。在这个阶段，从思维方式看，处在黑格尔所讲的辩证思维或者说否定辩证阶段，这个阶段发现了思维的辩证现象，却不承认，认为是幻相。从思维和存在关系看，在现象界，康德认为没有矛盾，现象界是知性的，思维也是知性的，思维和存在是统一的。在本体界，康德认为人们不能认识本体，虽然人们在认识本体时发生了矛盾，但这个矛盾却是幻相的，思维中的矛盾实际上不存在的，至于本体是什么样子，我们不知道，因此这里思维和存在谈不上统一不统一。在这个阶段，发现了思维的辩证性质，思维具有不确定性，却不承认，予以否定，因此我们把这个阶段称为否定的辩证阶段。

### 3. 思辨辩证法

思辨辩证法承认思维具有辩证性质，在这个阶段，人们发现了思维具有辩证性质，并予以承认，认为思维本来就是辩证的，而不是由于某种原因出现的差错。柏拉图在后期对话如《巴门尼德篇》和《智者篇》中集中讨论了理念所具有的辩证性质，例如通过论证，得出一不是纯粹的一，而是包含多；他提出了"通种论"，认为对立双方都有其正确的一面，它们只有在一个更普遍的种之下才能统一起来。柏拉图对理念所具辩证性质的论证实际上也是对思维具有辩证性质的说明，他实际上对辩证法持肯定态度。辩证法在黑格尔那里得到了系统深入研究。黑格尔在绝对理念平台上说明了事物具有辩证性，认为任何事物都具有自否定性，这种根本性质表现为人们常讲的三大规律，即否定之否定规律、对立统一规律和质量互变规律。当然黑格尔对这三大规律理解与常见观点是有区别的。例如否定，不少人把否定理解成一个事物对另一个事物的否定，而不是一个事物自己对自己的否定。在对对立统一规律的理解中，不少人认为对立指的是两个事物之间对立，没有把对立理解成一个事物自己和自己对立，是一个事物肯定方面和否定方面的对立。从思维方式上，处在这个阶段的思维属于黑格尔所讲的思辨的或肯定的辩证阶段。在这个阶段，明确认识到思维事物具有辩证性，认识到一个事物在同一时间同一方面既是此又是彼，不再知性地认为一个事物不能同时是此又是彼。从思维和存在关系上看，在黑格尔这里，由于他把外在事物看成绝对理念的体现，存在是由思维来决定的，因此思维是辩证的，外在事物也是辩证的，在唯心基础上思维和存在达到了统一。此阶段上，虽然思维是辩证的，似乎是不确定的，但是既然承认辩证的合法性，也就是确定地承认了这种不确定性。因此在这个意义上，我们可以说思维是确定的，当然这个确定性是经过否定之否定的确定性，与第一个确定性不可同日而语，是包含不确定性的确定性，是真正的确定性。

## 二、实践辩证法

实践辩证法，是实践哲学中的辩证法。实践哲学是和理论哲学相对的，这里涉及理论哲学和实践哲学两个概念。理论哲学和实践哲学的区分在于理论和实践的关系。关于什么是理论活动，大家容易达成一致意见，简单地说，所谓理论活动指的是以追求知识为目的的活动。对于实践，哲学史上有不同的用法。亚里士多德把人类活动分成理论、实践和创制。理论的对象是永恒的东西，实践和创制的对象是可变的事物。同是以可变事物为对象，实践和创制的区别在于目的是否在活动本身，活动目的在自身的就是实践活动，不在自身的就是创制活动。既然目的在于自身，所以实践是一种自由的活动，而既然创制的目的不在活动本身，所以创制活动就是不自由的。在亚里士多德时代，由于生产活动由奴隶来承担，生产活动是不自由的，因此生产活动不属于实践而属于创制。康德沿袭了亚里士多德对实践的理解，他把实践分成两类：一类是技术意义上的实践，相当于亚里士多德的创制活动，这类实践不以自由为目的；另一类是以自由为目的的实践。在康德那里，生产活动也算不上是自由的实践。与亚里士多德和康德不同，马克思认为生产活动可以是自由自觉地活动，因此，马克思没有把生产活动排除在实践之外，不仅不排除在外，而且认为生产活动是一种最基础的实践活动。实践在马克思那里，有广义和狭义之分，狭义的实践指的就是刚才所讲的物质生产活动。广义的实践指的是人的一切感性活动，一切生活活动。我们这里所要讨论的实践与理论关系中的实践是广义上的实践。把实践理解为感性活动，还是不容易与理论活动区别开来，因为什么是感性活动，理论活动是不是感性活动，这个并不好说明。我们可以从活动的目的来区分实践活动与理论活动。

从活动方面看，这里的所谓理论活动就是以追求理论、获得知识为目的的活动。实践活动就是不以追求知识为目的的活动，是除掉理论活动以外的活动。实践活动和理论活动是对立统一的。一方面，它们是两种不同的活动，表现出对立；另一方面，它们又是统一的。实践活动中包含着理论活动，任何实践活动，都是人的活动，只要是人的活动，总会有一定理论（这理论的层次有高低不同）参与其中，所以可以说任何实践活动中都内含着理论活动。理论活动中也含有实践活动，理论活动是以追求理论、获得知识为目的的活动，要想达到这个目的，必须有实践活动的参与，理论的探索和理论的检验等都需要实践，所以理论活动中必定含有实践活动。理论活动是以追求理论、获取知识为目的的活动，这样的活动显然不是人的第一、原生的活动。人一开始进行的并不是理论活动，而是实践活动。另外，理论活动虽然可以指导实践，但是这种指导从根本上说还要受到实践的制约。因此实践活动对于理论活动，居主导地位。由于人的实践活动都是在一定范围受到一定条件限制的活动，而理论活动又是受到实践活动决定的，所以理论活动也就是有限的，人们不可能穷尽对世界的认识，不可能找到永恒不变的真理。这样，对待实践与理论的关系就有两种态度。一种是正确的态度，这种观点认为实践活动居主导地位，理论活动处于从属地位，并且由此认为理论活动是有限的，不可能获得永恒不变的真理。对实践与理论关系持这种态度的哲学就是我们这里所命名的实践哲学。由于实践哲学认为实践是第一性的，理论不能获得永恒不变的真理。所以尽管这种实践哲学本身也是一种理论活动，目的也是获得认识，但是这种实践哲学并不是去追求对世界的永恒认识，而是从哲学高度上去理解人们应该如何去实践，如何获得解放和自由。马克思哲学就是这种实践哲学，它的目的并不是去追求一个至当不易的真理，而是从哲学上去说明人应该如何去实践，如何走向自由和解放。与这种正确态度相反，另一种错误态度认为理论活动居主导地位，实践活动处于从属地位，由此而认为理论活动是无限的，人们能够获得对世界永恒不变的真理；或者虽认为实践活动居主导地位，理论活动处于从属地位，却并不由此得出理论活动是有限的、不能获得永恒不变的真理。对实践与理论关系持这种态度的哲学就是我们这里所命名的理论哲学，由于理论哲学不管什么情况下都认为理论能够获得永恒不变的真理。因此，这种理论哲学就与实践哲学相反，它的旨趣就是去追求对世界的永恒认识，而不是从哲学高度上去理解人们应该如何去实践，如何获得解放和自由。

实践辩证法是实践哲学中的辩证法，马克思哲学是我们上面所言意义上的实践哲学，其中的辩证法是实践辩证法。在理论哲学视野下，由于目的是要获得一个至当不易的真理，因此其最成熟的思辨辩证法也只能指主体和客体在认识上所具的辩证性，至于主体和客体在实践上的辩证关系就避舍了。实践哲学是以实践为第一性的哲学，其目的是追求人的自由和解放，不是追求永恒不变的知识，因此其中的辩证法主要不是主体和客体在认识上的辩证法，而是人在追求自由中所表现出来的辩证法。从否定之否定方面来看，对于个人来说，人追求自由的过程表现为从抽象的自由到异化的自由最后到具体自由的否定之否定过程。对于社会来讲，是从原始社会公有制到私有制社会最后到共产主义共同体之否定之否定过程。从矛盾方面看，实践中的根本矛盾是人的需要与外在状况之间的矛盾。人的基本需要是吃喝穿住，自然界一开始并不能够满足人的这些需要，这时就出现矛盾，需要去解决。"我们首先应当确定一切人类生存的第一个前提，也就是一切历史的起一个前提，这个前提就是：人们为了能够'创造历史'，必须能够生活。但是为了生活，首先就需要吃喝住穿以及其他一些东西。因此第一个历史活动就是生产满足这些需要的资料，即生产物质生活本身。"① 当这个矛盾得到解决，人的需要得到满足之后，"已经得到满足的第一个需要本身、满足需要的活动和已经获得的为满足需要而用的工具又引起新的需要"②，这时又会产生新的矛盾，需要去解决。外在的现状与人需要的矛盾一直存在，实践中的辩证法就是不断解决此矛盾而又遇上新矛盾不断解决如此无限下去的过程。

---

① 《马克思恩格斯文集》（第1卷），人民出版社2009年版，第531页。
② 《马克思恩格斯文集》（第1卷），人民出版社2009年版，第531页。

# 第二章
# 马克思在辩证法规律上对黑格尔之扬

通过上章对辩证法的概述，我们对马克思和黑格尔辩证法关系有一个粗略了解。马克思对黑格尔辩证法十分看重，他指出对黑格尔辩证法的认识是一个本质问题，警告要认真对待这个问题，"对于我们如何对待黑格尔的**辩证法**这一**表面上看来是形式的**问题，而实际上是**本质的**问题，则完全缺乏认识"[①]。马克思对黑格尔辩证法既有发扬，也有克服。马克思对黑格尔辩证法的发扬主要体现在对黑格尔辩证法规律和方法的吸取上，学者们对这一说法基本没有什么异议。但是在如何理解辩证法的规律和方法上，马克思又是如何吸取的，却需进一步研究。本章和下一章就分别先从辩证法规律和方法方面来探讨马克思对黑格尔的发扬。

---

① 《马克思恩格斯文集》（第1卷），人民出版社2009年版，第197页。

# 一、否定之否定规律

马克思对黑格尔辩证法的发扬首先表现在对黑格尔辩证法规律的承继上。黑格尔辩证法规律包括质量互变规律、对立统一规律和否定之否定规律，撇开黑格尔辩证法运行平台的唯心性质，马克思对这三大规律含义的理解与黑格尔是一脉相承的。那么，这三大规律的确切含义到底是什么，这是讨论马克思对这三大规律发扬的前提，如果这三大规律的含义是什么都未搞清楚，那么也就谈不上马克思对这三大规律的发扬。对于质量互变规律，学者的理解应该说问题不大，但对于对立统一规律和否定之否定规律，学者们对它们的认识就不容乐观了，针对目前学术界对这两个规律理解上存在的问题，我选取这两个规律来加以论述。先来讨论否定之否定规律。目前，对否定之否定规律的理解存在着两个突出的问题：一是对否定之否定规律在辩证法规律中地位的理解，绝大多都认为对立统一规律是辩证法的实质和核心，但实际上无论在黑格尔还是马克思那里，否定之否定规律才占有核心地位；二是对否定之否定规律本身含义的理解，不少学者还未能真正理解否定是自否定。

## 1. 否定之否定是辩证法实质和核心

通常把辩证法的规律总结为三大规律，即对立统一规律、否定之否定规律和质量互变规律。这三大规律中，一般都认为对立统一规律是最根本，是辩证法的实质和核心。众所周知，列宁明确把对立统一规律看成辩证法的核心，"可以把辩证法简要地确定为对立面的统一的学说。这样就会抓住辩证法的核心,可是这需要说明和发挥。"① 产生过很大影响、由肖前、李秀林和汪永祥先生主编的教材《辩证唯物主义原理》中,也认为对立统一规律是辩证法的实质和核心,并说明了理由。现通行的教材《马克思主义基本原理概论》也认为对立统一规律是辩证法的实质和核心,并指出了类似的理由:"对立统一规律之所以是唯物辩证法体系的实质和核心,这是因为:对立统一规律揭示了事物普遍联系的根本内容和永恒发展的内在动力,从根本上回答了事物为什么会发展的问题;对立统一规律是贯穿质量互变规律、否定之否定规律以及唯物辩证法基本范畴的中心线索,也是理解这些范畴的'钥匙';对立统一规律提供了人们认识世界和改造世界的根本方法——矛盾分析法。"②

注意研读黑格尔和马克思有关著作就会发现,其实黑格尔和马克思都认为辩证法的实质和核心不是对立统一规律,而是否定之否定规律,他们都认为否定(否定之否定)才是辩证法的实质和灵魂,黑格尔指出:"否定性是自身的**否定**关系的**单纯之点**,是一切活动——生命的和精神的自身运动——**最内在**的源泉,是辩证法的灵魂。"③ 马克思也认为辩证法精髓是否定,他把辩证法看作"作为推动原则和创造原则的否定性。"④ 教材给出对立统一规律是辩证法的实质和核心的理由中,其实只有二条理由,即"对立统一规律是贯穿质量互变规律、否定之否定规律以及唯物辩证法基本范畴的中心线索,也是理解这些范畴的'钥匙'"能够支持论点,但这条理由并不成立。实际上,否定之否定规律贯彻其他两个规律,其他两个规律只有通过否定之否定规律才能理解。

---

① 《列宁选集》(第2卷),人民出版社1960年版,第608页。
② 《马克思主义基本原理概论》,高等教育出版社2015年版,第40页。
③ 〔德〕黑格尔:《逻辑学》(下卷),杨一之译,商务印书馆1976年版,第543页。
④ 《马克思恩格斯文集》(第1卷),人民出版社2009年版,第205页。

首先否定之否定规律贯穿于对立统一规律之中。要考察否定是不是贯穿于对立统一规律之中，显然要搞清什么是对立统一规律。关于如何理解这个规律，下文会详细讨论。这里只事先简单提及和这里问题有关的方面。对立统一规律说的是两个对立面之间的对立统一，要理解对立统一规律，一个很重要的方面就是如何理解对立面。在对立统一规律中，对立面指的是一个事物自身所具有的肯定方面和否定方面，肯定方面和否定方面才是对立面的双方。肯定方面是维持一个事物自身存在的方面。但任何事物的存在，都不是一成不变绝对静止的，事物在肯定自己的同时需要不断否定自己，如果某个事物对自己没有任何否定，绝对静止，没有任何变化（当然也包括没有相对位置变化），那么世上的任何事物也就都是绝对静止的，因为只要有一事物有任何变化，由于任何变化中都含有相对位置变化，那么也就意味着先前所假定的事物有相对位置的变化，这就和前面的假设想矛盾。所以，任何事物在具有维持自身存在的肯定方面的同时，也存在破坏自身存在的方面，这破坏自身存在的方面就是否定方面。这两方面是同时存在的，事物在肯定自己的同时需要不断否定自己，或者说事物正是通过否定自己来肯定自己。反过来，事物对自己的否定也离不开对自己的肯定，因为对事物否定的前提是要承认这个事物的存在。由此可见，对立面的两个方面都与否定有关，如果没有对事物的否定，那么也就没有肯定和否定方面。所以，离开否定，对立面就无法得到说明，从而对立统一规律要靠否定之否定规律来说明。常常所说的对立统一规律从根本上回答了事物发展的动力，实际上并没有从根本上，从根本上来回答的是否定。在一个事物的发展过程中，始终存在着肯定方面和否定方面的斗争，对立面之间的斗争在事物发展的不同阶段所呈现出来的状态不一样。从激烈程度上讲，对立面之间的斗争一般都经历了从很不激烈到比较激烈再到非常激烈最后到不可调和的激烈阶段，当达到不可调和程度时，事物就灭亡而变成一个新事物。不管是在斗争的哪一个阶段，都是否定方面和肯定方面的斗争，这种斗争其实就是否定方面和肯定方面的相互否定。说对立统一规律是事物发展的根本动力，无非是说对立面的相互斗争是一个事物发展的根本动力。但对立面的相互斗争实质上就是对立面的相互否定，由此可见，"对立统一规律是事物发展的根本动力"这一结论还需要通过否定来加以说明，正是由于事物自身不断的否定，最终造成了对立面的不可调和，使得旧事物得以灭亡，新事物得以产生。所以，如果要说对立统一规律是事物发展的根本动力，那么这个根本动力仍需从否定方面来加以说明。

其次，否定之否定规律贯穿质量互变规律之中。质量互变规律讲的是任何事物都是质和量的统一体，质中有量，量中有质。当事物的量变到一定程度时，就会引起质变，形成一个新质。在新质中，又会发生新的量变，新的量变到一定程度之后，又会引起质变，形成又一个新质，可以用否定来理解质量互变规律。我们把维持一个事物质不变的方面看作肯定方面，把使一个事物发生改变的方面当作否定方面。如果量变在一定程度范围内，这时事物发生了量变。当量变超过一定程度范围，这时事物的质就发生了改变。正是由于否定方面对肯定方面的否定，才使得事物发生量变和质变，最终形成了新质。具有新质的新事物是新的质和量的统一体，它同样会发生作为否定方面的量变对维持这个新事物质不变的肯定方面的否定，如此反复，形成质量互变规律。可见，质量互变规律的形成，从根本上讲还是由于否定所致。

这样，既然否定之否定贯穿于对立统一规律和质量互变规律之中，后两个规律从根本上需要由否定之否定来加以说明，所以否定之否定规律才是辩证法规律的核心和实质。

## 2. 自否定

上面讨论了否定之否定规律的地位，没有正面阐述否定之否定规律的含义。不难看出,理解否定之否定规律的关键,在于理解否定的确切含义。不少学者在理解否定时,不是把否定看成一个事物自己对自己的否定,是一个事物对自己的自否定,而是理解成一个事物对另一个事物的否定。或者,虽把否定理解成一个事物自己对自己的否定,是自否定,但并没有进行必要的阐释。

黑格尔在多处强调否定是自否定:"上面考察过的否定性,构成概念运动的**转折点**。这个否定性是自身的**否定**关系的**单纯之点**"①,"这个结果,**从它的肯定方面来把握**,不是别的,正是这些思维规定的内在**否定性**"②。马克思虽然很少明确指出否定是自否定,但是实际上是这么理解的,例如马克思的异化劳动、社会发展三阶段等都体现了自否定思想。我们在上面讨论中,其实已经表明了否定是一个事物对自己的自否定。上文指出,任何事物都具有维持自身存在的肯定方面,同时也存在破坏自身存在的否定方面。这两方面是同时存在的,事物在肯定自己的同时需要不断否定自己,或者说事物正是通过否定自己来肯定自己。反过来,事物对自己的否定也离不开对自己的肯定,因为对事物否定的前提是要承认这个事物的存在。所谓否定,是一个事物所具的否定方面对同一个事物所具肯定方面的否定,既然如此,那么所谓否定,也就是一个事物自己对自己的否定,是一个事物对自己的自否定,而不是一个事物对另一个事物的否定。

事物的自否定还有一层含义,这就是可以把否定之否定规律看成一个事物自己发展自己、自己对自己的自否定过程。事物首先处于肯定状态,这时它包含肯定方面和否定方面。这两个方面一直在做斗争,当否定方面战胜肯定方面时,这个事物就被否定,这时就形成了一个新事物。这个新事物仍包括新的肯定方面和否定方面,其中新事物的

---

① 〔德〕黑格尔:《逻辑学》(下卷),杨一之译,商务印书馆1976年版,第543页。
② 〔德〕黑格尔:《逻辑学》(下卷),杨一之译,商务印书馆1966年版,第39页。

肯定方面来自于旧事物的否定方面，新事物的否定方面来自于旧事物的肯定方面，这两个方面仍在不停斗争，一旦新的否定方面获胜，这个新事物就变成又一个新事物。其中新生成的新事物的肯定方面来自于先前新事物的否定方面，否定方面来自于先前新事物的肯定方面，这就是常常所讲的否定之否定，即肯定—否定—肯定过程。对照一下第一个肯定阶段和第二个肯定阶段中事物的肯定和否定方面，可以看出，第二个肯定阶段的事物是对第一个肯定阶段事物的发展。所以，我们可以把否定之否定看成一个事物自身的发展过程，这样，这里的否定就是一个事物对自身的自否定了。黑格尔在逻辑学中详细论证了自否定，他把自否定理解成肯定到否定再到新的肯定即否定之否定过程。黑格尔指出，以前人们对辩证法是有成见的，这个根本的成见就是认为："辩证法**只有一个否定的结果**。"① 但实际上自否定并不是单纯的否定，而是包含了肯定、否定和否定之否定三个环节在内。第一个环节是"肯定"，但这个肯定并不是单纯的肯定，而是肯定中包含着否定，是一个与他物相关的有中介的东西，"第一个或直接的东西，是**自在的**概念，从而也仅仅**自在地**是否定的东西，所以在它那里的辩证环节，就在于它自在地包含着的**区别**，将在它里面建立起来"②。第二环节是"否定"，这里的否定也不是单纯的否定，而是包含了肯定的否定，"直接的东西依照这个否定的方面，便在他物中**没落了**，但这个他物本质上不是**空虚的否定的东西**，不是**无**，即习惯所认为的辩证法的结果，而是**第一个的他物**、**直接的东西**的**否定的东西**；所以它被规定为**有了中介的东西**，——一般说来，**包含第一个的规定**于自身之中"③。第三个环节是"否定之否定"，否定之否定是上述肯定与否定之间矛盾的扬弃。这种扬弃并不是外在反思的结果，而是精神最内

---

① 〔德〕黑格尔：《逻辑学》（下卷），杨一之译，商务印书馆1976年版，第539页。
② 〔德〕黑格尔：《逻辑学》（下卷），杨一之译，商务印书馆1976年版，第542页。
③ 〔德〕黑格尔：《逻辑学》（下卷），杨一之译，商务印书馆1976年版，第541页。

在的环节，它是前两个环节的统一体，包含了前面两个环节在自身之内，因而它比前两个环节丰富和具体。这就表明，否定之否定实际上是一个事物自己的发展，是对自己的自否定过程。

## 二、马克思和黑格尔哲学中的否定之否定规律

黑格尔和马克思都十分看重否定，否定之否定这个规律在马克思和黑格尔那里都有充分的运用。黑格尔在逻辑学中，无论大的环节还是小的环节，都由三部分组成，这都体现出否定之否定规律。同样，在马克思那里，否定之否定规律也有充分的运用，例如对人的理解，对人自由实现的过程，对社会发展的过程等都是否定之否定规律应用的结果。尽管这样，学术界并没有把这一点充分展示出来。例如其一，绝大多数学者都认为黑格尔哲学体系与方法是矛盾的，以此表明否定在黑格尔那里的不彻底性，但实际上黑格尔的哲学体系与其方法并不矛盾，否定在黑格尔那里是彻底的；其二，在解读黑格尔和马克思有关思想时，譬如黑格尔自由和美学思想、马克思"现实的个人"和自由思想，学术界站在否定之否定角度来对此进行阐释的鲜见，其实黑格尔和马克思在他们的有关思想中，否定之否定都是作为其理论基础的。从否定之否定角度来解析黑格尔和马克思有关思想，不仅能够使我们更加清晰理解马克思和黑格尔的有关思想，而且也表明否定之否定在黑格尔和马克思那里的充分使用。因此，为了说明否定之否定在黑格尔和马克思那里都有广泛深入使用，以此表明马克思在否定之否定规律方面对黑格尔的继承性，这一节就对这些问题加以讨论。

### 1. 黑格尔哲学体系和方法并不矛盾

否定之否定规律的普遍运用在黑格尔那里受到一个最大的挑战是，

学者们几乎都认为黑格尔哲学体系与其方法不一致。他们认为黑格尔的方法是不断否定的，但黑格尔的哲学体系却是保守的，因此这两者是矛盾的。这两者的矛盾意味否定之否定规律在黑格尔那里不普遍成立。因此，这里就需要我们来深入考察这种观点，看看是否真的不成立。我们的结论是否定的。

国内绝大多学者之所以认为黑格尔哲学体系和辩证法相矛盾，这可能有两方面原因。一是受到恩格斯说法的影响，恩格斯在评论黑格尔体系和其辩证法关系时说道："但是这样一来，黑格尔体系的全部教条内容就被宣布为绝对真理，这同他那消除一切教条的东西的辩证方法是矛盾的；这样一来，革命的方面就被过分茂密的保守的方面所窒息。"① 二是从道理上看，似乎很容易得出这两者相矛盾，理由很简单，辩证法的要旨就是不断的自否定，因此由辩证法所产生出来的哲学体系不应有终点，但黑格尔哲学体系恰恰有终点，所以这两者相矛盾。在绝大多数学者认为这两者相矛盾的同时，也会出现"异端"，认为黑格尔哲学体系与方法并不矛盾。早在20世纪80年代，宋祖良先生撰写的《论黑格尔辩证法与哲学体系的一致性》（载《社会科学辑刊》1982年第4期）认为，黑格尔辩证法既有革命的一面，又有保守的一面，辩证法的这两面都通过哲学体系表现出来。宋先生认为，离开了黑格尔的哲学体系，既无法说明其辩证法的革命性，也无法说明辩证法的保守性，因此黑格尔辩证法和哲学体系是一致的。这篇文章观点新颖，论证清晰，启发我们对这个问题进一步思考。和宋先生一样，我们也认为黑格尔哲学体系和辩证法相一致，但与宋先生不同的是，我们不认为黑格尔哲学体系说明了其辩证法具有保守性。我们认为黑格尔辩证法尽管是唯心的，但其辩证法仍具有不断的否定能力，并没有在某个地方就停止了否定。我们试图从"立"和"破"两方面

---

① 《马克思恩格斯文集》（第4卷），人民出版社2009年版，第271页。

来论证这点。

首先从"立"的方面看,在道理上,黑格尔辩证法必然与其哲学体系相一致,这可从两方面得出。第一,在黑格尔哲学那里,方法和内容是相一致的,可以这么说,方法成就了内容,内容体现着方法,因此其辩证法和哲学体系相一致。黑格尔很注重方法,他强调,哲学必须得有方法,但在他看来,到现在为止,哲学仍未找到合适的方法。一些哲学家们看到经验科学和数学取得的成就,就从它们中获取现成的方法,转而把它运用于哲学,如经验论者洛克等人把经验科学的分析法运用到哲学中来,而唯理论者斯宾诺莎则把数学方法带进哲学。但黑格尔认为,经验主义自以为运用分析方法能认清事物的本来面目,但经过这种抽象的分析,"事实上,却将对象具体的内容变成为抽象的了"①,这种方法并不适合哲学。至于数学方法,它虽然强调证明,但由于数学只涉及无概念的数量关系,因而这种证明并不具有概念的必然性,它从哪个地方开始是随便的,证明的人也不知道起点与结果是出于什么样的必然性,这样,"数学证明的运动并不属于证明的对象,而是外在于对象的一种行动"②。而黑格尔认为,哲学是要求具有必然性的,因此数学方法也不适合哲学。黑格尔指出,另外一些哲学家看到了这些方法的缺陷,干脆就取消一切方法,而把真理诉诸直觉。但在黑格尔看来,哲学是不能诉诸直觉的,真正的哲学一定要有思维的艰苦劳作。黑格尔嘲笑诉诸直觉的哲学只不过是"一些既不是鱼又不是肉,既不是诗又不是哲学的虚构"③。那么黑格尔哲学方法到底是什么呢?黑格尔认为,哲学的方法不应是独断的,不能把一个独断的方法用在哲学上,这就要求哲学不能有一个事先就存在的方法,因为事先存在的方法是一个未加考察的方法,难免独断。哲学的方法应该

---

① 〔德〕黑格尔:《小逻辑》,贺麟译,商务印书馆1980年版,第113页。
② 〔德〕黑格尔:《精神现象学》(上卷),贺麟、王玖兴译,商务印书馆1979年版,第27页。
③ 〔德〕黑格尔:《精神现象学》(上卷),贺麟、王玖兴译,商务印书馆1979年版,第47页。

通过内容而体现出来，它"只能是在科学认识中运动着的**内容的本性**，同时，正是内容这种**自己的反思**，才建立并产生**内容的规定本身**"①，哲学方法应该是"唯一的真正的与内容相一致的方法"②。黑格尔哲学体系（内容）正是通过其辩证法（方法）而形成，其哲学体系也体现了其辩证法，这两者相一致，事实上，我们很容易看出，黑格尔哲学体系无论整体上还是各个部分各个环节上都有辩证法贯穿其中。

第二，上文已论述，黑格尔辩证法灵魂是自否定，自否定使得辩证法包含三个环节：肯定，否定，否定之否定。当达至"否定之否定"时，辩证法的否定本性又会继续对"否定之否定"进行否定，开始了新的"肯定，否定，否定之否定"。这样，否定仍会继续下去，形成了哲学体系，因此从辩证法所具有的自否定这一本性来看，辩证法和哲学体系必然相一致。正如马克思说："那被扬弃了的量等于程度，那被扬弃了的程度等于本质，那被扬弃了的本质等于现象，那被扬弃了的现象等于现实性，那被扬弃了的现实性等于概念，那被扬弃了的概念等于客观性，那被扬弃了的客观性等于绝对理念，那被扬弃了的绝对理念等于自然，那被扬弃了的自然等于主观精神，那被扬弃了的主观精神等于道德的客观精神，那被扬弃了的道德的客观精神等于艺术，那被扬弃了的艺术等于宗教，那被扬弃了的宗教等于绝对知识。"既然黑格尔哲学体系由其辩证法所形成，也就自然说明了辩证法和哲学体系的一致性。

上面从"立"的方面论证了黑格尔体系和辩证法相一致的必然性，但是，大多学者并不同意这两者的一致性，反对的理由通常认为，黑格尔辩证法是不断否定的，它不会在一个地方停留下来，不该有终

---

① 〔德〕黑格尔：《逻辑学》（上卷），杨一之译，商务印书馆1966年版，第4页。
② 〔德〕黑格尔：《小逻辑》，贺麟译，商务印书馆1980年版，第1页。

点，但是黑格尔哲学体系却有终点，同时在其一些环节上也有终点，如"艺术终结""历史终结"等，这些都表明黑格尔哲学体系和辩证法相矛盾。我们承认，黑格尔哲学体系确实有个终点，并且对于体系的一些环节如"艺术""世界历史"等，黑格尔也似乎说过它们有终点，问题是，如果这些终点确实存在的话，那么它们究竟是什么意思，是否它们就破坏了辩证法的否定性，和辩证法相违背？我们分别加以讨论。

先来分析黑格尔哲学体系的终点。毫无疑问，黑格尔哲学体系的确有终点。黑格尔哲学体系包括三个环节，其整个哲学体系的终点也就是最后一个环节即"精神哲学"的终点，即"绝对精神"。由于"逻辑学"、"自然哲学"和"精神哲学"相对应，"逻辑学"和"自然哲学"也有各自终点，例如"逻辑学"从"纯有"开始，经过一系列环节，最终到达终点即"绝对理念"。黑格尔在逻辑学中详细讨论了"绝对理念"，由于"绝对理念"和"绝对精神"相对应，可把黑格尔对"绝对理念"讨论看作对其整个哲学体系终点即"绝对精神"的讨论。

黑格尔在"逻辑学"结尾处详细讨论了"绝对理念"，非常晦涩难懂，但总的思路很清楚，黑格尔先是指出"绝对理念"是个方法，接着认为这个方法是分析和综合的统一，最后道出这个方法就是辩证法。黑格尔首先指出，绝对理念是关于理念的概念，是对理念的概念上的把握，是以理念本身为对象。既然绝对理念以自身为对象，因而绝对理念其实不是别的，它的内容只是从"纯有"进展到"绝对理念"的整个体系。黑格尔特别强调道："一说到绝对理念，我们总会以为，现在我们总算达到至当不移的全部真理了。当然对于绝对理念我们可以信口说一大堆很高很远毫无内容的空话。但理念的真正内容不是别的，只是我们前此曾经研究过的整个体系。"① 很多人都把黑格尔哲学体系的终点理解成达到了至当不移的绝对真理，恩格斯也不例外，恩格斯虽然指出了"绝对理念"只是逻辑学的整个过程，但他认为黑格尔最终还是不得不把整个体系的内容当成绝对真理，"所以，黑格尔，特别是在《逻辑学》中，尽管如此强调这种永恒真理不过是逻辑的或历史的过程本身，他还是觉得自己不得不给这个过程一个终点，因为他总得在某个地方结束他的体系。在《逻辑学》中，他可以再把这个终点作为起点，因为在这里，终点即绝对理念——它所以是绝对的，只是因为他关于这个观点绝对说不出什么来——'外化'也就是转化为自然界，然后在精神中，即在思维和历史中，再返回到自身。但是，要在全部哲学的终点返回到起点，只有一条路可走。这就是把历史的终点设想成人类达到对这个绝对观念的认识，并宣布对这个绝对观念的认识已经在黑格尔的哲学中达到了。但是这样一来，黑格尔体系的全部教条内容就宣布为绝对真理"②。情况是这样吗？在指出绝对理念内容是整个体系之后，黑格尔接着说，由于"绝对理念"中，逻辑学中所有的环节都达到了统一，因而在绝对理念的内容中，彼此之间不存在过渡，一切都是流通的和透明的，因此，这样的内容也就成了"形式"，"绝对理念由于在自身内没有过渡，也没有前提，一般地说，由于没有不是流通的和透明的规定性，因此它本身就是概念的形式而与这种作为形式的内容相对应的形式"③。现在，绝对理念把形式当作自己的内容来考察，考察的目的就是要发现出形式所具有的普遍本性，这普遍本性就是方法。因此，绝对理念其实质就是个方法，"理念的规定性和这个规定性的全过程，现在就构成了逻辑科学的对象，绝对理念**自为地**从这个过程出现了；但它又自为地显露出自

---

① 〔德〕黑格尔：《小逻辑》，贺麟译，商务印书馆1980年版，第422页。
② 《马克思恩格斯文集》（第4卷），人民出版社2009年版，第271页。
③ 〔德〕黑格尔：《小逻辑》，贺麟译，商务印书馆1980年版，第237页。

身是这样的,即规定性并不具有一个**内容**的形态,而是绝对地作为**形式**即理念按照这一情况说,是绝对地作为**普遍的理念**。这里还待考察的,已不是内容本身,而是其形式的普遍的东西,——即**方法**"①。可见,绝对理念就是个方法,即使走到黑格尔整体体系的终点即"绝对精神",那仍只是一个方法,只不过现在精神能够认识这个方法而已。黑格尔并没有像恩格斯说的那样把全部哲学体系内容当成绝对真理,而只是强调到了终点精神已经认识了全部内容的本性即方法,至于世界上的种种知识,黑格尔并没有说已经完全掌握了。

黑格尔接着指出,绝对理念作为方法,实质上是概念运动的本性,是分析与综合的统一,即发展出一个他物,但这个他物又是自身,"绝对的认识方法完全单独地在其开始的普遍的东西里,**找到它的以后的规定**,这个方法就是概念的绝对客观性,是这个客观性的确定性,在这种情况下,这个方法便是**分析**的,——但当它的对象被规定为单纯的、普遍的东西,通过对象在其直接性和普遍性中所具有的规定性而显露自身为**一个他物**时,这个方法又同样是**综合的**。——对象这样便是自身中一个差异的东西的关系,然而这种关系却不再象在有限的认识时所意谓的综合那样的东西;因为它是在**概念中**的关系,通过对象的同样是分析的规定,它已经完全区别于那种综合的东西了(指这种综合是与分析统一的——引者)"②。对此,黑格尔从逻辑学的开端、开端向以后各环节的进展以及开端进展所达到的目的三个方面来加以分析。首先,逻辑学的开端"纯有"一方面是一个直接性;另一方面正因为它是直接性,尚没有任何规定,尚未特殊化,因而逻辑学的开端也是一个抽象普遍的东西。就开端是一个直接性的东西而言,方法由于从这样一个直接东西开始而成为分析的;就开端是一个普遍的东

---

① 〔德〕黑格尔:《逻辑学》(下卷),杨一之译,商务印书馆1976年版,第530—531页。
② 〔德〕黑格尔:《逻辑学》(下卷),杨一之译,商务印书馆1976年版,第537页。

西而言，方法由于从这样一个普遍东西开始而成为综合的。其次，开端是纯存在，是未分化的直接的普遍性，它内部必然有一股力量否定自己直接的普遍性，而形成较高的环节，这就是"进展"。就这种"进展"是把那包含在直接概念内的东西发挥出来而言，它是分析的；另一方面，就这种进展发挥出一个他物时，它又是综合的。最后，当开端进展到目的，进展到"绝对理念"这个终点时，前面阶段中存在的差别都在这里得到了最后的统一。就"绝对理念"这个目的是全部逻辑的进展过程来看，方法是分析的，就"绝对理念"是逻辑学中所有环节的统一而言，方法又是综合的。黑格尔进一步指出这种分析与综合的统一，这种在他物中即自身就是辩证法，"这个既是分析的，又是综合的**判断**的环节，通过它，那开始的普遍的东西从自身中把自身规定为**自己的他物**，它应该叫做**辩证法**的环节"①。

可见，"绝对理念"是个方法，这个方法是整个逻辑学各个环节得以发展的本性，它就是辩证法。理念从"纯有"开始，经过一系列环节最后发展到"绝对理念"时，认识到了它所经历过的所有环节都是自身发展的环节，是自己的他物，认识到了所有环节的本性就是辩证法。这也就是说，"绝对理念"尽管是体系的终点，但这个终点并不是宣告一切到此都不再发展了，它的真实意义是认识到哲学体系的本性就是辩证法。体系的终点没有结束辩证法的否定性，没有表明体系和辩证法相矛盾，恰恰相反，体系的终点表明了哲学体系和辩证法的一致性。

再来考察一下哲学体系中一些环节的终点。上面说过，很多人认为：黑格尔在其哲学体系中，表达过诸如"艺术终结论"和"历史终结论"等观点。据此他们认为既然艺术、历史等终结了，不再发展了，这显然就表明了黑格尔哲学体系与辩证法有矛盾之处。果真如此？

---

① 〔德〕黑格尔：《逻辑学》（下卷），杨一之译，商务印书馆1976年版，第537页。

由于对这些观点反驳的理由相似,我们这里只拿"艺术终结论"作为一个典型例子加以辩驳,对其他观点的辩驳类似于此。

黑格尔有没有表达过"艺术终结"的观点?如果有的话,又是什么意思?学者们对此有不同看法,这里不必详细评论他们的观点,我们只打算依据黑格尔的文本和思想,就我们的问题来简要做以回答。学者们常常认为黑格尔在两个地方表达了或者有倾向表达了艺术终结的观点。一是朱光潜先生在《美学》译后记中为了说明黑格尔对艺术未来感到悲观所选出的一段话:"我们尽管可以希望艺术还会蒸蒸日上,日趋于完善,但是艺术的形式已不复心灵的最高需要了。我们尽管觉得希腊神像还很优美,天父、基督和玛利亚在艺术里也表现得很庄严完善,但是这都是徒然的,我们不再屈膝膜拜了。"① 黑格尔的这一段话是在讨论艺术对宗教和哲学的关系中提出来的。我们知道,黑格尔哲学的目标就是绝对理念或者说理性神能够在精神中实现自我认识,绝对理念在精神中达到自我认识要经历三个阶段,即"主观精神"、"客观精神"和"绝对精神"。绝对精神包括三个阶段,即艺术、宗教和哲学。艺术是用感性形式来表现绝对理念的,但绝对理念是绝对,是大全,艺术的感性形式并不能很好表现绝对理念,或者说艺术所具有的感性形式阻碍了对绝对理念的认识,也正由于此,艺术发展的最后一个阶段即浪漫型艺术开始不拘外在感性形式了,最终艺术由于自身表现绝对理念的局限性而让位宗教和哲学。黑格尔的这一段话表达的就是这个意思,黑格尔的真实意思是艺术只是绝对精神发展的一个阶段,艺术的感性不能够作为绝对理念的最高表现形式,艺术只是达到哲学目标的一个驿站,它必然要被后继者所代替。黑格尔并没有对艺术的前途感到悲观,并没有认为艺术就停止发展了。如果非要把这句话理解成艺术终结的话,那么也只能是指艺术在表现绝对理念

---

① 〔德〕黑格尔:《美学》(第一卷),朱光潜译,商务印书馆1979年版,第132页。

的任务中，它已完成了自己的使命，而并非意味着艺术在任何意义下都不再发展了。因此，黑格尔的这段话并不是一些人所谓的"艺术终结论"，它并没有和辩证法相抵牾。

　　黑格尔在论述浪漫型艺术时，用了一小节来讨论浪漫型艺术的终结，这也使得一些学者以此为据，说黑格尔承认了艺术的终结。我们能不能据此就得出黑格尔认为艺术发展到浪漫型阶段时，就停止发展了呢？答案是否定的，黑格尔这里所说的"浪漫型艺术的终结"是指艺术发展到黑格尔那个时代，已不是浪漫型艺术了，并不是指艺术就不再发展了。我们知道，黑格尔对艺术的理解，和他的哲学思想有关，黑格尔认为，艺术是用感性形式来显示理念的，艺术是内容和形式的统一，"艺术的内容就是理念，艺术的形式就是诉诸感官的形象"①。当艺术发展到浪漫型阶段时，尽管浪漫型艺术的形式对于内容来变得无足轻重，但是浪漫型艺术还是用它的感性形式来显现理念，浪漫型艺术仍是在黑格尔哲学背景下的艺术。但是到了黑格尔时代，艺术家们在创作艺术时，并不受艺术内容的限制，也不受内容和形式相统一的约束，"在我们这个时代里各民族都获得了思考和批判的教养，而在我们德国人中间，连艺术家们也受到自由思想的影响，这就使得这些艺术家们在创作叶发现材料（内容）和形式都变成'一张白纸'（tabdavasa），特别是在浪漫型艺术所必有的各阶段都已走完了之后。限制在一种特殊的内容和一种适合于这内容的表现方式上面的作法对于今天的艺术家们是已经过去的事了，艺术因此变成一种自由的工具了，不管是哪一神内容，艺术都一样可以按照创作主体方面的技能娴熟的程度来处理。这样，艺术家就可以超然站在一些既定的受到崇敬的形式和表现方式之上，自由独立地行动，不受过去意识所奉为神圣永恒的那些内容意蕴和观照方式的约束。任何内容，任何形式都是一

---

① 〔德〕黑格尔：《美学》（第一卷），朱光潜译，商务印书馆1979年版，第87页。

样，都能用来表达艺术家的内心生活，自然本性，和不自觉的实体性的本质；艺术家对于任何一种内容都不分彼此，只要它不违反一般美的规律和艺术处理的形式方面的规律"①。既然现在艺术家们在创作艺术时不受艺术内容的限制，也不受内容和形式相统一的约束，因此黑格尔时代的艺术已不再是浪漫型艺术了。浪漫型艺术在现在已经终结，但是艺术本身并没有终结，终结的只是一种类型的艺术，黑格尔时代的艺术仍是一种艺术，艺术仍在不断发展着，既然如此，黑格尔这里的论述并不与辩证法相矛盾。

可见，尽管黑格尔哲学体系与方法具有唯心性质，但其哲学体系和辩证法却是一致的，并不矛盾。这就好比两个坏人，尽管他们都不是好人，但并不影响他们志同道合。黑格尔哲学体系与方法的不一致性意味着否定之否定在黑格尔那里并不是处处贯彻的，现在我们否定了这两者不一致，也就否定了否定之否定在黑格尔哲学那里贯彻的不彻底性。

## 2. 黑格尔自由思想中的否定之否定

自由问题即使不是最重要的哲学问题，至少也是最重要的问题之一，哲学史上的哲学大家们几乎都离不开讨论自由问题。黑格尔作为哲学大家，当然少不了关注自由问题。众所周知，黑格尔哲学思想是通过他的哲学体系来表达的。黑格尔的哲学体系表达了绝对理念（上帝、真理）自己证明自己、自己显现自己的过程，绝对精神的自己证明或显现自己也是一个实现自由的过程。从黑格尔整个哲学体系来看，"逻辑学"表达了自由在逻辑上的自为的实现过程，"自然哲学"表达了自由在自然中自在的实现，而"精神哲学"则表达了自由在精神中的自在自为的实现，自由在这三个部分中的实现，经历了一个否定之

---

① 〔德〕黑格尔：《美学》（第二卷），朱光潜译，商务印书馆1979年版，第378页。

否定过程。对于"精神哲学"这个阶段，绝对理念在其中的实现过程也经历了一个否定之否定过程，即从"主观精神"到"客观精神"再到"绝对精神"。而绝对理念自由的实现在这三个阶段的每一个阶段中又有否定之否定过程。本节就来讨论自由在"精神哲学"阶段中的否定之否定过程。

（1）"主观精神"中的自由

"主观精神"指的是个人精神，这个阶段中，主观精神还"处在作为与他物相联系的自身联系"① 中，主观精神还未自己产生出他物来，因而在"主观精神"阶段，自由还只是一种主观上的自由，真正的自由在此阶段还不能实现。"主观精神"包括个人精神从与动物意识无本质区别的自然灵魂直到进展为具有"自由精神"的过程。这个过程分为"人类学"、"精神现象学"和"心理学"三个否定之否定阶段。"人类学"是研究灵魂的，灵魂是直接来自于自然的精神，它还只是出于精神的睡眠状态，是一种人畜共有的低级的模糊的意识，在这个阶段，显然谈不上有什么自由。"人类学"阶段的发展分为三个阶段："自然灵魂"、"感觉灵魂"和"现实灵魂"。"自然灵魂"本身又包括三个环节："自然的质"、"自然的变化"和"感受"。自然灵魂还没有把外在对象意识为外在于它的，因而，外部事物对它的影响都成了它自身所具有的规定，即"自然灵魂"所具有的"自然的质"。气候、季节和一日之间的周转的变化、地理环境的不同和个人的气质、性格与才能的不同这些都导致灵魂所具有的"自然的质"的不同。在"自然的变化"阶段，首先指的是年龄从童年、青年、成年到老年引起的变化；其次指的是"性的关系"，是在他人身上找寻自身的变化；最后指的是"睡眠与觉醒"。本来无区别的自然灵魂由于其含有"自然的质"和"自然的变化"而有了区别。当个体性的灵魂

---

① 〔德〕黑格尔：《精神哲学》，杨祖陶译，人民出版社2006年版，第28页。

能做出这些区别时，就是"觉醒"，当灵魂回复到这种无区别的状态时，就是"睡眠"。第三个环节"感受"是"睡眠"和"觉醒"的统一。在此阶段，灵魂一方面对的是直接的被给予的东西；另一方面这种直接的东西又沉入灵魂的普遍性之中，感受性的进一步发展就是"人类学"的第二阶段即"感觉灵魂"阶段。

"感觉"与"感受"是有区别的，感受更多强调的是感性活动的受动性，而感觉则强调感觉活动的自身性，强调感觉活动所具的主体性。关于这点，黑格尔说道："对于感受和感觉在用语上恰好没有提供一个透彻的区别；可是，例如，我们大约不会说权利感受、自身感受等等，而是说权利感觉、自身感觉，而敏感性是和感受联系在一起的；因而我们可以认为，感受更多地强调感觉活动中的被动性方面，发现的方面，即规定性的直接性方面，感觉则同时更多地指向那存在于感觉活动中的自身性。"①"感觉灵魂"处于"感受性"和下面要说的"意识"之间，它既不把自己囿于直接的感受性，也不使自己相关于全然普遍的东西，感觉灵魂只是注意自己的内部，还未把外在世界看作独立于它的。"感觉灵魂"分为三个阶段："在其直接性中的感觉灵魂"、"自身感觉"和"习惯"。"在其直接性中的感觉灵魂"阶段，"感觉灵魂"还处于发展之初，它的主动性还尚未表现出来。在此阶段，不是"我"在进行感觉活动，而是"我"受到另一个"我"的指挥而进行感觉活动。例如做梦、母腹中的孩子和在守护神下的活动就是在直接性的感觉灵魂下的活动。在"感觉灵魂"发展的第二阶段"自身感觉"中，尽管能区分开一些感觉和感受，但同时个体作为能感觉的主体又沉没在这些特殊的感觉之中。"自身感觉"不同于前一阶段"在直接性中的感觉灵魂"，前者中的"我"是在自己的灵魂内，而后者中的"我"实际上是在别人的灵魂内。正常的人如果处于这种

---

① 〔德〕黑格尔：《精神哲学》，杨祖陶译，人民出版社2006年版，第117页。

"自身感觉"状态,那么这个人就是一个不正常的人,是一个疯狂的人。"感觉灵魂"的第三个阶段是"习惯"。习惯是一种抽象的普遍性,它把种种感觉的特殊东西归结为一种自己身上的单纯存在着的规定,习惯是一种无意识的活动,可以称为第二自然。"习惯有理由被称为第二自然,称为自然,因为习惯是灵魂的一种直接的存在,称为第二自然,因为它是一种由灵魂建立起来的直接性。"①就习惯是自然的而言,人在其中往往成为不自由,但习惯却又能使人摆脱欲望等的控制,能使身体服从灵魂的统治,因而习惯又能使人自由。"人类学"发展的第三阶段是"现实灵魂"。前面的灵魂发展表明,作为内在的灵魂主宰着作为外在的身体,现实灵魂就是它们的统一。在现实灵魂中,正由于灵魂的这种内在力量,人的身体就成了灵魂塑造的产品,但灵魂对身体的塑造并不是绝对的,身体的有机生命始终脱离灵魂的塑造控制,于是,灵魂就把身体排斥出去,回到自身而成为"自我",在"自我"中,灵魂认识到自己的主体性。这样,灵魂就把外在世界同它自己分离开来,但又与外在世界有着联系,而这就是"意识"。这就从"人类学"过渡到"主观精神"的第二阶段"精神现象学"。

"精神现象学"的对象是意识,意识还处在精神的现象阶段。在意识阶段,精神尚未真正认识到对象即是自我,自我还只是空虚的抽象的主体性,它还不知道站在它对面的那个东西就是它本身。因此,这里的自由"只是一种抽象的、有条件的、相对的自由"②。但"精神作为意识的目标就是使它的这个现象与本质同一,是把对它自身的确定性提高成为真理"③。"确定性"只表明对象与我形式上的表面同一,而"真理性"则表明对象按其本性就是我的对象,意识达到这个目标要经过三个阶段:"意识本身"、"自我意识"和"理性"。在"意识

---

① 〔德〕黑格尔:《精神哲学》,杨祖陶译,人民出版社2006年版,第188页。
② 〔德〕黑格尔:《精神哲学》,杨祖陶译,人民出版社2006年版,第36页。
③ 〔德〕黑格尔:《精神哲学》,杨祖陶译,人民出版社2006年版,第209页。

本身"阶段,首先是"感性意识"这个环节,感性意识的对象只是一个完全单纯的直接的存在,只知道对象存在而不了解对象;其次是"知觉"这个环节,在这个阶段,意识对对象有所了解,但知道了对象是什么也就意味着运用把普遍性和个别性联系起来的语词,知觉的对象就是这种普遍性与个别性相联系的对象;"意识自身"的最后一个环节是"知性",知觉还处在认识的非常低级阶段,它必定要发展到"知性"。知性是对事物规律的把握,规律虽然是独立存在于主体外的对象,但规律本身又是客观思想,是主体自身,因而意识和对象间的差别就不存在了。这样,意识就以自身为对象,这就过渡到意识的"精神现象学"的第二阶段"自我意识"。

"自我意识"首先表现为"欲望的自我意识"。自我意识最初只是一个抽象的自我意识,自我意识为了克服这种抽象性,就要给自己以客观内容。这样,它就产生了把对象取消、使之与自身同一的冲动或欲望,这就是"欲望的自我意识"。但欲望的满足是永无止境的,自我意识只有在另一个自我意识的承认中才获得满足,这就过渡到"承认的自我意识"。在"承认的自我意识"中,自我意识把对方看成另一个别的我,希望自己独立自由而去抹杀另一个自我意识的独立自由。反过来,这另一个自我意识也希望如此,这样,就存在着双方的斗争,斗争的结果最终导致双方相互承认彼此为独立自由的自我意识,这就过渡到"普遍的自我意识"。在此阶段,每个人都意识到,只有别人自由,自己才能真正自由。在"普遍的自我意识"中,自我与对象既是对立的,又是同一的,对象既是独立的他方,又是自我,这就过渡到"理性"。"理性"是意识和自我意识的统一,理性就其对象是一个外在独立对象而言,它是意识,就其对象为自我而言,理性又是自我意识,理性确信它的规定既是自己的思想规定,又是事物的本质规定,这样意识的发展就达到了自己的目标,从而就从"精神现象学"进展到"主观精神"的第三阶段"心理学"。

"心理学"的对象是精神,精神的活动并非意识那样单纯的接受,而是一种创造的活动,是一种扬弃一切外在性和异己性的活动。但在此阶段,自由仍处于"主观精神"之内,自由在此阶段发展到的顶点也只不过是认识到自由是人的本质、对象和使命,或者说,也只是在主观上确立起自由,自由在此阶段还未真正实现。"心理学"自身的进展分为三个阶段:"理论精神"、"实践精神"和"自由精神"。"理论精神"就是认识,认识首先发现一个给予的现成的内容,但认识的目的就是把这个被发现的东西建立为自己的东西。"理论精神"又分为三个阶段:"直观"、"表象"和"思维"。直观直接与个别客体相联系,直观既不同于人类学部分中的"感受",也不同于精神现象学部分中的"感性意识",它是具有理性内容的,直观是"一种为理性的确定性所充满的意识,这种意识的对象具有这样的规定:它是一个理性的东西,因而不是一个被割裂为好些方面的个别东西,而是一个总体,一个诸规定的充实的集合体"①。直观有两个因素,一是注意,二是把自己的主观感受外化,因而直观是一个主客的统一体。直观只是认识的开始,认识远不能停留在此阶段,还需进一步进展到"表象"阶段。"表象"是回想起来的直观,表象把直观中直接的东西变成主体内部的东西,但这种东西只是个表象,尚未达到思想的阶段。表象分为三个环节:"回想"、"想象力"和"记忆"。"回想"就是把原先在外部时空中的东西转入主体内部的时空中,直观中的东西因此便摆脱原来的直观性、个别性而变成心中的意象。"想象力"是精神支配意象的能力,它有三种形式:一是"再生的想象力",它能唤起意象,使之进入定在;其次是"联想的想象力",联想的想象力使这些被唤起的意象彼此相联系,并把它们提升为普遍表象;再次是"创造的想象力","创造的想象力"又称为"幻想力",根据所创造出来

---

① 〔德〕黑格尔:《精神哲学》,杨祖陶译,人民出版社2006年版,第262页。

的形象的定在具有象征和符号两种形式。"创造的想象力"或"幻想力"又分为"用象征表现的幻想力"和"创造符号的幻想力"。符号不同于象征,象征与它所象征的内容或多或少是同一的,而符号则可以与它所代表的东西完全无关,记忆与符号密切相关,这就过渡到表象的第三阶段"记忆"。表象作为一种内在的东西与直观作为一种外在东西的联系是外在的,把这种外在化进行内化,就是记忆,记忆分为三种形式。首先是"保持名称的记忆",在这里,通过语词就回想到语词的意义,人们不能离开语词的意义来记忆;其次是"再现的记忆",当理解名称时,名称就进一步内在化为简单的表象,通过名称就能认识事物而不需直观和表象,在这里,是用名称进行思维;再次是"机械的记忆",也就是通俗说的死记硬背,在这里,名称成了无意义的语词,正是这种无意义的语词使得表象过渡到"理论精神"中的第三阶段"思维"上。"思维"中,语词所代表的普遍的东西与特殊的表象融在一起,主观和客观达到了统一,为了达到对象是它自己产生的这个目标,思维分为三个环节:"知性"、"判断"和"推论"。"知性"把对象分裂成形式和内容、普遍和特殊、空洞的自在和从外加到自在上的规定性的对立。知性的活动主要在于抽象,它把偶然东西和本质东西分开;"判断"是把知性所分离开的规定联系起来,把对象当作关系的总体,但这个对象仍然是被给予的,关于对象的概念还是无概念的,对对象的把握并没有真正做到概念式的把握;而在"推论"那里,普遍、特殊和个别统一起来,普遍的东西并不是外在于特殊和个别的,从而形式与内容统一起来。这样一来,思维就知道自己是内容的决定者,这就从"理论精神"进展到"实践精神"。

"实践精神"是精神发展的第二阶段,它分为三个环节:"实践感觉"、"冲动和任意"和"幸福"。在"实践感觉"中,意志只是在形式上决定自己,而实际上是为一个偶然的个别的东西所决定,如果这个个别性与感觉意志的本性相一致,就是适意,否则就是不适宜。但在"实践感觉"中,就算产生适意,也是碰巧的,意志必须产生出那种符合,这就是"冲动"。意志站在对诸种冲动进行选择的立场上,就是"任意"。"冲动和任意"虽然能使人得到一种满足,但这种满足是特殊偶然的,意志必须要去追求一种普遍的满足,这就是"幸福"。但"幸福"只是一个抽象的普遍性,它与冲动是矛盾的,并最终为冲动所决定,"种种冲动按照其特殊性而被设定为消极的,并且应当部分地为着那个目的一个接一个地被牺牲,部分地直接为这个目的而全部或部分地被牺牲。一方面,这些冲动的相互限制是质的规定和量的规定的一种混合,另一方面,由于幸福只有在冲动中才有肯定的内容,决定就在那些冲动中,而把幸福放在什么上面,那必须做出最后决定的正是主观的感觉和愿望"①。当意志不再以"实践感觉"、"冲动和任意"和"幸福"等这些特殊内容为对象,而以自我决定本身、以自由为对象时,这时的意志就是现实的自由意志,这就进展到"自由精神"。"自由精神"是精神发展的最后阶段,是理论精神和实践精神的统一。当个人意识到自由是人的本质并决心以自己的行动来实现这个本质时,"主观精神"就过渡到"精神"的第二大阶段"客观精神"。

(2) "客观精神"中的自由

主观精神发展的最高点就是现实的自由意志,而自由意志必须要进入外面世界才能实现出来,这就要过渡到"客观精神"阶段。黑格尔主要在《精神哲学》的第二篇"客观精神"和《法哲学原理》中论述了自由在"客观精神"中的实现情况,前者中的论述简要,后者较为详细,这里主要分析黑格尔在《法哲学原理》中对自由实现的论述情况。由于在"客观精神"阶段所谈的自由都是意志自由,因而黑格尔在《法哲学原理》"导论"中一开始就讨论意志和自由关系问题,黑格尔指出这里所谈的自由就是意志自由,并认为意志自由经历了一

---

① 〔德〕黑格尔:《精神哲学》,杨祖陶译,人民出版社2006年版,第309页。

个否定之否定过程，即从"抽象的自由"到"任性"再到"具体的自由"。接着黑格尔以此三个否定阶段来讨论自由在客观精神中发展情况。

①意志自由发展的否定之否定过程

在讨论自由在客观精神中发展的三个阶段之前，黑格尔首先表明了自由在这里是和意志密不可分的，这也就意味着"客观精神"阶段的自由是一种意志自由。在黑格尔看来，凡是意志必定是自由的，没有无自由的意志。说一个行为是意志的，却又说这个行为不是自己决定的，那么这个所谓的意志也就算不上意志，所以意志不能离开自由，意志就意味着是自由意志，"自由是意志的根本规定，正如重量是物体的根本规定一样"①。反过来，在"客观精神"阶段，自由也离不开意志，自由就意味着是意志自由，如果说只有自由而不去行动，那么这种自由也就是空的，"说到自由和意志也是一样，因为自由的东西就是意志……自由只有作为意志，作为主体，才是现实的"②。在指出这里的自由和意志互不分离之后，黑格尔接着讨论了自由（这里指的是意志自由）在"客观精神"中发展的三个阶段："抽象的自由"，"任性"和"具体的自由"。

抽象的自由是自由的最低层次，它是具有抽象普遍性的自由，是一种抽象的否定的自由。这种抽象的自由把自身的欲望、冲动和需求等统统消除掉，不去追求任何东西。这种自由只是一种绝对的抽象的可能性，这种抽象的可能性只意味着人们既可以这么做，也可以那么做，只表示处在现实中的人们意识到他还可以有别的选择而已。这种抽象的自由在纯粹理论和现实应用上都可以有所存在，印度宗教的纯沉思的狂热就是这种抽象自由停留在纯粹理论上的表现。印度宗教坚

---

① 〔德〕黑格尔：《法哲学原理》，范扬、张企泰译，商务印书馆1961年版，第11页。
② 〔德〕黑格尔：《法哲学原理》，范扬、张企泰译，商务印书馆1961年版，第11—12页。

持这种抽象的自由，把生活中的一切活动和目的等全部摒绝，把一切都看成虚空，不去追求任何东西。法国大革命是这种抽象的自由在现实中的应用。法国大革命追求这种抽象的自由，但是这种抽象的自由在任何一种制度中都无法实现，所以当建立一种制度时，由于这种制度不符合抽象自由这个理想，这种制度也就被推翻，所以这种抽象的自由在现实中只能带来不停的破坏。尽管这样，黑格尔还是认为不应该把它完全抛弃，因为这种抽象的自由虽然只具抽象的普遍性，却包含着自由的本质规定"否定"，"这种否定的自由或理智的自由是片面的，但是这种片面性始终包含着一个本质的规定，所以不该把它抛弃"①。但自由显然不能停留在这个抽象自由的层次上，而应该在此基础上上升到一个层次。

在抽象的自由中，有千万种可能的选择，"任性"就是在这千万中可能中做出一个选择，所以"任性"是对抽象自由的否定，相对于抽象自由这个普遍的东西，任性是个特殊的东西。任性不同于抽象的自由，抽象的自由只希求抽象的自由或者说什么也不希求，而任性却去追求某物。任性的这种追求某物不同于动物式的冲动，动物在冲动下也去追求某物，但这种追求只是一种本能，在没有外物阻止下，动物的行为只能听命于这种冲动，所以动物的这种希求实际上是一种无意志的行为。任性中虽然也有冲动，但人不同于动物，他能在意志中控制住冲动，能把冲动合理化，"惟有人作为全无规定的东西，才是凌驾于冲动之上的，并且还能把它规定和设定为他自己的东西"②。

但在任性中，意志还只是自在的，还只是直接的或自然的意志。在这种自然意志中，意志还显得自己是被自然决定的，是被内容、即意志的目的所决定的。尽管在任性中，也可以根据自己主观上意愿依

---

① 〔德〕黑格尔：《法哲学原理》，范扬、张企泰译，商务印书馆1961年版，第15页。
② 〔德〕黑格尔：《法哲学原理》，范扬、张企泰译，商务印书馆1961年版，第23页。

据自己的行动达到目的,也可能体会到自由感和幸福感,但在任性中,这种意志、这种自由仍是未自觉的,"意志只是自在地自由的,或者只是对我们来说是自由的"①。因而,形式与内容在任性中是分裂的,内容并不是由形式产生,并不是由意志的本性所产生,形式还只是抽象的形式,"直接的意志是形式的;属于这种意志所有的,只是抽象的决定本身,而它的内容,还不是它的自由的内容和产物"②。这样,任性也只是在形式上是自由的,在内容上,由于自由在这里并没有达到自觉,还不是自为的自由,只是自在的主观上的自由,因而,任性的自由实际上是要受到内容束缚的。这种只在自在意义上的、主观上的、只有形式上而无内容上的自由还不是真实的自由。真实的自由不只是自在的,而且还是自为的,不仅形式上是自由的,而且内容上也是自由的。只有当自由以自身为对象,自由希求自由时,自由才是真实的自由,"光是符合概念的意志,是自在地自由的,而同时又是不自由的,因为它只有作为真正被规定的内容,才是真实的自由的。这时它是自为地自由的,是以自由为对象的,它就是自由"③。任性虽然比那种出于动物式的冲动行为要自由,但还没有达到绝对自由,它还是"在单单由自然冲动所规定的意志和绝对自由的意志之间经过反思选择的中间物"④,因此,自由还需达到更高的层次,这就是具体自由。

抽象的自由还只是个抽象的普遍性,而任性表面上是可以由自己决定,但正如上面所述,由于任性没有以自由本身为对象,没有达到对自由的自觉,实际上还受制于特殊内容,受制于他物,这两种自由单独地看都不是真实的自由,"上述最初两个环节(指抽象自由和任

---

① 〔德〕黑格尔:《法哲学原理》,范扬、张企泰译,商务印书馆1961年版,第20—21页。
② 〔德〕黑格尔:《法哲学原理》,范扬、张企泰译,商务印书馆1961年版,第24页。
③ 〔德〕黑格尔:《法哲学原理》,范扬、张企泰译,商务印书馆1961年版,第21页。
④ 〔德〕黑格尔:《法哲学原理》,范扬、张企泰译,商务印书馆1961年版,第25页。

性）——意志能从一切中抽象出来，而它又是由自己或他物所规定的，——人们容易承认和理解，因为它们单独说来都不是真的而是理智的环节"①。当把它们联系在一起，也就是抽象的自由去进行规定成为特殊物时，自由就成为具体自由，"自我本身首先是纯活动，是守在自己身边的普遍物。但是这个普遍物规定着自己，在这种情况下，它不再守在自己身边，而把自己设定为他物，从而丧失其为普遍物。至于第三个环节就在于，自我在它的限制即在他物中，守在自己本身那里；自我在规定自己的同时仍然守在自己身边，而且它并不停止坚持其为普遍物。所以，这第三个环节是自由的具体概念"②。

具体自由当然不同于抽象自由，它也有所希求。但它也不同于任性，任性虽然也可以表现为自己决定自己，但这里的意志还只是一种自然的意志，自由并没有以自身为对象，或者说在任性中，还不能把他物看成自己。而具体自由却是自在自为的意志，是把自由本身当作对象，是在他物中看到自身。具体自由把抽象自由所具有的普遍性和任性所具有的特殊性结合起来，在任性中的特殊中能看到普遍。具体自由并不是要把任性中特殊性的冲动消除掉，而是对冲动"纯洁化"。就是说，要使冲动在意志规定的合理体系范围之内，要用意志的普遍性扬弃掉这些冲动，或者说，对这些特殊的内容加以普遍的形式的理解。这样，在具体自由中或者说真实的意志中，内容和形式是统一的，意志或者说自由是以自身为对象，"当意志所希求的东西，即它的内容，与它是同一的，就是说，当自由希求自由时，只有这时意志才是真实的意志"③。具体自由是自由的最高层次，具体自由是不被外物决定、在他物中看到自身的自己决定自己并且能意识到这种必然的必然过程。

---

① 〔德〕黑格尔：《法哲学原理》，范扬、张企泰译，商务印书馆1961年版，第18页。
② 〔德〕黑格尔：《法哲学原理》，范扬、张企泰译，商务印书馆1961年版，第19页。
③ 〔德〕黑格尔：《法哲学原理》，范扬、张企泰译，商务印书馆1961年版，第31页。

② 自由在客观精神中的实现

"客观精神"经历了三个环节:"抽象法"、"道德"和"伦理"。在"抽象法"中,自由意志通过对外物的占有来实现自己,但这样一来,自由意志就受到外物的束缚,这里的自由还是直接的抽象的,此时的自由属于"任性"阶段;在"道德"中,自由在主体的内心中来实现,但这里的自由还只是主观上的,此时的自由属于"抽象的自由"阶段;"伦理"是抽象法与道德的统一,也即自由的外在实现和内在实现的统一,在"伦理"中,自由才达到了具体的自由,自由在此阶段经历了一个否定之否定过程。

自由首先在客观精神的第一阶段"抽象法"中实现出来。"抽象法"从"人格"开始,所谓人格,就是在有限的个人身上能看到无限的、普遍的自由的东西,个人虽是有限的,但是却有其无限性。这种无限性是纯粹的抽象同一,是具有抽象的形式的可能性,是一种权利能力。在现实中,人格是有限的,是被规定了的,如有一定的年龄、身高,有一定的财产等,但是人格所具有的这种权利能力却是无限的,所以黑格尔说:"人既是高贵的东西同时又是完全低微的东西。他包含着无限的东西和完全有限的东西的统一、一定界限和完全无界限的同一。"① 这种具有无限的自由的人格不会把自己仅仅限制在主观之内,它必定"要扬弃这种限制,使自己成为实在的,换句话说,它要使自然的定在成为它自己的定在"②,抽象法就是这种自由的直接定在,分为"所有权"、"契约"和"不法和犯罪"三个部分。

在通常的观点看来,所有权就是占有一个东西,用它来满足自己的需要。但黑格尔却从哲学、从自由角度理解所有权。在黑格尔看来,所有权固然要占有某物,固然也能满足需要,但所有权的真正本质却

---

① 〔德〕黑格尔:《法哲学原理》,范扬、张企泰译,商务印书馆1961年版,第46页。
② 〔德〕黑格尔:《法哲学原理》,范扬、张企泰译,商务印书馆1961年版,第48页。

不在这里，在于把人格所具有的抽象自由扬弃掉，而对这种自由加以最初的定在，"如果把需要当作首要的东西，那么从需要方面看来，拥有财产就好像是满足需要的一种手段。但真正的观点在于，从自由的角度看，财产是自由最初的定在，它本身是本质的目的"①。正由于所有体现了自由，所以"所有"与"占有"是不同的。所有体现了自由意志，而占有只是把某物置于自己外部力量支配之下，并不能体现自由意志。所有权依据意志对物的不同关系分为三个不同的环节，即"直接占有"、"使用"和"转让"。直接占有是把自由意志输入作为肯定的东西的物内，是意志对物的"肯定判断"。"直接占有"分为"直接的身体把握"、"给物以定形"和"单纯的标志"三种。用手去占有某物，便是直接的身体把握，这种方式的占有完全是零星的，不能占有更多的东西。但如果把与占有物相联系的他物也看作占有物的话，则占有将会扩大范围。"给物以定形"就是对物进行加工，如耕种土地、栽培植物驯养动物等。标志是把自己的意志体现在物内，但并不是现实的占有某物，因为"标志的概念就在于对事物而不是如其存在的那样看，而按其所应具有的意义来看"②，如徽章并不表示徽章本身，而是标志着一个民族。"所有权"的第二个环节"使用"是将物进行变化、消耗等来满足自己的需要，因而"使用"是把意志输入作为否定的物之中，是意志对物的"否定判断"。"所有权"的第三环节"转让"可以理解为真正的占有，因为能够将财产进行转让，恰恰表明对财产的占有；反之，如果不能转让财产，则表明自己并不占有这个财产。因而，可以说转让是意志从物回到自身的反思，由于转让是让物完全脱离自己的意志，因此转让可以说是"无限判断"。

财产作为特定的存在物，实际上也是一个为他物的存在，而财产

---

① 〔德〕黑格尔：《法哲学原理》，范扬、张企泰译，商务印书馆1961年版，第54页。
② 〔德〕黑格尔：《法哲学原理》，范扬、张企泰译，商务印书馆1961年版，第66页。

又是意志的定在，因而财产也是为了他人意志而存在，这种意志对意志的关系就是"契约"。契约是自由获得定在的基础，通过契约，可以在共同意志名义下占有财产，"这种意志对意志的关系是自由赖以获得定在的特殊的和真正的基础。这是一种中介，有了它，我不仅可以通过实物和我的主观意志占有财产，而且同样可以通过他人的意志，也就是在共同意志的范围内占有财产。这种中介构成契约的领域"①。契约双方当事人由于互把对方当作独立的人来看待，因而契约是从任性出发的，这种在契约中出于任性的达成的同一意志还只是共同意志，而不是自在自为的普遍意志。这种不是普遍意志的共同意志只是相对的普遍意志，只是一个被设定的普遍意志，它仍然与当事人的特殊意志相对立，当特殊意志不遵守这种共同意志时，就产生了"不法"。

作为普遍意志的法，是个本质的东西，相对于此，个人的特殊意志只是个非本质的东西。当个人的特殊意志与法相一致，则个人的特殊意志就成为法的"现象"，而当个人的特殊意志与法不一致时，个人的特殊意志则成为"假象"。"不法"就是这种假象，它分为三种形式，即"无犯意的不法"、"诈欺"和"强制和犯罪"。无犯意的不法以不法为法，它只是潜在的非自觉的假象，它对于法的普遍原则来说是不法，但对于犯有不法行为的人来说，这种不法又不是不法，因为他自以为是合法的。无犯意的不法是一种单纯的否定判断，因为它否定的只是某个特殊意志，而对普遍的法仍然尊重。与"无犯意的不法"相反，"诈欺"却承认了特殊意志，而否定了普遍的法。因为被诈欺者以为自己的特殊意志未被损害，以为诈欺者对他所做的是合法的，但实际上诈欺者没有尊重普遍的法，诈欺行为表面上是合法的，但实际上是不合法的。不法的第三种形式是"强制与犯罪"。犯罪是

---

① 〔德〕黑格尔：《法哲学原理》，范扬、张企泰译，商务印书馆1961年版，第80页。

真正的不法,在犯罪中,个人所认为的法和法本身都没有受到尊重,法被主体化为乌有。犯罪是一种暴力强制,它强制了别人自由意志的定在,所以犯罪是不法的,这种不合法的强制必然要被合法的强制即刑罚所扬弃。"犯罪"是对法的否定,而刑罚是对犯罪的否定,因而是否定之否定,是对法的恢复。法正是通过刑罚显示出现实的有效性,"犯罪行为不是最初的东西、肯定的东西,刑罚是作为否定加于它的,相反的,它是否定的东西,所以刑罚不过是否定的否定。现在现实的法就是对那种侵害的扬弃,正是通过这一扬弃,法显示出其有效性,并且证明自己是一个必然的被中介的定在"①。刑罚不等于复仇,复仇含有主观意志的成分,往往导致新的不法。要使刑罚中不含有复仇的因素,就要求"从主观利益和主观形态下,以及从威力的偶然性下解放出来的正义,这就是说,不是要求复仇的而是刑罚的正义"②,这样,"抽象法"就过渡到"客观精神"的第二阶段"道德"。

在"抽象法"中,意志的定在还在外在的东西中,在"道德"中,意志自由自己决定自己,意志以自身为对象。正因为如此,道德使抽象法中的"人"成为"主体"。"抽象法"主要是禁令,不要求你做什么,而禁止你不做什么,而"道德"却是规定人们应该去做什么。"道德"分为"故意和责任"、"意图和福利"和"善和良心"三个环节。道德行为如果算作道德行为的话,首先必须是故意的行为,必须是"我的行为"。一个行为如果不是出于故意,那么这个行为也就算不上道德行为。既然行为是出于故意,那么就应该对其负有责任。在故意行为所造成的后果中,必定有必然的后果产生,"即使我只造成个别的、直接的东西,但是有一些必然的后果是同每一种行为相结合的,这些后果就构成了包含于个别的直接的东西中的普遍物"③,如

---

① 〔德〕黑格尔:《法哲学原理》,范扬、张企泰译,商务印书馆1961年版,第100页。
② 〔德〕黑格尔:《法哲学原理》,范扬、张企泰译,商务印书馆1961年版,第108页。
③ 〔德〕黑格尔:《法哲学原理》,范扬、张企泰译,商务印书馆1961年版,第121页。

果这个普遍物成为我的希求时,就成为"意图"。

"意图"是道德的第二个环节。意图与故意不同,故意只关涉行为的个体性和直接性,而意图却关涉行为中普遍的东西。一个在行为中有意图的人知道并且希求这种普遍性,意图实际上指的就是个人行为的动机。而行为的内容,作为个人的特殊目的,就是"福利"。由于"福利"是和"意图"联系在一起的,而福利带有特殊性,因而,"意图"也不免成为特殊的东西。与此相反,"故意"却由于排除了特殊的意图而成为普遍的东西,"道德的东西具有两重意义:在故意中的普遍物与意图的特殊方面"①。"故意中的普遍物"是动机中的主观方面,而"意图和福利的特殊方面"是动机中的客观方面。"道德"的行为既不能片面停留主观方面,也不能片面停留在客观方面。也就是说,一个道德行为既要有具有普遍意义的主观上的动机,又要在客观上具有道德行为中产生的特殊意图和福利。主观动机上的普遍物可以是抽象的共同性,即把"一切人的福利"作为主观上的动机,但"一切人"只是全体人的集合,而不是人之为人的本质。只有从人的本质出发,主观动机上的普遍物才是自在自为的具体普遍物。但在这里,自在自为的普遍物"除被规定作为法之外还没有被进一步地规定,所以特殊物的上述那些目的与普遍物是有区别的,它可能符合也可能不符合普遍物"②。正由于在这阶段,自在自为的普遍物还只是处于"法"的状态,所以作为特殊物的意图和福利往往与之不相符。如在紧急情况下,为了福利可以违法,或者为了法律而不顾福利。之所以会出现这种情况,乃由于"法"还只是一种抽象的普遍,并不能把特殊的个人福利包含进去。同样,这里的个人福利也只是抽象的特殊,它并不能把自己归于普遍的法之下。把法和福利初步结合在一起的是

---

① 〔德〕黑格尔:《法哲学原理》,范扬、张企泰译,商务印书馆1961年版,第124页。
② 〔德〕黑格尔:《法哲学原理》,范扬、张企泰译,商务印书馆1961年版,第128页。

"善和良心","出现于法和主观性中的两个环节就这样地并合起来而成为它们的真理、它们的同一,但最初它们还处于相对的关系中的,这两个环节就是善和良心"①。

"善和良心"是道德的最高阶段,善是个人特殊意志和普遍意志的统一。在这个统一中,抽象法和福利作为独立的东西都被扬弃掉了,它们被结合在"善"中,"福利没有法就不是善。同样,法没有福利也不是善"②。在"善"中,福利不再是个人的福利,而是普遍福利。与此同时,法也不再是抽象法,而是包含了特殊意志在内。善离不开个人的主观意志,离开个人主观意志的善只是一个抽象的概念。善要想成为现实,需通过以之为目的的主观意志来实现。这样,善的发展就分为三个阶段。善作为普遍物,要想得到实现,首先必须以特殊物的形式让希求者知道,这就是第一个阶段,"善对于我作为一个希求者说来,是特殊意志,而这是我应该知道的"③。康德认为善良意志不可认识;与此相反,黑格尔认为善良意志可以认识,因为善良意志存在于思维中,因而可以通过思维来认识。在这个阶段中,善还只具抽象的本质,还只是个"义务",人们在此还只是为义务而义务。但是善不能停留在这个抽象的本质阶段,它还应具有自己的特定内容和目的,也就是善或"义务"要与福利结合起来,这就是善发展中的第二阶段。善发展的第三阶段是对无限的善进行规定,让善"特殊化"到主体性中,也就是主体能反思到善的普遍性,"最后,规定善本身,即把作为无限的自为地存在的主观性的善,予以特殊化"④。这也就是说,使善成为个人的"良心"。良心有"形式的良心"与"真实的良心"之分。前者只是意志活动的形式方面,它只是无限的自我确信,

---

① 〔德〕黑格尔:《法哲学原理》,范扬、张企泰译,商务印书馆1961年版,第131页。
② 〔德〕黑格尔:《法哲学原理》,范扬、张企泰译,商务印书馆1961年版,第132页。
③ 〔德〕黑格尔:《法哲学原理》,范扬、张企泰译,商务印书馆1961年版,第133页。
④ 〔德〕黑格尔:《法哲学原理》,范扬、张企泰译,商务印书馆1961年版,第133页。

只是抽象的善,并不具有客观内容。正因为如此,从这样的良心出发,会导致恶的形成。"形式的良心"属于道德范围,而后者却又是固定的客观原则,是希求自在自为的善的心境,是主观和客观,普遍性与特殊性的统一,这种"真实的良心"属于伦理范围。在道德中,对"善"加以规定的"良心"只是主观上、形式上的,并没有真正去对善进行规定,善由于没有真正得到规定而仍是抽象的。这样,在道德中,"善"与"良心"并没有统一起来,说来它们都是片面的。同时,抽象法只是一个直接性的东西,还缺少主观性,而道德虽有主观性,却缺少客观内容,由于它们各自的片面性自由在它们中都不能真正的实现。消除掉善和良心、抽象法和道德的各自片面性,把善和良心、法和道德统一起来的是"客观精神"的第三阶段"伦理"。

"伦理"是法和道德的统一,它一方面消除掉法的抽象客观性,一方面又消除掉道德的抽象的主观性。这样,伦理才是自由的理念,才是真正的自由。而真正的自由是以自由本身为对象的,这也就说,作为真正自由的伦理不仅包括伦理的客观存在,也包括对伦理的意识。这两方面是统一的:一方面,伦理的存在是被意识到的;另一方面个人的意识只有以伦理的存在为基础才是自由的,所以,"伦理就是成为现存世界和自我意识本性的那种自由的概念"①。这样,伦理由于具有既有客观环节又有主观环节而成为实体,而在黑格尔看来,单个人在这实体面前只是个偶性,他在伦理面前无关紧要,因而,在考察伦理时就要从伦理这个实体出发,而不应以单个人为出发点。从伦理这个实体出发,黑格尔把伦理的发展过程分为三个环节:"家庭"、"市民社会"和"国家"。

"家庭"是凭爱而结合在一起的伦理精神。在家庭中,个人意识到自己还不是一个独立的人,"作为家庭成员,而不是作为具有相互

---

① 〔德〕黑格尔:《法哲学原理》,范扬、张企泰译,商务印书馆1961年版,第164页。

对立权利的人，人们感悟着自身"①。由于爱还只是一种主观感觉的东西，因而凭爱结合在一起的家庭虽然是一种伦理精神，却还是直接的或者说是自然的伦理精神。家庭分为三个环节："婚姻"、"家庭财富"和"子女教育和家庭解体"。婚姻虽然包括自然生活因素，但由于这种自然生活还只是自在的，因而婚姻要想达到伦理精神，还须包括自我意识因素在内，也即作为爱的自我意识。这样，婚姻就不是单纯的性的关系，也不是契约关系，而应建立在爱的基础之上。但同时也不应仅仅建立在爱的基础之上，因为爱是感觉，不免具有偶然性，家庭作为一种伦理精神不应建立在这种偶然性之上。为了消除爱的这种主观偶然性，而应认为婚姻是"具有法的意义的伦理性的爱"②。正如个人作为人格，需要有所有物作为它的定在一样，作为人格的家庭也要以"家庭财富"作为它的定在。在"家庭财富"下，个人的特殊需要和欲望就转变成"对一种共同体的关怀和增益，就是说转变为一种伦理性的东西"③。"子女教育和家庭解体"是家庭发展的第三个环节。对子女的教育有"肯定"和"否定"两个方面作用，肯定的作用在于把直接的伦理原则灌输给子女，使子女具有伦理生活基础，在爱和服从中度过；否定的作用在于使女子超脱出直接性，而成为独立性和自由的人格，这样家庭就过渡到"市民社会"。

"市民社会"是"各个成员作为独立的单个人的联合，因而也就是在形式普遍性中的联合"④。这种形式的普遍性尚未达到具体的普遍，它只是把个人抽象的外在的集合在一起，具体的普遍只有到"国家"中才能存在。"市民社会"有两个原则：一是具体的特殊的个人；二是"普遍的形式"。在市民社会中，这两个原则是联系在一起的，

---

① 〔加拿大〕查尔斯·泰勒：《黑格尔》，张国清、朱进东译，译林出版社2002版，第664页。
② 〔德〕黑格尔：《法哲学原理》，范扬、张企泰译，商务印书馆1961年版，第177页。
③ 〔德〕黑格尔：《法哲学原理》，范扬、张企泰译，商务印书馆1961年版，第185页。
④ 〔德〕黑格尔：《法哲学原理》，范扬、张企泰译，商务印书馆1961年版，第174页。

"市民社会"中的成员既是一个个独立的个人,又是相互结合在一起的,但这种结合还未达到国家中个人相结合的程度,市民社会还是"处在家庭和国家之间的差别的阶段"①。市民社会分为三个环节:"需要的体系"、"司法"和"警察和同业公会"。"需要的体系"分为三个环节。首先是"需要及其满足的方式",人的需要不同于动物,动物的需要和满足需要的手段都是有局限性的,而人则能越出这个限制,人的需要之间是相互依赖的,"需要和手段,作为实在的定在,就成为一种为他人的存在,而他人的需要和劳动就是大家彼此满足的条件"②。需要由于这种相互依赖而成为社会需要,它比自然的需要要高,但比精神的需要要低。满足需要的手段就是劳动,劳动使直接的自然界成为符合个人需要的东西,不仅如此,劳动还起到教育的作用,同时分工使得劳动成为相互依赖。正是由于需要和劳动的这种相互依赖性,个人主观上的利己也会帮助其他人满足需要,因而,实际情况是,个人在满足自己私利的同时,也创造了普遍物——"财富"。对财富分配的结果就形成了特定的集团,特定的集团代表了不同的等级。等级要按照概念、理性必然性来划分,这样出于概念的划分也是和主观上的特殊任性是一致的,按照这样标准来划分等级的市民社会也就成为一个富有生气的社会,"如果人们承认在市民社会和国家中一切都由于理性而必然发生,同时也以任性为中介,并且承认这种法,那末人们对于通常所称的自由,也就做出更详密的规定了"③。按照这个标准,黑格尔把等级分为三种:其一是"实体性的或直接的等级",指的是农业等级,农业的生产条件使得这个等级过着一种未反思的、直接的生活,由于农业的生产方式依赖于自然界的恩惠,因而这个等级比较倾向屈从;其二是"反思的或形式的等级",指的是"产业等

---

① 〔德〕黑格尔:《法哲学原理》,范扬、张企泰译,商务印书馆1961年版,第197页。
② 〔德〕黑格尔:《法哲学原理》,范扬、张企泰译,商务印书馆1961年版,第207页。
③ 〔德〕黑格尔:《法哲学原理》,范扬、张企泰译,商务印书馆1961年版,第215—216页。

级",这种等级以别人的需要和劳动为中介而获得生活资料,它所生产和所享受的,主要归功于自己,因而这个等级倾向于自由;最后一个等级是"普遍等级",实际上指的是官员等级,这种等级免予直接劳动,由国家给予待遇。

"市民社会"的第二个环节是"司法"。个人的需要虽然是特殊的,却含有自由的普遍性,尽管在"市民社会"阶段这种"自由的普遍性"还未达到"国家"阶段的"具体普遍性",但这里的"自由普遍性"又不似抽象法中那样抽象,而是达到了现实的有效性。在"抽象法"阶段,需要和劳动间的关联还未体现出来,到了"司法"这里,这种关联才被普遍承认而具有现实有效性,"需要跟为满足需要的劳动之间相互关系中的关联性,最初是在自身中的反思,即在无限的人格、(抽象的)法中的反思。但是,正是这种关联性的领域,即教养的领域,才给予法以定在;这种定在就是被普遍承认的、被认识的和被希求的东西,并且通过这种被认识和被希求的性格而获得了有效性和客观现实性"①。在"司法"中,尽管普遍物和主观的特殊性达到了某种程度的统一,但这里的统一仍是有限的,这里的法并不能保障个人的全部福利,个人的福利还要通过"警察和同业公会"来维持和保护。这里的"警察"概念比现在通常所说的"警察"含义要广泛得多,它实际上指的是公共权力,通过"警察",个人的一些福利才能得到保证。但警察对个人福利的保护,仍然是以一种外在的方式进行,而"同业公会"作为伦理性的东西却以内在的方式维护个人的福利,"根据理念,普遍物是内在于特殊性的利益中的,而特殊性本身是把这个普遍物作为它的意志和活动的目的和对象的,所以,伦理性的东西作为内在的东西就回到了市民社会中;这就构成同业公会的规

---

① 〔德〕黑格尔:《法哲学原理》,范扬、张企泰译,商务印书馆1961年版,第217页。

定"①。但同业公会由于局限在某一行业而成为有限的,而警察也只是从外部来维系个人福利,因而,作为市民社会最高环节的"警察和同业公会"必然要过渡到"国家"。

"国家"是伦理发展的最高阶段,它是作为未分化的普遍性的家庭和特殊化的市民社会的统一。"国家"作为伦理的最高阶段,它既是"家庭"和"市民社会"发展的结果,又是它们的基础。国家是伦理精神的完成,个人只有把自己和国家联系起来,才能获得真正的自由。国家分为三个环节:"国家法"、"国际法"和"世界历史"。"国家法"讲的是一个国家内部制度。在黑格尔看来,现代国家不同于古代国家,现代国家是具体自由的现实,在现代国家中,普遍物和和特殊性结合在一起,一方面普遍利益不能离开个人利益,另一方面个人利益也离不开普遍利益。"现代国家的本质在于,普遍物是同特殊性的完全自由和私人福利相结合的,所以家庭和市民社会的利益必须集中到国家;但是,目的的普遍性如果没有特殊性自己的知识和意志——特殊性的权利必须予以保持,——就不能向前迈进。"② "国家法"分为两部分:"内部国家制度本身"和"对外主权"。国家依据概念的本性在活动,而在概念中,普遍、特殊和个别三个环节是统一的。据此,国家中的各种权力就不是独立而是统一的,黑格尔把国家中的权利分为三类:"立法权"、"行政权"和"王权",立法权相当于概念的普遍环节,行政权相当于概念的特殊性环节,而王权则相当于个别性环节。这三者中的每一方都离不开其他两方,立法权包含了行政权和王权,行政权包含了立法权和王权,而王权又包含了立法权和行政权。国家作为个体性是独立的,具有否定的自我相关,表现在对外关系时就是"对外主权"。国家与国家之间由于各自的独立性难免会

---

① 〔德〕黑格尔:《法哲学原理》,范扬、张企泰译,商务印书馆1961年版,第248页。
② 〔德〕黑格尔:《法哲学原理》,范扬、张企泰译,商务印书馆1961年版,第261页。

发生冲突，这就需要"国际法"来解决。如果国与国之间由于各自的利益而达不成一致，则它们的冲突只有通过战争来解决，但战争并不是国与国之间关系的最高裁判官，唯一的裁判官是绝对精神，是世界理性，这就进入"世界历史"。

"世界历史"并不是盲目的必然性，而是精神的历史，是"理性各环节仅从精神的自由的概念中引出的必然发展，从而也是精神的自我意识和自由的必然发展"①。在世界历史必然发展的每个阶段上，都有一个民族作为统治的民族，而民族如果不过渡到国家，如果不具有法律和制度等，那么就得不到承认和缺乏客观性，它的独立因而只是形式上的。这样一来，世界历史也就是国家的历史。世界历史由于其每个阶段都有一个居于统治地位的国家而分为四个发展阶段。第一阶段是"东方王国"，这是世界历史发展中的最初阶段，它以实体性的精神形态为原则，在这个同一的形态中，只有一个人是自由的，其他个体都是没有权利、不自由的。"客观的种种形式构成了东方各'帝国'的堂皇建筑，其中虽然具有一切理性的律令和布置，但是各个人仍然被看作是无足轻重的……东方观念的光荣在于'惟一的个人'一个实体，一切皆隶属于它，以致任何其他个人都没有单独的存在。"②第二个阶段是"希腊王国"，这个阶段的原则是"美的伦理性的个体性"，这里出现了个体的自由，有限东西与无限东西在希腊王国中达到了实体性的统一，但这种统一却是直接的感性的，个体自由并没有在这个王国中真正实现。"'个人'是不自觉地统一于普遍的东西。那在东方分为两个极端的——就是实体的东西和含蓄其中的个别性——在这里是走在一起了。但是这些显然不同的原则仅仅是直接地在统一之中，因此同时在本身发生最高度的矛盾，因为这种美丽的道德在它

---

① 〔德〕黑格尔：《法哲学原理》，范扬、张企泰译，商务印书馆1961年版，第352页。
② 〔德〕黑格尔：《历史哲学》，王造时译，上海世纪出版集团2006年版，第97页。

的'再生',还没有经过主观自由的奋斗;这种道德还没有净化到自由的主观性的程度。"①第三个阶段是"罗马王国",这个阶段的原则是"抽象普遍性",在这个王国里,个人的伦理生活遭到毁灭,个人只是单个的个人,他们虽然也被普遍性结合在一起,但这种普遍只是抽象的普遍性,在这种抽象的普遍性中,个体自由实际上也只是形式上的。第四个阶段是"日耳曼王国",这个阶段的原则是"神的本性与人的本性的统一",但这个统一最初还是抽象的,表现为世俗王国和处于彼岸世界的精神王国的对立,经过它们残酷的斗争,精神王国从彼岸的世界中降为平庸的尘世,而尘世王国则把它建成为合乎理性的存在。这样,尘世王国和处于彼岸的精神王国间的矛盾就得到了调和,"事实的王国蜕去了它的野蛮性和不法任性,至于真理的王国则蜕去了彼岸性色彩和它的偶然权力,于是真实的调和就成为客观的了,这种调和把国家展示为理性的形象和现实"②。日耳曼王国就是这样一个具有精神的尘世王国,因而自由在这里得到了实现。但是国家毕竟还处于客观精神阶段,因而它不免仍受到客观性的束缚,"精神在国家里把它的自由发展成为一个由它设定的世界,成为伦理的世界。可是精神也必须越过这个阶段。精神的这个客观性的缺点在于它只是一个被设定的客观性"③。这样,即使如前面所说在国家中自由达到了具体自由,这样的具体自由仍然不是最高的。自由的最高实现还要在精神发展的第三个大的阶段"绝对精神"中,"国家是第三阶段、即个体独立性和普遍实体性在其中完成巨大统一的那种伦理和精神。因此,国家的法比其他各个阶段都高,它是在最具体的形态中的自由,再在它的上面的那只有世界精神的那至高无上的绝对真理了。"④

---

① 〔德〕黑格尔:《历史哲学》,王造时译,上海世纪出版集团2006年版,第98—99页。
② 〔德〕黑格尔:《法哲学原理》,范扬、张企泰译,商务印书馆1961年版,第360页。
③ 〔德〕黑格尔:《精神哲学》,杨祖陶译,人民出版社2006年版,第29页。
④ 〔德〕黑格尔:《法哲学原理》,范扬、张企泰译,商务印书馆1961年版,第43页。

③"绝对精神"中的自由

自由在主观精神和客观精神阶段都不能真正得到实现,自由的本质在于在他物中看到自身,当认识到世界中的万事万物都只不过是自身的显示时,自由才得到了真正的实现。绝对精神是主观精神和客观精神的统一,绝对精神没有别的目的,它只是以自身为对象和自觉地显现自己。在这里,主体和客体达到了统一,万事万物都是精神的显现,因而自由在绝对精神中能够得以真正实现。绝对精神经历了三个阶段:"艺术"、"宗教"和"哲学"。艺术是以感性直观的形式来表现绝对精神,但无论在"象征型艺术",还是"古典型艺术"抑或"浪漫型艺术"中,由于外在感性事物的有限性,艺术都不能真正显示出绝对精神,因而在艺术中自由也不能真正得到实现。这就需要进入宗教阶段,宗教是以表象的形式来表现绝对精神,宗教分为三个阶段,即"自然宗教"、"精神个体性的宗教"和"绝对宗教"。"自然宗教"是"精神者在其中与自然者同处于始初的、从未遭破坏的、尚未黯然失色的统一中"①。在这种宗教下,人的知识和意愿都是处于自然的。"自然宗教"最初阶段是"直接宗教",是巫术。在"直接宗教"中,精神还只是自然的东西,精神"尚未对作为普遍之力的精神与作为个别者、偶然者、短暂者、偶性者的自身进行**区分**"②。做出这种区分的是在"自然宗教"的第二阶段"意识自身的分裂"。在这个阶段中,意识认识到自己无非是个自然的东西,意识从这里区分出本质的真实的东西,相对于这些本质的东西,这些自然的有限的东西是无意义的,但在这个阶段中,精神和自然处于相互隔离的状态,神现在被规定为绝对的力量和实体。"在该实体中,自然的意志,主体只不过是短暂者、**偶性者**、没有自性和自由者。就此说来,其人之最高

---

① 〔德〕黑格尔:《宗教哲学》(上),魏庆征译,中国社会出版社1999年版,第208页。
② 〔德〕黑格尔:《宗教哲学》(上),魏庆征译,中国社会出版社1999年版,第220页。

的品格在于：意识自身为虚无者。然而，精神之擢升于自然者之上，始而并非彻底的；种种精神的和自然的力量之如此的聚集中，包含极大的**不彻底性**。"① 由此可见，这个阶段中宗教都不能使人真正实现自由，东方的实体宗教（包括中国宗教、印度教和佛教）都处在这种不自由的阶段。自然宗教的第三个阶段是"过渡性宗教"，包括波斯宗教、叙利亚宗教和埃及宗教。在过渡性宗教中，主体企图恢复其自身的统一性和普遍性，但在这里，精神仍然没有使自然完全隶属于自己，自由仍得不到很好的实现。为此，需要进入宗教的下一阶段，即"精神个体性的宗教"。

在"精神个体性的宗教"中，精神把自然隶属于自己之下，"**主体之精神的自为存在**始于此；就此说来，思居于主导地位，具有规定作用，而自然性作为被保存的环节，归结于外观，对实体者说来则成为偶性者；对实体者说来，它无非是自然生命"②。尽管这样，但由于在这个阶段，精神和自然并没有真正达到和解，因而无论在崇高的犹太教、还是在美的希腊宗教，抑或在合目的性的罗马宗教中，自由都还没有真正实现。自由要在宗教中得到更好地实现，还需进到"绝对宗教"中。"绝对宗教"就是基督教，"绝对宗教"经历了三个阶段，即由《旧约》表现出来的"启示宗教"、由《新约》表现出来的"实证宗教"和由新教表现出来的"自由宗教"。在黑格尔看来，真正的宗教应是启示宗教，"在真正的宗教，即其内容是绝对精神的宗教的概念里，本质上包含着这样一点：它是被启示的"③。启示宗教包括三个环节，首先是具有普遍性的圣父，相应于"逻辑学"；其次是具有特殊性的圣子，圣子是圣父的外化，相应于"自然哲学"；最后是具有个别性的圣灵，圣灵是圣父和圣子的统一，相应于"精神哲学"。

---

① 〔德〕黑格尔：《宗教哲学》（上），魏庆征译，中国社会出版社1999年版，第203页。
② 〔德〕黑格尔：《宗教哲学》（上），魏庆征译，中国社会出版社1999年版，第203页。
③ 〔德〕黑格尔：《精神哲学》，杨祖陶译，人民出版社2006年版，第377页。

"启示宗教"中的这三个环节表现出了自由的本质,因为自由就在于在他物中看到自身。但宗教毕竟是以表象的形式、以主体内心的虔诚来表达自由的,用这种内心虔诚来表达的自由难免流于主观,因而也就难免不能真正实现自由。真正的自由还要到"绝对精神"的第三个阶段"哲学"中才能实现。

哲学克服了艺术片面的客观性和宗教片面的主观性,它是艺术和宗教的统一,"一方面哲学有艺术的客体性相,固然已经把它的外在的感性因素抛开,但是在抛开之前,它已把这种感性因素转化为最高形式的客观事物,即转化为思想的形式;另一方面哲学有宗教的主体性,不过这种主体性经过净化,变成思考的主体性了"①。由此可见,哲学和宗教有表达形式上的区别,前者的表达形式是概念,后者的表达形式是表象。尽管这样,哲学和宗教表达的内容却是一样的,它们都表达绝对、真理。哲学由于其不同于宗教的形式而受到两方面的责难,一方面谴责哲学是无神论,说哲学中"上帝太少"。但黑格尔认为,哲学却能包含宗教,反过来宗教不能包含哲学。"哲学虽然能够在宗教的表象方式的范畴里认识到它自己的形式,并因而在宗教的内容里认识到它自己的内容,而且公正地对待这个内容,但却不能倒过来说,因为宗教的表象方式不将思想的批判应用到自己本身上,和不理解自己,因而在其直接性中是排他的"②,因而谴责哲学是无神论是不对的。另一方面哲学被谴责为泛神论,说哲学中"上帝太多",说哲学把一切都当作上帝和把上帝当作一切。这实际上是把上帝和万物当成抽象的同一,是认为每个个体直接的就是上帝,但哲学"诚然是和统一有关,但它并不是和抽象的统一、单纯的同一性和空洞的绝对有关,而是与具体的统一(概念)有关"③。哲学的这种具体统一表现

---

① 〔德〕黑格尔:《美学》(第一卷),朱光潜译,商务印书馆1979年版,第133页。
② 〔德〕黑格尔:《精神哲学》,杨祖陶译,人民出版社2006年版,第385页。
③ 〔德〕黑格尔:《精神哲学》,杨祖陶译,人民出版社2006年版,第394页。

出以逻辑、自然和精神中的一个为中项的统一体,这种统一体以概念的形式表达了宗教中的三位一体,"逻辑学"相应于"圣父","自然哲学"相应于"圣子",而"精神哲学"则相应于"圣灵"。宗教中的三位一体体现出自由,但由于宗教具有缺乏理解的缺陷,因而自由在宗教中还不能真正得到实现。而哲学是以概念的形式表达了宗教中的三位一体,克服了宗教中主观性的缺陷,使得自由成为可理解的,自由只有自知为自由才是真正的自由。这样一来,自由经历过漫长的历程之后,最后终于在哲学中得以真正实现。

### 3. 黑格尔美学思想中的否定之否定

黑格尔哲学体系也表达绝对理念自身显示自身的过程。绝对理念的这种自身显现在"逻辑学"中还只是个逻辑上的可能性。逻辑学由于自身的辩证关系必定要"外化"成自然界,逻辑学的这种"外化"实际上就是绝对理念在自然界中的显现,因而绝对理念在自然中也就显现了自己。但是绝对理念在自然中的这种自身显现还只是自在的和不自觉的,因为这里的自然还没有被理解为理念所"外化"产生出来的,"自然也是一个被设定的东西;不过其被设定的存在具有直接性的形式,即外在于理念的形式。这种形式是与设定着自己本身的、从自己的前提中产生着自己本身的理念的内在性相矛盾"①。在这样一个外在的自然中,并不能很好显示绝对理念,自然只是自在地不自觉地显示绝对理念,自然还处在显示绝对理念的最低层次上。但沉睡在自然里的理念绝不让自然外在于它,它根据自己的本性必定要扬弃自然的直接性和外在性,而给自己"创造一个适合于它的内在性和普遍性的定在,并由此成为在自身内映现的、自为存在着的、有自我意识的、

---

① 〔德〕黑格尔:《精神哲学》,杨祖陶译,人民出版社2006年版,第24页。

觉醒了的精神"①。到了精神这个阶段,精神不再把自然看作外在于它的,它要把自然观念化,把自然纳入自己的内在性里,使自然成为自己的对象。精神分为"主观精神"、"客观精神"和"绝对精神"三个阶段。在前两个阶段中,精神还不是绝对而是有限的,精神还未把自然绝对的扬弃掉,精神与自然的关系还是外在的,自然还不由精神创造出来,"精神在这里把自然设定为一个自身内映现了的东西,设定为它的世界,使自然失去与它对立的他物的形式,使同它对峙的他物成为一个为它所设定的东西;但同时这个他物依然还是一个不依赖于它的东西,一个直接存在的东西,即不是精神所设定的东西,而只是精神所预设的东西"②。这样一来,绝对理念也不能在有限精神中彻底显示出来,有限精神还不是显示绝对理念的最高阶段。依据精神的本性,精神的这种有限性必定被绝对精神所扬弃。在绝对精神那里,自然和有限精神都是它自己产生的,任何与它对立的他物实际上都不是对立的,因而,绝对理念在绝对精神中才得到彻底的最高的显现。但绝对理念在绝对精神中的显现也有一个过程,它需经过三个阶段,即"艺术"、"启示宗教"和"哲学"。绝对理念只有在第三个阶段"哲学"中才能达到彻底的最高的显现,而哲学这个阶段本身也有一个过程,只有在哲学发展的最高阶段也即黑格尔本人哲学那里,绝对理念才能够得到最高的显现。

黑格尔的绝对理念就是真理,海德格尔在他独特的思想背景下把美和真统一了起来,他认为真理的显现就成为美,"美是作为无蔽的真理的一种现身方式"③。那么现在问题是,黑格尔真理(绝对理念)的这种显现是否也是一种美?要回答好这个问题,首先需要明确黑格尔是怎么理解美的。关于什么是美,黑格尔之前的不少哲学和美学家

---

① 〔德〕黑格尔:《精神哲学》,杨祖陶译,人民出版社2006年版,第24页。
② 〔德〕黑格尔:《精神哲学》,杨祖陶译,人民出版社2006年版,第24页。
③ 〔德〕海德格尔:《林中路》,孙周兴译,上海译文出版社2004年版,第43页。

都对此进行过思考。在古希腊，毕达哥拉斯认为美是和谐，苏格拉底认为美是功用："亚：那么，粪筐能说是美的吗？苏：当然，一面金盾却是丑的，如果粪筐适用而金盾不适用。"① 柏拉图区分了美的事物和美本身，美本身指的就是美的理念。亚里士多德认为美在于大小适中和有机的整体，"美的主要形式是秩序和对称和确定性"②。中世纪的文化主要是基督教文化，人们对美的理解通常和上帝结合起来，奥古斯丁在皈依基督教之后，认为事物的美和上帝比起来是微不足道的，只有上帝才是真正美："是你，主，创造了天地；你是美，因为它们是美丽的；你是善，因为它们是好的；你实在，因为它们存在，但它们的美、善、存在，并不和创造者一样；相形之下，它们并不美，并不善，并不存在。"③ 在近代，虽然法国和英国等许多国家都产生了丰富的美学思想，例如法国的理性主义和英国经验主义的美学，但唯有德国古典美学成就最大。康德从质、量、关系和模态四个方面对审美判断进行了分析，指出了美的四个特征，即无利害的愉快感、非概念的普遍性、主观形式上的合目的性和必然性的共同感。④ 席勒在分析人性的基础上，把美和游戏冲动联系起来，指出美是游戏冲动的对象，即"活的形象"，"游戏冲动的对象可以叫做活的形象。这个概念指现象的一切审美的品质，总之，指最广义的美"⑤。谢林在其先验哲学中，认为理智直观还不能完全摆脱主体与客体的对立，只有在艺术直观中，才能表现无限的事物，才能达到绝对统一。谢林认为美就是"这种终于被表现出来的无限事物"⑥。同样，在黑格尔之后，也有不少人提出对美的理解，如叔本华把美分为"优美"、"壮美"和"媚

---

① 北京大学美学教研室编：《西方美学家论美和美感》，商务印书馆1980年版，第19页。
② 〔古希腊〕亚里士多德：《形而上学》，李真译，上海世纪出版集团2005年版，第397页。
③ 〔古罗马〕奥古斯丁：《忏悔录》，周士良译，商务印刷馆1963年版，第235页。
④ 见〔德〕康德：《判断力批判》第一部分第一卷"美的分析论"。
⑤ 北京大学美学教研室编：《西方美学家论美和美感》，商务印书馆1980年版，第176页。
⑥ 〔德〕谢林：《先验唯心论体系》，梁志学、石泉译，商务印书馆1976年版，第270页。

美"等。①

黑格尔谈及美时主要涉及艺术美，他认为"美就是理念的感性显现"②。可见看出，黑格尔关于美的定义包括两个因素：一是从内容上看，一个东西如果要成为美，则这个东西必须能显现真理（理念）；二是从形式上看，一个东西如果要成为美，则这个东西必须具有感性形式。这样一来，判断黑格尔"真理的显现"是否是一种美，也就需要从这两个方面来加以断定。很显然，"真理的显现"直接表明了显现的是真理，因而"真理的显现"在内容上符合美的要求。剩下的就是要看"真理的显现"是否满足美在形式上的要求。也就是说，要考察黑格尔真理是否通过感性形式来得到显现，如果答案是肯定的，那么就可以说黑格尔真理的显现也是一个呈现美的过程。前文指出，黑格尔真理也是一个自身显示自身的过程，真理在逻辑中的显现只是逻辑上的，在自然中的显现是浅近的低级的。真理在主观精神和客观精神中的显现虽然比在自然中要高，但是由于这两种精神还是有限精神，因而真理在这里的显现还不是最高的，只有在"绝对精神"中的"哲学"阶段，在黑格尔哲学那里真理才能得到最高的显现。事实上，无论在真理显现的各个阶段，都有美的存在，只不过层次不一样。

黑格尔美学中的最低层次是自然美。从形式上讲，自然具有感性形式，但在内容上说，由于理念在自然阶段还处在自在状态，因而如果说自然能够显现理念，那也只是对理念浅近的显现，自然只是"理念的最浅近的存在"③。这样一来，自然就只能浅近地显现理念，因而在能否显现理念的意义上，说不上有自然美的存在，或者说自然美只是一种非常低层次的美。

在讨论自然美时，黑格尔实际上从较低自然物、较高自然物、生

---

① 见〔德〕叔本华著《作为意志和表象的世界》中的第三篇有关艺术部分。
② 〔德〕黑格尔：《美学》（第一卷），朱光潜译，商务印书馆1979年版，第142页。
③ 〔德〕黑格尔：《美学》（第一卷），朱光潜译，商务印书馆1979年版，第149页。

命、人、社会五个方面来考察的。① 在较低自然物如金属物中，见不着理念对它灌注生气和统一作用，较低自然物各部分的"差异只是一种抽象的杂多"②。在这个阶段，精神性的理念完全被物质的东西所压倒，这也就是说，较低自然物不能显现理念，因而在这个阶段，几乎谈不上有自然美存在。在较高自然物如太阳系中，太阳、彗星、月球和行星虽各自独立存在，但它们却统一成系统。不过这种统一是有缺陷的，一方面是因为这种统一还受物理关系的制约，这里还看不出理念的存在；另一方面，作为太阳系灵魂的太阳，乃是与彗星、月亮和行星这些差异物相对立。因此这种统一还只是自在的，"概念究竟还是沉没在它的实存里，还没有显现为这种实在的观念性和内在的自为存在。它的存在的基本形式还是它的各差异面的各自独立，互相外在"③。这样，在较高自然物中，理念也不能得到显现，从而在这个阶段也谈不上自然美的存在。黑格尔认为，如果说这些自然物是美的话，那也只是在别的意义上而言的，如在形式上，自然由于其所具有的整齐一律、平衡对称、符合规律而被认为是美的；或在内容上，自然由于其所具有的抽象统一的感性材料而成为美的等，但"由于它们的抽象性，这两种统一都还是无生命的不真实的统一"④，因而在能否显现理念的意义上，这样的自然美还是不存在的。

在生命阶段，开始出现了灵魂。一方面，灵魂灌注生气于身体，它把"外现为形式和肢体的东西作为内在的和观念的东西包含在它本身里"⑤，这样身体作为外在感性的东西就显现了灵魂。另外，作为灵

---

① 按照黑格尔对"精神"的分类，"人"和"社会"应该分别属于"主观精神"和"客观精神"，在这里黑格尔把它们归于自然下，这应该是黑格尔认为美在"人"和"社会"上的表现与美在自然（包括较低自然物、较高自然物和生命）上的表现同处在美的低级层次，因而黑格尔在这里把"人"和"社会"一并归于自然之下。
② 〔德〕黑格尔：《美学》（第一卷），朱光潜译，商务印书馆1979年版，第150页。
③ 〔德〕黑格尔：《美学》（第一卷），朱光潜译，商务印书馆1979年版，第151页。
④ 〔德〕黑格尔：《美学》（第一卷），朱光潜译，商务印书馆1979年版，第183页。
⑤ 〔德〕黑格尔：《美学》（第一卷），朱光潜译，商务印书馆1979年版，第157页。

魂和身体统一的生命个体固然独立于外在世界,但它却通过认识和实践把"外在世界变成为它自己而存在的"①。这样,可以说,生命理念(这里就是灵魂)通过身体和外面世界而显现出来,从而生命是美的。但动物生命只是一种欲念的生命,它被限定在一定的自然环境中,本身并不自由,因而生命理念还不是绝对理念,它还处在较低理念层次。这样,如果说生命能显现理念的话,它也只能显现低层次的理念,从而所谓的生命美也只是低层次的美。黑格尔在这里批评了通常所说的生命美,通常所说的生命美并不是在能否显现理念的意义上说的。通常意义下的生命美或者是抽象形式美,或者来自个人主观上的思考,或者处于"敏感"(Sinn)等等。在黑格尔看来,这些都算不上真正的美,因为"抽象的形式并不是固有的内在性和起生气灌注作用的形象,而是外在的定性和从外因来的统一"②,因而抽象的形式并不能显现绝对理念,从而抽象形式美不是真正的美;至于思考的结果,也算不上真正的美,因为如果对对象进行思考,就不能说"我们是把对象作为美的对象来对待,我们只能说主观思考的观察方式是美的"③;至于"敏感",它"只能产生一种概念的朦胧预感"④,也就是说,生命并不能把绝对理念显现出来,因而通过"敏感"得到的美并不是真正的美。

到了个人的阶段,人当然比动物较高一级,人的身上到处都显现出受到生气灌注,但人的身体仍有欠缺,"灵魂和它的内在生活也还没有通过全部形体的实在而显现出来"⑤。同时,在个人身上仍显现不出自由(绝对理念),如人的身体要受到自然的限制、肉体与心灵之间的矛盾等,这些都说明个人实际上并不自由,《精神现象学》中有

---

① 〔德〕黑格尔:《美学》(第一卷),朱光潜译,商务印书馆1979年版,第159页。
② 〔德〕黑格尔:《美学》(第一卷),朱光潜译,商务印书馆1979年版,第173页。
③ 〔德〕黑格尔:《美学》(第一卷),朱光潜译,商务印书馆1979年版,第166页。
④ 〔德〕黑格尔:《美学》(第一卷),朱光潜译,商务印书馆1979年版,第167页。
⑤ 〔德〕黑格尔:《美学》(第一卷),朱光潜译,商务印书馆1979年版,第188页。

一段话特别能说明个人这种不自由状况:"每个个体性都自欺也欺人,都欺骗别人也受人欺骗。"① 因而在个人身上并不能显现绝对理念,从而个人这个自然物也不能算上真正美。个人不能实现自由,黑格尔认为在社会中也不能完全实现个人自由,个人与个人、个人与集体都存在矛盾,只是在社会中,个人实际上并不能实项无限的自由:"这种联系的单一的内在灵魂,即单一目的的自由性和理性,却不在实在中显现为这种单一的自由完整内在的生气灌注作用,不是在每一部分都可以见出。"② 因而社会本身也不能显现出绝对理念,社会本身也算不上真正的美。和前面一样,黑格尔认为,如果说有人体美和社会美的话,那也不是在它们本身能显现绝对理念的意义上说的。

可见,无论自然处在哪一阶段,它都不能很好显现理念,自然美只是低层次的美。要想更好地显现理念,必须进入"绝对精神"阶段,绝对精神有三个环节:艺术、宗教和哲学。这三个阶段都显现绝对理念,从内容和形式相统一看,三个阶段对绝对理念的显现各有特点:"艺术"阶段重形式而轻内容,"宗教"阶段重内容而轻形式,而"哲学"是艺术和宗教的统一,既重内容又重形式。这三阶段在显现绝对理念时,经历了一个否定之否定过程。

(1) 艺术美

与对自然美持否定态度不同,黑格尔主张艺术美是存在的,尽管艺术美还不是最高层次的美。在黑格尔看来,艺术是内容和形式的统一,"艺术的内容就是理念,艺术的形式就是诉诸感官的形象"③,可见,艺术在形式和内容上都符合黑格尔对美的定义,从而艺术美是存在的。根据理念和用来显现它的形象之间关系不同,黑格尔把艺术分

---

① 〔德〕黑格尔:《精神现象学》(上卷),贺麟、王玖兴译,商务印书馆1979年版,第276页。
② 〔德〕黑格尔:《美学》(第一卷),朱光潜译,商务印书馆1979年版,第189页。
③ 〔德〕黑格尔:《美学》(第一卷),朱光潜译,商务印书馆1979年版,第87页。

为三种类型：象征型艺术、古典型艺术和浪漫型艺术。

在象征性艺术中，理念还在开始阶段，很不确定，还很含糊，理念还找不到正确的艺术形式，理念和形式互不符合，理念只能借用客观事物进行暗示和象征。象征也需要观照感性事物，但这种观照并不是针对感性事物本身，而是观照感性事物所暗示的普遍意义。所以"象征首先是一种符号"①，这种符号又不同于单纯的符号，在这种符号中，形象和意义之间还有着部分的一致，如"狮子象征刚强，狐狸象征狡猾，圆形象征永恒"②。既然是象征，形象和意义之间也只能部分的、在某一个特点上一致，形象和意义并不能完全协调，象征的形象还有许多和意义不相干的性质。因而，在象征型艺术中，形式和内容还不能具体地统一，严格说，象征型艺术还不算真正艺术，只应看作"艺术前的艺术"③。这也就是说，在象征性艺术中，象征型艺术所具有的感性形象不太适合显现理念。因而在象征性艺术中，艺术美还处于不高的层次。象征型艺术的典型代表是印度、埃及、波斯等东方民族的艺术。由于象征型艺术不能充分显现理念，到了一定阶段就要解体，进入"古典型艺术"。

古典型艺术克服了象征型艺术的缺陷，形式和内容在这里完全达到统一。古典型艺术成为真正的艺术、最完美的艺术。古典型艺术的典型代表是古希腊的雕塑，它把有关人类的理念显现为人体形状、事迹等。但是，古典型艺术毕竟还处在艺术阶段，它还是用感性形式来显现理念，而感性形式是有限的，不能用这种有限的形式来显示无限的绝对、真理，因而用这种有限的形式来显示的内容也只能是有限的。"外在形象，就其为外在的而言，一般是受到定性的特殊的形象，它

---

① 〔德〕黑格尔：《美学》（第二卷），朱光潜译，商务印书馆1979年版，第10页。
② 〔德〕黑格尔：《美学》（第二卷），朱光潜译，商务印书馆1979年版，第11页。
③ 〔德〕黑格尔：《美学》（第二卷），朱光潜译，商务印书馆1979年版，第9页。

只能把本身也是一种受到定性的因而也是有局限的内容表现得完全吻合。"① 无限的绝对不能用这种有限的感性形式来显现，"如果美的理念被理解为绝对精神，也就是独立自由的精神，它就不再能完满地实现于外在界"②。这样一来，古典型艺术虽然比象征性艺术要进一步，但它仍不能显现绝对、真理，因而古典型艺术虽然也呈现美，但这种艺术美还不是最高层次的美。这就要进入下一个"浪漫型艺术"阶段。

　　古典型艺术由于有限的形式限制了它的内容，浪漫型艺术干脆打破形式和内容的统一，外在的感性形式在这里变得无足轻重，"精神离开它与肉体的和解（统一），而回到精神与精神本身的和解"③。在浪漫型艺术阶段，精神认识到自身的真实不在于要渗透到外在感性中，恰恰相反，它只有在离开外在世界而返回自己的内心，把外在世界看作不能充分显现自己时，精神才认识到自身的真实。艺术本是理念的感性显现，但浪漫型艺术的内容主要是自由的内心生活，并不完全由感性形象显现出来，所以黑格尔说："浪漫型艺术虽然还属于艺术的领域，还保留艺术的形式，却是艺术超越了艺术本身。"④ 但既然浪漫型艺术还属于艺术的领域，它仍要用外在东西来表现，而凡是要依赖于有限的外在形式来显现的内容，这内容本身也是有限的，有限的形式只能显现有限的内容，"无论是就内容还是就形式来说，艺术都还不是心灵认识到它的真正旨趣的最高的绝对的方式。按照艺术的形式来说，艺术不免要局限于某一定确定的内容。只有一定范围和一定程度的真实才能体现于艺术作品"⑤。可见，浪漫型艺术尽管是"艺术"阶段的最高形式，但仍不适合显现绝对、真理，因而在浪漫型艺术阶

---

① 〔德〕黑格尔：《美学》（第二卷），朱光潜译，商务印书馆1979年版，第5—6页。
② 〔德〕黑格尔：《美学》（第二卷），朱光潜译，商务印书馆1979年版，第6页。
③ 〔德〕黑格尔：《美学》（第二卷），朱光潜译，商务印书馆1979年版，第274页。
④ 〔德〕黑格尔：《美学》（第一卷），朱光潜译，商务印书馆1979年版，第101页。
⑤ 〔德〕黑格尔：《美学》（第一卷），朱光潜译，商务印书馆1979年版，第13页。

段,浪漫型艺术呈现的艺术美还不是最高层次的。艺术由于其自身的局限而过渡到更高的阶段即宗教阶段。

(2) 宗教美

宗教不同于艺术,艺术是用感性形式来显现绝对的,而宗教则是用表象形式,宗教重视的是内容而轻形式。据笔者有限阅读,黑格尔并没有直接提及"宗教美"这个概念,但据此并不能简单得出黑格尔否认"宗教美"的存在。宗教以表象形式显示绝对,表象虽然不同于感性,但是表象并未完全摆脱感性,"既然表象并不是感性者至普遍者的这一具体的擢升,那么,其对感性者的否定态度则无非是意味着:表象尚未完全摆脱感性者,尚未**与其有本质的关联**;为了使其得以实存,感性以及与感性者的斗争为表象所不可或缺。由此可见,感性的直观本质上为其所有,尽管它不能允许它有**独立的意义**。继而,表象所知的普遍性,无非是其对象之**抽象的普遍性**、该对象之非规定的**本质或近似者**。为了予以规定,表象不得不再度诉诸感性的规定,诉诸形象者"①。既然表象具有感性成分,那么据此可合理得出宗教美的存在。事实上,也许正是出于这种理由,早在《精神现象学》中,黑格尔就用"艺术宗教"这个概念来称呼宗教发展的第二阶段,这表明黑格尔实际上认为有宗教美存在。在《宗教哲学》中,黑格尔用"美的宗教"来称呼"精神个体性的宗教"的第二阶段,这就更直接表明黑格尔实际上承认宗教美。宗教处在艺术和哲学之间,因而宗教的表象形式除掉有感性的一面,还有其概念性的一面,"表象始终动摇于直接的感性直观与真正的思之间。就此而言,规定性具有感性的性质,它来自感性者,而思加入其中"②。从表象所具有的概念性的一面来看,通过分析,也可得出黑格尔实际上承认宗教美。③

---

① 〔德〕黑格尔:《宗教哲学》(上),魏庆征译,中国社会出版社1999年版,第111页。
② 〔德〕黑格尔:《宗教哲学》(上),魏庆征译,中国社会出版社1999年版,第111页。
③ 关于这点,由于与下面的一节"哲学美存在的理论依据"内容相似,故这里的论证省略。

在显现绝对上，宗教比艺术要高，艺术是靠感性形式来表现绝对，注重客观性的一面，而宗教则是以表象形式表现绝对。虽然表象也具有感性一面，但表象主要还是在于其思想上的那一面，宗教更注重思想，注重主体性，"最接近艺术而比艺术高一级的领域就是宗教。宗教的意识形式是观念，因为绝对离开艺术的客体性相而转到主体的内心生活，以主体方式呈现于观念，所以心胸和情绪，即内在的主体性，就成为基本要素了"①。由于宗教并不依赖于外在的感性形式，因而它比艺术更能够表达绝对理念，从而宗教美比艺术美要高。尽管如此，由于宗教毕竟还依赖于有限的感性形式，同时由于蕴含在其中的思想还不具有概念形式，难免失于主观任意性，因而宗教也不是最适合表现绝对理念的形式，"每当表象试图囊括本质的**联系**，它便将其置入**偶然性**形态，即未臻于其自在之真，又未臻于其永恒的、贯串自身的统一"②。这样，尽管宗教美比艺术美要高，但它仍不是最高层次的美。宗教由于其自身的局限性而必然进展到更高阶段即"哲学"，这就进展到"哲学美"。

（3）哲学美

哲学是艺术和宗教的统一，既注重内容又注重形式。提到哲学美，可能有不少人反对哲学美的存在，其理由是黑格尔认为美具有内容和形式两个方面。在内容上没有问题，"哲学"阶段是绝对理念历程的最高阶段。问题是在形式上，哲学是概念，没有感性形式，因此，哲学美是不存在的。但黑格尔又多处强调美的本质是自由，没有自由，也就谈不上美。黑格尔哲学就是一门自由的学问，它最能表现自由，因而黑格尔哲学似乎又存在着哲学美。可以发现，在对哲学美是否存在上，黑格尔的态度是模糊的，我们可以先不去考虑黑格尔本人不明

---

① 〔德〕黑格尔：《美学》（第一卷），朱光潜译，商务印书馆1979年版，第132页。
② 〔德〕黑格尔：《宗教哲学》（上），魏庆征译，中国社会出版社1999年版，第114页。

确的态度,而从黑格尔有关文本和理论来分析这个问题,通过分析,我们认为实际上哲学美在黑格尔那里是存在的。

先从黑格尔有关文本来论析哲学美的存在。虽然黑格尔并没有直接指出"哲学美"的存在,但从他的有关论述中我们可以合理推出他实际上表达了"哲学美"的存在。我们知道,黑格尔认为艺术的发展经过三个阶段:象征型艺术、古典型艺术和浪漫型艺术。黑格尔在论述浪漫型艺术阶段时,提到"精神美"这个概念。这种"精神美"很类似于哲学美,它们都注重内在的内容而不注重外在形式(当然前者还是有直接的感性形式,而后者却没有),黑格尔说:"在浪漫型艺术阶段,精神认识到它自己的真实不在于自己渗透到躯体里;与此相反,它只有在离开外在界而返回到它自己的内心世界,把外在现实看作不能充分显示自己的实际存在时,才认识到自己的真实。如果要根据这种新内容来形成美,那么,前此所说的美只能处于次要的地位,现在的美却要变成精神的美,即自在自为的内心世界作为本身无限的精神的主体性的美。"① 由于哲学也是个精神性的东西,因而这里可以看出黑格尔有承认哲学美的迹象;在论诗时,黑格尔认为诗的外在客观因素并不是外在的音调,而是内心中的观念,黑格尔说道:"诗所特有的外在客观因素既然不是音调,它究竟是什么呢?我们可以简单地回答说:那就是内心中的观念和观感本身。这些精神性的媒介代替了感性的媒介,成了诗的表现所用的材料。"② 这也表现出黑格尔承认美可以通过精神性的形式来表达,和前面一样,据此我们也能合理推出黑格尔承认哲学美的存在。

另外,黑格尔指出了艺术发展到当代,由于艺术受到现时代的自由意识的影响,已变成自由的艺术,这种自由的艺术已经不再受感性

---

① 〔德〕黑格尔:《美学》(第二卷),朱光潜译,商务印书馆1979年版,第275页。
② 〔德〕黑格尔:《美学》(第三卷下册),朱光潜译,商务印书馆1981年版,第9页。

形式约束了,黑格尔说:"在过去时代,艺术家由于他所隶属的民族和时代,他所要表现的实体性的内容势必局限在一定的世界观以及其内容和表现形式的范围之内,现在我们发见到一种与此相反的局面,这种局面在最近才达到完满的发展,才获得它的重要性。在我们这个时代里各民族都获得了思考和批判的教养,而在我们德国人中间,连艺术家们也受到自由思想的影响,这就使得这些艺术家们在创作时发现材料(内容)和形式都变成'一张白纸'(tabula rasa),特别是在浪漫型艺术所必有的各阶段都已走完了之后。限制在一种特殊的内容和一种适合于这内容的表现形式上面的作法对于今天的艺术家们是已经过去的事了,艺术因此变成一种自由的工具了,不管是哪一种内容,艺术都一样可以按照创作主体方面的技能娴熟的程度来处理。这样,艺术家就可以超然站在一些既定的受到崇敬的形式和表现方式之上,自由独立地行动,不受过去意识所奉为神圣永恒的那些内容意蕴和观照方式的约束。"① 这段表明黑格尔认为艺术越来越不注重外在的形式,而只注重自由本身。在黑格尔那里,哲学实际上也就是自由,哲学也不注重外在感性形式(无直接的感性形式),这里我们也能看出黑格尔无形中承认了哲学美的存在,尽管他没有直接明确地承认。

接下来从理论上来论证黑格尔哲学美的存在。所谓从理论上来说明,是指依据黑格尔关于美的定义来论证黑格尔哲学美的存在。我们已知,黑格尔认为美是理念的感性显现,美有两个要素:一是作为内容的理念;一是表现内容的感性形式。从内容方面看,哲学已经满足了美在内容方面的要求。现在要判断哲学是不是一种美,关键就要看黑格尔哲学是否具有感性形式。从形式上看,黑格尔哲学是个理论系统,不具有直接的感性形式,似乎不符合美的感性显现的要求。问题没这么简单,通过深入分析发现,黑格尔在美的定义中所要求的"感

---

① 〔德〕黑格尔:《美学》(第二卷),朱光潜译,商务印书馆1979年版,第337—338页。

性形式"实际上指的并不是"直接的感性形式",而是"间接的感性形式"。黑格尔哲学虽然不具有直接的感性形式,却具有间接的感性形式,这样黑格尔哲学就符合黑格尔关于美的定义,因而黑格尔哲学美是存在的。基于此,这里论证分为两个步骤:一是论证美的定义中的感性主要是指通过想象得出的间接的感性形式;二是论证黑格尔哲学中具有间接感性形式。通过这两个步骤的论证,就可以表明黑格尔哲学符合美在形式上的要求,从而也就表明了黑格尔哲学美的存在。

先来论证第一步。黑格尔认为美是理念的感性显现,如果深入下去,就会发现这里的感性指的并不是直接的感性,而主要指的是想象出来的间接感性。黑格尔之所以看不起自然美,就是因为自然美只依赖于单纯的直接的感性形式,如整齐、平衡对称等,这样直接的感性形式并不能体现理念,要想表现理念,直接的感性形式并不合适。黑格尔在论述艺术作品的感性形式时,明确强调艺术作品的感性形式并不是直接的感性形式,他说:"艺术作品却不仅是作为感性对象,只诉于之感性掌握的,它一方面是感性的,另一方面却基本上是诉之心灵的。"① 实际上,我们在欣赏艺术品时,比如绘画和音乐,绘画中优美的线条和音乐中动听的旋律这些直接的感性形式固然能带给人以享受,但艺术的美并不是来自于这些直接的感性形式,而主要来自于通过这些直接感性形式而想象出来的间接感性形式。梵高名画《鞋》的美感并不是来自于鞋本身具有的直接感性形式,而是通过"鞋"这个直接感性形式而使人想象到农民的艰辛这个间接感性形式;同样,《梁祝》的美感主要也不来自于它动听的旋律,而主要是来自于通过美妙的音乐而想象出来的凄美的爱情故事,这种凄美的爱情故事作为间接的感性形式而带来美感。黑格尔在论述"诗"这门艺术时说道:"在诗里艺术也放弃了音调这个对立因素及其感觉,至少是不把音调

---

① 〔德〕黑格尔:《美学》(第一卷),朱光潜译,商务印书馆1979年版,第44页。

当作适合的外在媒介或表达内容的唯一工具。在诗里内在的东西当然也表现出来了,但是它不愿在虽然也是观念性的而同时却也是感性的音调里去找它的真正的客观存在(体现),它的真正的客观存在只有在它本身上才能得到,这样才能把精神内容,按照它在纯粹想象中的模样去表现出来。"① 这就是说,诗并不是通过直接的感性形式(音调)来表现的,实际上是通过想象产生的间接的感性形式来体现美感的。可见,美并不是通过直接的感性形式来显现,它的显现主要是通过想象出来的间接感性形式。

再来论证黑格尔哲学具有间接的感性形式。所谓"黑格尔哲学具有间接感性形式",是指黑格尔哲学虽然是一种理论形态,不具有诸如桌子、一幅画中的线条等那样的直接的感性形式,但在进行黑格尔哲学活动时,却能在脑海中产生间接的感性形式,如在脑海里浮现万物一体的场景等。在进行黑格尔哲学活动时,之所以能产生间接的感性形式,乃是由于黑格尔哲学活动无论多么特别,它都不可能不是一种意识活动,而在进行任何一种意识活动时,在脑海里必定会出现作为直接或间接感性形式的意识呈现物。意识活动所具有的这个特点在哲学上和心理学上都曾论及。对意识活动有着深入研究的现象学家胡塞尔在《逻辑研究》中精辟地说道:"任何一个意向体验或者是一个客体化行为,或者以这样一个行为为'基础'。"② 无论是客体化行为也罢,还是以客体化行为为"基础"也罢,胡塞尔实际上指的就是任何意识活动都有意识呈现物,只不过在这个意识呈现物中,有的是直接的意识呈现物,有的是想象出来的间接的意识呈现物。心理学研究表明,人们在思考概念,哪怕这个概念根本就没有直观和它相对应,在人们的脑海里也要创造出一个意象(间接感性形式)来进行思维,

---

① 〔德〕黑格尔:《美学》(第三卷下册),朱光潜译,商务印书馆1981年版,第8—9页。
② 〔德〕胡塞尔:《逻辑研究》(第二卷第一部分),倪梁康译,上海译文出版社2006年版,第582页。

没有直观（感性形式），思维就无法进行。由此可见，尽管黑格尔哲学是一种理论活动，但由于它是一种意识活动，而任何的意识活动中都必定有直接的或间接的具有感性形式的意识呈现物相伴随，那么在进行黑格尔哲学活动时，也就必定有间接的感性形式（没有直接的感性形式）相伴随。这样一来，由于黑格尔哲学具有间接的感性形式，因而从实质上看，黑格尔哲学则符合"美是理念的感性显现"这个定义，从而黑格尔哲学是一种美。也就是说，黑格尔哲学美是存在的。如果要拿哲学美和艺术美相比的话，则黑格尔哲学美可看成是一种广义的艺术美。这是因为，尽管哲学和艺术不同，但正如前面所讨论的，两者在呈现美上，实质是一样的，都是通过所具有的间接感性形式来显现，因而在这个意义上，可以把哲学看成一门广义的艺术，而把哲学美当成一种广义的艺术美。黑格尔哲学美是哲学所具有的间接感性形式对真理的最高显现，而如前面所说，真理的最高实质就是作为形式的形式的方法。方法的灵魂是否定之否定，而否定之否定就意味着在他物中能看到自己，因而无论哲学所具的间接感性形式到底如何，它都必定在其所显现的真理的决定下而具有"万物一体"的性质，这样，黑格尔真理在最高处的显现（哲学美）便成为一种美的境界。

### 4. 马克思人学思想中的否定之否定

马克思很重视否定，在很多地方都自觉运用否定之否定来进行哲学思维。但马克思哲学研究者在研究马克思哲学理论时，却往往忽略了从否定之否定方面来分析。有两个突出例子就是马克思对人和自由的理解。我们知道，人在马克思那里处于重要地位，甚至可以说，人在马克思那里既是理论出发点又是理论归宿。学者们对其研究应该说很有成效，但往往缺少从否定之否定的角度来理解。实际上，在对人的理解中，马克思运用了否定之否定规律，经历了从抽象的普遍的人到抽象的个人再到现实的人这个否定之否定路径。在对自由的理解上，马克思实际上也是经历了否定之否定过程。这节先来论析马克思对人理解中的否定之否定，下节来讨论马克思自由思想中的否定之否定。

（1）抽象的普遍的人

在马克思对人理解的历程中，首先把人理解成抽象的普遍人，这又分为两个阶段。首先是马克思在青年黑格尔时期，受到黑格尔哲学的影响，把人理解成精神上的自由的人；其次是马克思随后受到物质利益和费尔巴哈人本唯物主义的影响，开始关注人的现实利益，想把人的精神自由和现实利益统一起来，但由于这时马克思基本上还是以抽象的普遍人性自由来统摄个人的现实利益，因而个别和普遍并没有真正统一起来，这个阶段仍属于抽象的普遍的人阶段。

可以说，马克思一生都在关注人类的自由和解放，早在其博士论文《德谟克利特的自然哲学和伊壁鸠鲁的自然哲学的差别》中，马克思就非常关注人的自由问题。在这篇论文中，马克思分析批判了对伊壁鸠鲁哲学的种种歪曲和贬低，认为不能把德谟克利特和伊壁鸠鲁自然哲学等同起来，这两者存在着质的差别。马克思认为，伊壁鸠鲁用原子的偏斜运动克服了德谟克利特的机械决定论，由此肯定了个人的自由意志、自我意识。这里，马克思把自由的自我意识当成人的本质，此时的马克思显然受到青年黑格尔派鲍威尔自我意识的影响。但是，马克思没有局限于自我意识自身，而是注意自我意识与外在的统一。马克思认为自我意识作为一种精神力量，必然要转向外界，"在自身中变得自由的理论精神成为实践力量，作为**意志**走出阿门赛斯冥国，面向那存在于理论精神之外的尘世的现实，——这是一条心理学规律"①。马克思在这里还提出了哲学和世界应相互作用，一方面，哲学在和世界的相互作用中，不断扬弃自身内在的缺点；另一方面，世界在和哲学的作用中，也要不断合理化。这些都反映出，马克思强调了

---

① 《马克思恩格斯全集》（第1卷），人民出版社1995年版，第75页。

主体和客体的相互作用。尽管这样，在此阶段，马克思对主体和客体的相互作用仍然还处在黑格尔式的理解阶段，他仍以精神、自我意识、主体为本质，把外在的客体看作精神、自我意识的表现。这样，在这个意义上，我们可以说，在这个阶段，马克思把人的本质理解成抽象的精神上的自由。

马克思在《莱茵报》工作期间，面对物质利益，第一次有着发表意见的困难，这促使马克思开始思考各种社会经济问题，寻求物质利益与国家和法的关系。加上在此期间费尔巴哈对黑格尔唯心主义进行了批判，这使得马克思在《黑格尔法哲学批判》中开始了对黑格尔思辨哲学和法哲学的批判。市民社会和国家关系是《黑格尔法哲学批判》的中心问题，马克思指出不是国家决定市民社会，而是市民社会决定国家，"家庭和市民社会都是国家的前提，它们才是真正活动着的；而在思辨的思维中这一切却是颠倒的"①。在这里，可以看出马克思改变了先前对理性国家强调的做法，而对市民社会加以关注。理性国家意味着公民的公共生活和个人的抽象普遍性，而市民社会意味着个人现实具体的私生活，马克思看到了公共生活和私人生活的分裂，这一观点在《论犹太人的问题》中有进一步的论述，马克思认为，在完成了的政治国家中，"人不仅在思想中，在意识中，而且在**现实**中，在**生活**中，都过着双重的生活——天国的生活和尘世的生活。前一种是政治共同体中的生活，在这个共同体中，人把自己看做是**社会存在物**；后一种是**市民社会**中的生活，在这个社会中，人作为**私人**进行活动"②，私人生活和共同体中的生活是对立的，"人在其**最直接**的现实中，在市民社会中，是尘世存在物。在这里，在人把自己并把别人看做是现实的个人的地方，人是一种**不真实**的现象。相反，在国家中，

---

① 《马克思恩格斯全集》（第 3 卷），人民出版社 2002 年版，第 10 页。
② 《马克思恩格斯文集》（第 1 卷），人民出版社 2009 年版，第 30 页。

即在人被看做是类存在物的地方,人是想象的主权中虚构的成员;在这里,他被剥夺了自己现实的个人生活,却充满了非现实的普遍性"①。在私人生活中,人人强调自己而忽视他人,个人成了一个脱离普遍的自私自利的人,而在国家,在公共生活中,却没有个人的存在,国家成了一个抽象的普遍存在。马克思认为应该消除这种私人生活和公共生活的对立,但这种对立的消除不在政治解放中,而是在人的解放中,"政治解放一方面把人归结为市民社会的成员,归结为**利己的**、**独立的**个体,另一方面把人归结为**公民**,归结为法人。只有当现实的个人把抽象的公民复归于自身,并且作为人,在自己的经验生活,自己的个体劳动、自己的个体关系中间,成为**类存在物**的时候,只有当人认识到自身'固有的力量'是**社会**力量,并把这种力量组织起来因而不再把社会力量以**政治**力量的形式同自身分离开的时候,只有到了那个时候,人的解放才能完成"②。这里,马克思虽然强调了市民社会,关注私人和公共生活、个人和社会的统一,但在此阶段,马克思还没有完全摆脱黑格尔唯心主义的影响,他仍把社会这个普遍物看成人的固有力量,人的现实的个体性还没有处在首要位置。现实的个人还是淹没在抽象的普遍中。可以说,在这个阶段,马克思还是把人的本质看成一个抽象的普遍性。

在马克思思想发展中,无疑受到费尔巴哈的影响,其中费尔巴哈的人的"类本质"思想就是一例。此阶段的马克思本来就倾向于普遍性,费尔巴哈提出的"类本质"自然容易被马克思接受。费尔巴哈认为,人和动物的区别在于人具有自我意识,人通过这种意识,除掉能意识到自身是个体性存在之外,还能意识到自身是一个类的存在。正是人具有自身是类的意识,才把自己和动物区别开来,所以,费尔巴

---

① 《马克思恩格斯文集》(第1卷),人民出版社2009年版,第31页。
② 《马克思恩格斯文集》(第1卷),人民出版社2009年版,第46页。

哈认为，人的本质就是所具有的类本质，类本质就是类意识。马克思在《1844年经济学哲学手稿》中也认为人具有类本质，但与费尔巴哈不同的是，马克思没有把人的类本质理解成类意识，而是认为人的类本质是一种有意识的自由活动，"一个种的整体特性、种的类特性就在于生命活动的性质，而自由的有意识的活动恰恰是人的类特性"①。这种自由的活动就是改造对象世界的物质生产活动，"通过实践创造**对象世界**，**改造**无机界，人证明自己是有意识的类存在物，就是说是这样一种存在物，它把类看做自己的本质，或者说把自身看作类存在物"②。但马克思指出，人这一自由劳动的类本质在被国民经济学作为前提的那种状态即私有财产状态下失去了自由的本性，人的自由劳动成了异化劳动，异化劳动使得包括工人和资本家所有人在内都失去了自由的类特性。要回归自己的自由劳动本质，就必须扬弃异化劳动，扬弃私有制，共产主义就是这种扬弃的积极形式。在共产主义中，人和自然、人和人之间的矛盾得到根本解决，因而人能够自由地生活生产，"共产主义是对私有制即人的自我异化的积极地扬弃，因而是通过人并且为了人而对人的本质的真正的占有；因此，它是人向自身、也就是向社会的即合乎人性的人的复归，这种复归是完全的复归，是自觉实现并在以往发展的全部财富的范围内实现的复归。这种共产主义，作为完成了的自然主义，等于人道主义，而作为完成了的人道主义，等于自然主义，它是人和自然界之间，人和人之间的矛盾的真正解决，是存在和本质，对象化和自我确证，自由和必然、个体和类之间的斗争的真正解决"③。这里马克思对人的自由劳动本质经过异化劳动再到共产主义的人的自由本质的复归有很重要的可取之处。首先，他坚持了否定之否定方法，异化劳动是对自由劳动的否定，共产主义

---

① 《马克思恩格斯文集》（第1卷），人民出版社2009年版，第162页。
② 《马克思恩格斯文集》（第1卷），人民出版社2009年版，第162页。
③ 《马克思恩格斯文集》（第1卷），人民出版社2009年版，第185页。

又是对异化劳动的否定。其次，马克思把异化劳动的扬弃和人本质的复归与共产主义联系起来。再次，马克思认为人的本质是自由自觉的活动，用人的这一本质的异化和扬弃异化说明历史的发展，这在一定程度上把黑格尔唯心主义辩证法现实化，为以后建立在现实的人基础上的实践唯物主义打下基础。尽管如此，马克思此时对人的理解还没有达到后来"现实的人"的水平，人在此时的马克思这里还是一个事先预设的一成不变的具有类本质的人，是设定的一个理想，但是没有脱离存在的本质，人的本质应该在他的现实生活中表现出来，应该和他的现实生活相一致。马克思在这里强调了改造世界的活动是自由自觉的活动，却没有认为物质生产的首要目的在于满足人们的物质需要。因而，人在马克思这里，仍是一个脱离现实脱离个体的抽象普遍的东西，不是一个普遍性和个体性结合的现实的人。

（2）抽象的个人

在《神圣家族》阶段，马克思通过对 18 世纪唯物主义的研究，对物质利益的作用、对人有了新的理解："正是**自然必然性、人的本质特性**（不管它们是以怎样的异化形式表现出来）、**利益**把市民社会的成员联合起来。他们之间的**现实的**纽带是**市民**生活，而不是**政治**生活。因此，把市民社会的**原子**联合起来的不是**国家**，而是如下的事实：他们只是在**观念**中，在自己的想象的**天堂**中才是**原子**，而**实际上他们**是和原子截然不同的存在物，就是说，他们不是**超凡入圣的利己主义的者，而是利己主义的人**。"① 马克思利己的人思想无疑受到法国唯物主义的影响，马克思这里还认为法国唯物主义与共产主义有联系，"法国唯物主义的另一派则直接汇入**社会主义**和**共产主义**。并不需要多么敏锐的洞察力就可以看出，唯物主义关于人性本善和人们天资平等，关于经验、习惯、教育的万能，关于外部环境对人的影响，关于

---

① 《马克思恩格斯文集》（第 1 卷），人民出版社 2009 年版，第 322 页。

工业的重大意义，关于享乐的合理性等等学说，同共产主义和社会主义有着必然的联系。既然人是从感性世界和感性世界中的经验获得一切知识、感觉等的，那就必须这样安排经验的世界，使人在其中能体验到真正合乎人性的东西，使他常常体验到自己是人。既然正确理解的利益是全部道德的原则，那就必须使私人利益符合人类的利益。既然从唯物主义意义上来说人是不自由的，就是说，人不是由于具有避免某种事物发生的消极力量，而是由于具有表现本身的真正个性的积极力量才是自由的，那就不应当惩罚个别人的犯罪行为，而应当消灭产生犯罪行为的反社会温床，使每个人都有社会空间来展示他的重要的生命表现。既然是环境造就人，那就必须以合乎人性的方式去造就环境。既然人天生就是社会的，那他只能在社会中发展自己的真正的天性；不应当根据单个个人的力量，而应当根据社会的力量来衡量人的天性的力量"①。这里可以看出，马克思对共产主义的论证不同于《1844年经济学哲学手稿》中的论证，这里是从物质利益，从"利己主义"的人出发。在这里，"利己的人"已被马克思强调。马克思之所以一改《1844年经济学哲学手稿》的论述，强调利己的人和个体，是和他受到施蒂纳的影响分不开的。施蒂纳在《唯一者及其所有物》中，批判了费尔巴哈的"类本质"，反对普遍的类对个人的压迫，他认为"精神""类"无非是一个概念、幽灵而已，他认为应该把这些抽象的东西破除掉，而肯定自私自利的个体，即"唯一者"。这里，无论是马克思本人对"利己个人"的强调，还是施蒂纳对"唯一者"的推崇，一方面固然有其合理之处，但另一方面片面性也显而易见。强调个体不错，但不能因此而不顾个体所具有的普遍性的一面，不能只顾个体而失普遍，失去普遍的个体同失去个体的普遍一样，都是抽象的。因此，马克思在这里对人的理解还是抽象的，还没有达到后来

---

① 《马克思恩格斯文集》（第1卷），人民出版社2009年版，第334—335页。

的普遍性和个体性统一的现实的人。

（3）具体的个人

在《关于费尔巴哈的提纲》中，马克思批判了旧唯物主义和唯心主义，特别是费尔巴哈"类"的思想。马克思批评了旧唯物主义（当然也包括他先前抱有好感的法国唯物主义）的直观性和受动性，批评了唯心主义抽象的能动性，马克思指出："从前的一切唯物主义（包括费尔巴哈的唯物主义）的主要缺点是：对对象、现实、感性，只是从**客体**的**或者直观**的形式去理解，而不是把它们当作**感性的人的活动**，当作**实践**去理解，不是从主体方面去理解。因此，和唯物主义相反，唯心主义却把**能动的**方面抽象地发展了，当然，唯心主义是不知道现实的、感性的活动本身的。"① 这里，马克思认为人的活动是受动性和能动性的结合，是实践，是一种感性活动。这就意味着马克思此时不再把人当作抽象的没有能动性的脱离普遍脱离社会的个人，也不再把人理解成脱离具体实际生活的抽象的普遍的人。正是由于这样的转变，所以接下来马克思就特别批判了费尔巴哈把人的本质当作抽象类的观点，指出费尔巴哈没有从现实上把握人的本质，"费尔巴哈把宗教的本质归结于**人的**本质。但是，人的本质不是单个人所固有的抽象物，在其现实性上，它是一切社会关系的总和。费尔巴哈没有对这种现实的本质进行批判，因此他不得不（1）撇开历史的进程，把宗教感情固定为独立的东西，并假设有一种抽象地——**孤立的**——人的个体。（2）因此，本质只能被理解为'类'，理解为一种内在的、无声的、把许多人**自然地**联系起来的普遍性。"② 马克思在批判费尔巴哈把人的本质当作抽象类时，正面提出了在其现实性上，人的本质是"一切社会关系的总和"，人的社会关系的形成是和人的现实活动联系在一起

---

① 《马克思恩格斯文集》（第1卷），人民出版社2009年版，第499页。
② 《马克思恩格斯文集》（第1卷），人民出版社2009年版，第501页。

的，表明了马克思此时对人的理解已开始转变到"现实的人"上来。但在《关于费尔巴哈的提纲》这样一个简短的提纲里，马克思还没有对"现实的人"的观点发挥。详细的发挥是在随后的《德意志意识形态》中。

在《德意志意识形态》中，马克思明确提出了"现实的人"，现实的人既是对黑格尔的"精神"、鲍威尔的"自我意识"和费尔巴哈"类意识"这些抽象的普遍的人的本质的排斥，也是对施蒂纳"唯一者"抽象个人的拒绝。前者虽然也涉及个人，但所涉及的个人并不是进行感性活动的具体的现实的个人，实质上只是抽象普遍具有抽象能动性脱离具体个别的抽象的人。后者表面上特别强调个人，但他将个人同社会同历史割裂开来，实质上是脱离普遍的抽象的只有受动性的个人。马克思"现实的人"克服了这两者各自的片面性，现实的人是一个既具有肉体又具有精神的人，肉体表明了人的受动性一面，精神表明了人的能动性的一面。马克思一方面多处强调了现实的人的受动性一面，"全部人类历史的第一个前提无疑是有生命的个人的存在。因此，第一个需要确认的事实就是这些个人的肉体组织以及由此产生的个人对其他自然的关系，"① 又说："这里所说的个人不是他们自己或别人想象中的那种个人，而是**现实中的**个人，也就是说，这些个人是从事活动的，进行物质生产的，因而是在一定的物质的、不受他们任意支配的界限、前提和条件下活动着的。"② 另一方面，又接着指出："可以根据意识、宗教或随便别的什么来区别人和动物。一当人开始**生产**自己的生活资料，即迈出由他们的肉体组织所决定的这一步的时候，人本身就开始把自己和动物区别开来。"③ 人能够进行生产，显然离不开人的意识能动性，正由于人有能动性，所以人才不完全受

---

① 《马克思恩格斯文集》（第1卷），人民出版社2009年版，第519页。
② 《马克思恩格斯文集》（第1卷），人民出版社2009年版，第524页。
③ 《马克思恩格斯文集》（第1卷），人民出版社2009年版，第519页。

肉体组织的决定,才把自己和受动性控制的动物区别开来。所以,马克思在这里实际上强调了现实的人所具有的能动性的一面。关于这一点,马克思在另处说得更明确:"这种考察方法(指符合现实生活的考察方法——引者)不是没有前提的。它从现实的前提出发,它一刻也不离开这种前提。它的前提是人,但不是处在某种虚幻的离群索居和固定不变状态中的人,而是处在现实的、可以通过经验观察到的、在一定条件下进行的发展过程中的人。只要描绘出这个能动的生活过程,历史就不再像那些本身还是抽象的经验主义者所认为的那样,是一些僵死的事实的汇集,也不再像唯心主义者所认为的那样,是想象的主体的想象活动。"① 这里说出了现实的人既有能动性的一面又有受动性的一面。人的能动性,来自于人所具有的意识,而"意识一开始就是社会的产物,而且只要人们存在着,它就仍然是这种产物"②。所以,人的能动性也就意味着人是社会的人,是一个有他人意识的人。如果人没有社会性,没有他人意识,那么人就是一个动物式的利己的人,就是一个没有能动性的只有受动性的原子式的个人。所以,在这个意义上,现实的人也是个人和社会相统一的人。前面说过,马克思在此之前也意识到个人和社会应该是统一的,但是在那时马克思把社会看成一个普遍的东西,个人消失在这个普遍之中,并没有个人应有的位置。实际上,个人和社会应是对立统一的,不能只有社会,没有个人,也不能只有个人,没有社会。并且,在个人和社会的关系中,个人才是主要的。因为所谓社会的普遍性,所谓人的本质都是建立在个人生活之上的,并不是本质先于和决定存在,而是存在决定本质。这个存在就是人们的生产方式、生活方式。人的本质,人所具有的社会普遍性就是来自于此,"人们用以生产自己的生活资料的方式,首

---

① 《马克思恩格斯文集》(第1卷),人民出版社2009年版,第525—526页。
② 《马克思恩格斯文集》(第1卷),人民出版社2009年版,第533页。

先取决于他们已有的和需要再生产的生活资料本身的特性。这种生产方式不应当只从它是个人肉体存在的再生产这方面加以考察。更确切地说,它是这些个人的一定的活动方式,是他们表现自己生命的一定方式、他们的一定的**生活方式**。个人怎样表现自己的生命,他们自己就是怎样。因此,他们是什么样的,这同他们的生产是一致的——既和他们生产**什么**一致,又和他们**怎样**生产一致。因而,个人是什么样的,这取决于他们进行生产的物质条件"①。现实的个人具有历史性,是历史的人,这是因为,现实的个人是在既定的物质和社会条件的前提下进行活动的,而既定的物质和社会条件并不是一成不变的,而是随着人的活动而改变。马克思批评费尔巴哈直观的感性世界时,精辟地指出:"他没有看到,他周围的感性世界决不是某种开天辟地以来就直接存在的、始终如一的东西,而是工业和社会状况的产物,是历史的产物,是世世代代活动的结果,其中每一代都立足于前一代所奠定的基础上,继续发展前一代的工业和交往,并随着需要的改变而改变他们的社会制度。甚至连最简单的'感性确定性'的对象也只是由于社会发展、由于工业和商业交往才提供给他的。"②

既然现实的个人具有社会性和历史性,要实现人的全面自由和解放,就必须立足于现实的世界以现实的手段不断打破旧的社会关系,不断改变现存世界,不断提高人的自由度,最终达到共产主义,实现人的全面自由和解放。这一思路正是马克思最终找到理论立足点"现实的个人"而进行的,它同样经历了否定之否定。依据马克思有关文本和有关思想,可以把现实的人实现自己的全面自由和解放概括为三个阶段,这三个阶段是否定之否定关系,它们是:抽象的普遍的人、抽象的个人,全面发展的人。这里的划分主要是依据马克思对三大社

---

① 《马克思恩格斯文集》(第1卷),人民出版社2009年版,第519—520页。
② 《马克思恩格斯文集》(第1卷),人民出版社2009年版,第528页。

会形态的论述，当然也结合其他地方的文本，马克思说："人的依赖性（起初完全是自然发生的），是最初的社会形态，在这种社会形态下，人的生产能力只是在狭窄的范围内和孤立的地点上发展着。以**物的依赖性**为基础的人的独立性，是第二大形态，在这种形态下，才形成普遍的社会物质变换，全面的关系，多方面的需求以及全面的能力的体系。建立在个人全面发展和他们共同的社会生产能力成为他们的社会财富这一基础上的自由个性，是第三个阶段。第二个阶段为第三个阶段创造条件。"①

"抽象的普遍的人"是个人发展的第一阶段，大致可对应于三大形态中的第一阶段，即"人的依赖性"阶段。在这个阶段中，每个人都依附于所属的共同体，个人与个人之间通过自然关系联系在一起，而通过自然关系联系起来的个人就会使自己"成为一定的狭隘人群的附属物"②。个人所处的这种附属地位决定了他的存在不能表现他的特质，个人被群体所吞噬，消融于他所在的共同体中。个人不是作为个人而存在，他的本质属于这个群体，"贵族总是贵族，平民总是平民，不管他的其他关系如何；这是一种与他的个性不可分割的品质"③。正由于此，马克思认为这一阶段中，个体是不存在的，脱离群体的个人，所谓的"单个的孤立的猎人和渔夫，属于18世纪的缺乏想象力的虚构"④，卢梭所认为的天生独立的个体"只是大大小小的鲁滨逊一类故事所造成的美学上的假象"⑤。不附属于群体的个体只是随着资本主义生产关系的出现才出现，在此之前，人并不能以独立的个体存在，"我们越往前追溯历史，个人，从而也是进行生产的个人，就越表现为不独立，从属于一个较大的整体：最初还是十分自然地在家庭和扩

---

① 《马克思恩格斯全集》（第46卷上），人民出版社1979年版，第104页。
② 《马克思恩格斯文集》（第8卷），人民出版社2009年版，第5页。
③ 《马克思恩格斯文集》（第1卷），人民出版社2009年版，第571页。
④ 《马克思恩格斯文集》（第8卷），人民出版社2009年版，第5页。
⑤ 《马克思恩格斯文集》（第8卷），人民出版社2009年版，第5页。

大成为氏族的家庭；后来是在由氏族间的冲突和融合而产生的各种形式的公社中。只有到18世纪，在'市民社会'中，社会联系的各种形式，对个人说来，才表现为只是达到他私人目的的手段，才表现为外在必然性"①。在此阶段，有的只是群体，而无个体，个人只具普遍性而无个体性，人成为无个体性的抽象普遍的人，正因为此，我们把这阶段的人称为"抽象的普遍的人"。

"抽象的个人"对应于三大社会形态的第二阶段，即"以物的依赖性为基础的人的独立性"。可以视这个阶段是对第一个阶段即抽象普遍的人的否定。在抽象普遍的人中，没有个性，只有抽象的普遍。"抽象的个人"用个性来否定抽象的普遍，但是由于抽象的个人把普遍全盘否定，因此这里的个人只是一个抽象的个人。在这个阶段，个人不再是狭隘人群的附属物，个人之间不再是"通过某种联系——家庭、部落或者甚至是土地本身，等等——结合在一起"②，而是"各个人互不依赖，仅仅通过交换集合在一起"③。如此一来，个人的社会关系就变得不确定，不再必然地属于某个群体或阶级，个人可以"在一定条件下不受阻碍地利用偶然性"来造就自身，成为自由的个人。但是，由这种偶然性所带来的自由只是表面上的，实际上并不是真正的自由，马克思指出："个人生活条件的偶然性，只是随着那本身是资产阶级产物的阶级的出现才出现。只有个人相互之间的竞争和斗争才产生和发展了这种偶然性本身。因此，各个人在资产阶级的统治下被设想得要比先前更自由些，因为他们的生活条件对他们来说是偶然的；事实上，他们当然更不自由，因为他们更加屈从于物的力量。"④ 在此阶段，人本身的活动及由此所产生的产品以及社会关系对人来说"成

---

① 《马克思恩格斯文集》（第8卷），人民出版社2009年版，第6页。
② 《马克思恩格斯文集》（第1卷），人民出版社2009年版，第555页。
③ 《马克思恩格斯文集》（第1卷），人民出版社2009年版，第555页。
④ 《马克思恩格斯文集》（第1卷），人民出版社2009年版，第571—572页。

为一种异己的、同他对立的力量，这种力量压迫着人，而不是人驾驭着这种力量"①。这时，人是一个异化的人，人的劳动不是自主自由的劳动，正如马克思在《1844年经济学哲学手稿》指出："劳动对工人来说是**外在的东西**，也就是说，不属于他的本质；因此，他在自己的劳动中不是肯定自己，而是否定自己，不是感到幸福，而是感到不幸，不是自由地发挥自己的体力和智力，而是使自己的肉体受到折磨、精神受到摧残。因此，工人只有在劳动之外才感到自在，而在劳动中感到不自在，他在不劳动时觉得舒畅，而在劳动时觉得不舒畅。因此，他的劳动不是自愿的劳动，而是被迫的**强制劳动**。"② 劳动在异化的人那里"已经失去了任何自主活动的假象，而且只能用摧残生命的方式来维持他们的生命"③。一旦人劳动是异化的，那么他的劳动产品，他的类本质就会异化，从而也带来人与人之间社会关系的异化，"人同自己的劳动产品、自己的生命活动、自己的类本质相异化的直接结果就是**人同人相异化**。当人同自身相对立的时候，他也同**他人**相对立。凡是适用人对自己的劳动、对自己的劳动产品和对自身的关系的东西，也都适用于人对他人、对他人的劳动和劳动对象的关系"④。这表明，在此阶段社会关系和个人是对立的。这时社会关系以一种"物"的形式"统治我们、不受我们控制、使我们的愿望不能实现并使我们的打算落空"⑤。一方面，分工并非出于自愿，"任何人都有自己一定的特殊的活动范围，这个范围是强加于他的，他不能超出这个范围：他是一个猎人、渔夫或牧人，或者是一个批判的批判者，只要他不想失去生活资料，他就始终应该是这样的人"⑥，个人的这种社会活动的固定

---

① 《马克思恩格斯文集》（第1卷），人民出版社2009年版，第537页。
② 《马克思恩格斯文集》（第1卷），人民出版社2009年版，第159页。
③ 《马克思恩格斯文集》（第1卷），人民出版社2009年版，第580页。
④ 《马克思恩格斯文集》（第1卷），人民出版社2009年版，第163—164页。
⑤ 《马克思恩格斯文集》（第1卷），人民出版社2009年版，第537页。
⑥ 《马克思恩格斯文集》（第1卷），人民出版社2009年版，第537页。

化使得他自己成为受控制的片面的人。另一方面，资本主义的大工业把所有社会关系资本化，"把所有自然形成的关系变成货币的关系"①。社会关系根本上是由生产力来决定的，社会关系与人相敌对体现了生产力与人相对立，与社会关系和生产力相对立的个人实际上是脱离普遍的抽象的个人，所以马克思说："同这些生产力相对立的大多数个人，这些生产力是和他们分离的，因此这些个人丧失了一切现实的生活内容，成了抽象的个人。"②

"全面自由的个人"对应于第三个社会形态，可以把"全面自由的个人"视为对"抽象的个人"的再否定。"抽象的个人"是对"抽象的普遍的人"的否定，它在用个性来否定抽象的普遍时，自己也成了抽象的个人。普遍和个别应该是辩证统一的，"全面自由的个人"既是对抽象普遍的个人否定，也是对抽象的个人的否定，它把两者结合起来，把个别和普遍有机统一其中，它既有个别性，又有普遍性。在"抽象的个人"阶段，由于私有制和不是自愿分工的存在，导致社会和个人的分裂，社会不是个人自愿的联合，成了压迫个人的力量，个人是脱离普遍的个人，"受分工制约的不同个人的共同活动产生了一种社会力量，即成倍增长的生产力。因为共同活动本身不是自愿地而是自然形成的，所以这种社会力量在这些个人看来就不是他们自身的联合力量，而是某种异己的、在他们之外的强制力量"③。如果把这种强制个人的社会看成共同体的话，那么这种共同体也是虚假的，因为这种共同体不是个人自愿的联合，"在过去的种种冒充的共同体中，如在国家等等中，个人自由只是对那些在统治阶级范围内发展的个人来说是存在的，他们之所以有个人自由，只是因为他们是这一阶级的个人。从前各个人联合而成的虚假的共同体，总是相对于个人而独立

---

① 《马克思恩格斯文集》（第1卷），人民出版社2009年版，第566页。
② 《马克思恩格斯文集》（第1卷），人民出版社2009年版，第580页。
③ 《马克思恩格斯文集》（第1卷），人民出版社2009年版，第537—538页。

的；由于这种共同体是一个阶级反对另一个阶级的联合，因此对于被统治阶级来说，它不仅是完全虚幻的共同体，而且是新的桎梏"①。其实不仅对于被统治阶级来说共同体和他们是对立的，就是对统治阶级而言，共同体也是和他们相敌对的，他们同样并没有真正的自由。早在《1844年经济学哲学手稿》中，马克思就指出："凡是在工人那里表现为**外化的**、**异化的活动**的东西，在非工人那里都表现为**外化的**、**异化的状态**。"② 而在"全面自由的个人"阶段，由于这时的社会、共同体是每个人自愿联合起来的，所以这种共同体并不强制个人，这种共同体才能给人真正自由，是真正的共同体，个人和这种真正共同体是统一的，"在真正的共同体的条件下，各个人在自己的联合中并通过这种联合获得自己的自由"③。在这个阶段，个人的活动是自主自愿的，因此由此建立起来的个人之间的社会关系也就不再敌对，"在这个阶段上，自主活动才同物质生活一致起来，而这又是同各个人向完全的个人的发展以及一切自发性的消除相适应的。同样，劳动向自主活动的转化，同过去受制约的交往向个人本身的交往的转化，也是相互适应的"④。在这个阶段，由于非自愿分工的消失，任何人都可以随自己兴趣做事，马克思说："在共产主义社会里，任何人都没有特殊的活动范围，而是都可以在任何部门内发展，社会调节着整个生产，因而使我有可能随自己的兴趣今天干这事，明天干那事，上午打猎，下午捕鱼，傍晚从事畜牧，晚饭后从事批判。"⑤ 由此一来，在这个阶段，个人真正能够获得全面的自由，个人和社会是同一的，个人既有个别性，又有普遍性。

---

① 《马克思恩格斯文集》（第1卷），人民出版社2009年版，第571页。
② 《马克思恩格斯文集》（第1卷），人民出版社2009年版，第168页。
③ 《马克思恩格斯文集》（第1卷），人民出版社2009年版，第571页。
④ 《马克思恩格斯文集》（第1卷），人民出版社2009年版，第582页。
⑤ 《马克思恩格斯文集》（第1卷），人民出版社2009年版，第537页。

### 5. 马克思自由思想中的否定之否定

成熟时期的马克思把自由思想建立在人的现实生活这个唯物基础之上，马克思认为人类社会的发展经历原始社会公有制到私有制再到共产主义公有制这样一个否定之否定过程，与此相应，马克思的自由思想也经历了一个否定之否定过程。

马克思在讨论自由时，用"自然必然性和历史必然性"来表达人的不自由状态，所谓"自然必然性"，指的是人类受到自然规律的束缚，揭示的是人和自然的不和谐关系。所谓"历史必然性"，指的是人类受到社会方面的束迫，表明的是人与人之间不和谐关系。下面就从"自然必然性和历史必然性"这个方面来分析一下原始社会、私有制社会和共产主义社会中的人类自由情况。通过分析，我们将会发现，这三种社会中的人类自由经历了一个否定之否定过程。

（1）原始社会中的人类自由

众所周知，马克思对原始社会的认识有一个发展过程，我们这里没有必要去论述马克思对原始社会的认识过程。原始社会是一个公有制社会，在这样的社会中，人与人之间没有压迫，没有剥削，因此在原始社会中，不存在"历史必然性"对人的束迫。至于"自然必然性"，很显然，原始社会中的生产力是非常低下的，但是由于在原始社会，人们的要求也很低，很多需要都没有产出，因此尽管原始社会生产力水平低下，但是人们并没有多少感受到"自然必然性"的束缚。故此，在原始社会中，人类还是"很自由"的。当然这里说的自由还是未经私有制所带来的"历史必然性"和未感受到"自然必然性束缚"的自由。这里的自由只是表面的，并不是真正自由，只有经过私有制这个否定阶段，然后再回到共产主义社会中，经历一个否定之否定过程之后，才会有真正的自由。原始社会是人类社会发展的童年时期，其中的自由相当于我们童年时的自由。我们都有感受，儿童时期是很自由的,无拘无束,没有社会所带来的人际关系的烦恼,也没有感受到"自然必然性"对自己的束缚。但儿童的自由其实是表面的,并不是真的自由,只有经过以后人生中遇到的社会和自然规律给予我们的束缚,通过自己的克服之后,当到老年时,才有可能真正自由,因为此时的自由是经过否定之否定的了。

(2)私有制社会中的人类自由

马克思认为,物质生产劳动是人类最基本的活动,在任何社会中都是必需的。因此,马克思在考察人类自由情况时,把目光主要聚焦在考察人类物质生产劳动上。物质生产劳动是在一定自然条件和一定社会关系中进行的,因此人们在进行物质生产活动时,就有可能受到自然和社会两方面约束。在原始社会中,由于上面所说的原因,这两方面对人类都没有束缚,因此原始社会中人们有未经否定的表面上的自由。到私有制社会,情况就不一样了,在私有制阶段,这两方面都对人们有约束。首先来自自然方面,人们进行的物质生产,都是在特定生产力等自然条件下进行的,因此,任何社会中的生产劳动,都有"自然必然性"存在,"劳动作为使用价值的创造者,作为有用劳动,是不以一切社会形式为转移的人类生存条件,是人和自然之间的物质变换即人类生活得以实现的永恒的自然必然性"①。在私有制阶段,尤其在前资本主义社会里,社会的物质财富还很少,人们的需要比起原始社会要多得多,人类进行物质生产是以生产物质、以谋生为目的的,这时由于生产力等自然条件限制,人类不可能完全达到自己的目的,这样就受到"自然必然性"的约束。其次人类在进行物质生产劳动时,还会受到社会方面,受到生产关系的约束。在私有制社会,人与人之间的关系是对抗的。生产关系的约束不像"自然必然性"那样是永恒的,当非对抗生产关系出现后,生产关系便不再约束人类,因而

---

① 《马克思恩格斯文集》(第5卷),人民出版社2009年版,第56页。

马克思把这种约束称为"历史必然性",表明这种约束只是建立在一定历史条件之上,只是暂时的必然性,随着资本主义这个最后一个对抗生产关系的灭亡,这种约束也就不存在。马克思分析资本主义生产关系中的这种约束时说道:"从资本和雇佣劳动的角度来看,活动的这种物的躯体的创造是在同直接的劳动能力的对立中实现的,这个对象化过程实际上是从劳动方面来说表现为劳动的外化过程,从资本方面来说表现为对他人劳动的占有过程,——就这一点来说,这种扭曲和颠倒是**真实的**,而不是**单纯想象的**,不是单纯存在于工人和资本家的观念中的。但是很明显,这种颠倒的过程不过是**历史的**必然性,不过是从一定的历史出发点或基础出发的生产力发展的必然性,但决不是生产的一种**绝对的**必然性,倒是一种暂时的必然性。"①

这样,在私有制阶段,人类在进行物质生产劳动时,就会受到"自然必然性"和"历史必然性"两方面约束。在这双重束迫下,人类自由确实有限。早在《1844年经济学哲学手稿》中,马克思就深刻揭示了资产主义生产关系下工人劳动的异化,表明了工人的不自由状态。马克思同时还指出,不仅工人处在异化状态,资产阶级也被异化,也处于不自由状态。尽管这样,人类在此阶段也并非一点自由都没有。这是因为,自由意味着自己决定自己,是内在决定,而自然和历史必然性的束迫是外在决定,外在决定和内在决定是辩证统一的,有外在决定,就有内在决定,两者同时存在,所以,无论此阶段束迫多么严重,人类仍然可在某种程度上自己决定自己,仍然可有某种程度自由。即便是奴隶,也是如此,奴隶虽然受到自然和历史必然性束迫很重,但仍然有一定程度自由。黑格尔对主奴关系的思辨论述就很能说明这一点。黑格尔认为,奴隶在对物的加工改造过程中,成了物的主人,奴隶主反而变成依赖奴隶了,由此一来,"独立的意识的真理乃是奴

---

① 《马克思恩格斯全集》(第31卷),人民出版社1998年版,第244页。

隶的意识。奴隶意识诚然最初似乎是在那独立的意识自身之外，并不是自我意识的真理。但是正如主人表明他的本质正是他自己所愿意作的反面，所以，同样，奴隶在他自身完成的过程中也过渡到他直接的地位的反面。他成为迫使自己返回到自己的意识，并且转化自身到真实的独立性"①。这表明奴隶在劳动中是有一定程度自由的。马克思指出即使在资本主义异化劳动中，工人也会有自由，"诚然，劳动尺度本身在这里是由外面提供的，是由必须达到的目的和为达到这个目的而必须由劳动克服的那些障碍所提供的。但是克服这种障碍本身，就是自由的实现"②。

私有制阶段，虽然人们在物质生产劳动中有一定程度自由，但由于受到自然必然性和历史必然性的双重束迫，自由程度并不高。这阶段自由程度虽然不高，但比起原始社会中的人类自由要真实，要高。原始社会中的自由只是表面的，相当于黑格尔所说的抽象的自由，这时的人们还没有积极去行动。在私有制阶段中，人们已经积极地去行动，但由于还不是以追求自由本身为目的，因此这个阶段相当于黑格尔所讲的"任性"阶段。人类要想获得真正的最高的自由，还必须经过再否定，达到类似于黑格尔所讲的具体的自由，这就是共产主义社会阶段。

（3）共产主义社会中的人类自由

人类经过私有制社会，当对抗的生产关系已经不再存在，人类就开始走入共产主义社会。在此阶段，人类在进行物质生产时，"历史必然性"对人的压制已不存在，但"自然必然性"的束迫仍然存在。关于自然必然性下的自由，马克思做了这样论述："自由王国只是在必要性和外在目的规定要做的劳动终止的地方才开始；因而按照事物

---

① 〔德〕黑格尔：《精神现象学》（上卷），贺麟、王玖兴译，商务印书馆1979年版，第138页。
② 《马克思恩格斯全集》（第46卷下），人民出版社1980年版，第112页。

的本性来说,它存在于真正物质生产的彼岸。像野蛮人为了满足自己的需要,为了维持和再生产自己的生命,必须与自然搏斗一样,文明人也必须这样做;而且在一切社会形式中,在一切可能的生产方式中,他都必须这样做。这个自然必然性的王国会随着人的发展而扩大,因为需要会扩大;但是,满足这种需要的生产力同时也会扩大。这个领域内的自由只能是:社会化的人,联合起来的生产者,将合理地调节他们和自然之间的物质变换,把它置于他们的共同控制之下,而不让它作为一种盲目的力量来统治自己;靠消耗最小的力量,在最无愧于和最适合于他们的人类本性的条件下来进行这种物质交换。但是,这个领域始终是一个必然王国,在这个必然王国的彼岸。作为目的本身的人类能力的发展,真正的自由王国,就开始了。"[1] 从马克思这番论述中,我们可以解读出以下三点:

第一,只要物质生产还是以生产物质为目的,人类即使在"最无愧于和最适合于他们的人类本性的条件下"进行生产,也就是说,即使人类不再受到"历史必然性"的压制,人类仍然会受到"自然必然性"的束迫。人类在进行物质生产时,都是在一定生产力条件下完成的,即使此阶段生产力水平很高,人类也不可能完全地一贯地达到自己的期望,这样"自然必然性"就构成对人的束迫。除非在后面所要讨论的第三阶段中,人们进行生产的主要目的不再是生产物质,那样人们就不在意生产的结果,从而也就不会失望,于是"自然必然性"也就构不成对人的束迫。但在这个阶段,人们进行生产的主要目的仍然是生产物质,进行的是"真正的物质生产",这样人们就不可避免因为没有达到目的而失望,所以"自然必然性"仍束迫人们。

第二,这阶段的物质生产虽然遭到"自然必然性"的束迫,但已经不再受到"历史必然性"的压制,因此这个阶段的自由比起第一阶

---

[1] 《马克思恩格斯文集》(第7卷),人民出版社2009年版,第928—929页。

段自由的程度要高很多，但是由于"自然必然性"的束迫仍然存在，这阶段自由还未达到自由王国的程度。这阶段中的自由可以类比康德的"自由的任意"（der freie Willkür）和黑格尔的"任性"。康德把实践自由分为两个层次："自由的任意"和"自由意志"（der freie Wille）。"自由意志"以自由本身为目的，行为出于自律，服从的是自由因果性规则。"自由的任意"不以自由本身为目的，行为出于他律，把行为只当成手段而去获得行为本身之外的目的，所服从的"只是作为出自理论哲学（自然科学）的补充的那些规范"①。人类在"自然必然性"下进行的物质生产劳动，不是把生产本身当作目的，而是把生产当成手段达到获得物质的目的，因此"自然必然性"下的自由类似于"自由的任意"。黑格尔讨论"客观精神"时，把自由分成三个层次："抽象的自由"、"任性"和"具体的自由"。"抽象的自由"只是一种抽象的否定的自由，只是意味着人们可以有这样那样的选择。"任性"是对"抽象的自由"的否定，是在这多种多样的选择中选择一个，任性不像抽象自由那样不去追求任何东西，而是积极地去行动。但"任性"还未达到"具体的自由"层次，"还没以自身为内容和目的"②，所追求的并不是自由本身，而是自由之外的目的。"自然必然性"下物质生产也是不以物质生产这个行为本身为目的，如果撇开黑格尔的唯心成分，"自然必然性"的自由就类似于黑格尔的"任性"。

第三，这阶段已经没有了阶级对抗，已经进入共产主义社会，但由于还受"自然必然性"的束迫，还没有达到作为共产主义高级阶段的自由王国，这阶段只是马克思所讲的共产主义社会第一阶段。马克思在《哥达纲领批判》中，认为共产主义社会分成两个阶段：第一阶

---

① 〔德〕康德：《判断力批判》，邓晓芒译、杨祖陶校，人民出版社2002年版，第7页。
② 〔德〕黑格尔：《法哲学原理》，范扬、张企泰译，商务印书馆1961年版，第26页。

段和高级阶段。共产主义社会第一阶段"不是在它自身基础上已经发展了的，恰恰相反，是刚刚从资本主义社会中产生出来的，因此它在各方面，在经济、道德和精神方面都带着它脱胎出来的那个旧社会痕迹"①。在共产主义社会第一阶段中，生产劳动仍然是以生产物质为目的的真正物质生产劳动，而不是以发展能力为目的。而在共产主义社会高级阶段，虽然物质生产也生产物质，但这时生产物质已经不再是主要目的，劳动"本身成了生活的第一需要"②。物质生产劳动已不再是真正物质生产劳动，劳动已经艺术化，人们在通过劳动发展自己的能力。

在共产主义高级阶段（自由王国阶段）虽然也从事物质生产，但主要目的是发展自己，按照美的规律来劳动，这时候劳动已经艺术化，不再是真正的物质生产。在必然王国中，物质生产劳动仍以生产物质为目的，是真正的物质生产，所以马克思说真正的自由王国是在必然王国的彼岸。这里的彼岸有两方面含义，一方面是对自然必然性的消除。在自由王国阶段，在共产主义生产关系和高度生产力条件下，人们可以大大缩短劳动时间，可以有很多时间去进行诸如艺术等的自由活动。在这样的自由活动中，自由程度最高，不存在自然必然性，因而是在必然王国的彼岸。关于此，马克思说："必然王国的彼岸，作为目的本身的人类能力的发挥，真正的自由王国，就开始了。但是，这个自由王国只有建立在必然王国的基础上，才能繁荣起来。工作日的缩短是根本条件"③，"不是为了获得剩余劳动而缩减必要劳动时间，而是直接把社会必要劳动缩减到最低限度，那时，与此相适应，由于给所有的人腾出了时间和创造了手段，个人会在艺术、科学等等方面

---

① 《马克思恩格斯选集》（第3卷），人民出版社1995年版，第304页。
② 《马克思恩格斯选集》（第3卷），人民出版社1995年版，第305页。
③ 《马克思恩格斯文集》（第7卷），人民出版社2009年版，第929页。

得到发展"①。"彼岸"的第二方面含义是对自然必然性的超越（彼岸，英文 beyond，有超越之义）。在自由王国中，不管物质劳动时间如何短，人们毕竟还要进行物质生产活动，这里自然必然性仍然存在，这时只能靠超越自然必然性，将自然的外在必然性化为内在必然性，这样，虽然此时自然必然性仍然存在，但经过内化之后，自然必然性已经不再对人束迫。这也就是说，原来对人束迫的自然王国已经不存在了，所以说自由王国在必然王国的彼岸。

学术界对"彼岸"这两方面含义，往往都产生了误读。对"彼岸"第一方面含义常常出现这样误读，认为既然自由王国是在"真正物质生产领域的彼岸"，所以自由王国中就没有物质生产存在。之所以产生这样误解，大概是因为学者们没注意到这里的"真正"一词，马克思说的是自由王国在"真正物质生产"彼岸，而不是在"物质生产"彼岸。"真正物质生产"指的是以生产物质为主要目的的物质生产。人们在进行物质生产时，可以有不同目的，如果在物质生产时不以生产物质为目的，而是像马克思所说的以"发展人类天性"为目的，"为生产而生产"②，这时虽然仍有物质的生产，但这时生产物质已不再是主要目的了，因而这时的物质生产表面上看还是物质生产，却不是真正的物质生产了。"对于正在成长的人来说，这个直接生产过程同时就是训练，而对于头脑里具有积累起来的社会知识的成年人来说，这个过程就是［知识的］运用，实验科学，有物质创造力的和对象化中的科学。对这两种人来说，只要劳动像在农业中那样要求实际动手和自由活动，这个过程同时就是身体锻炼。"③马克思在另一处明确指出物质生产劳动可以是"真正自由的劳动"，并指出要成为自由劳动的条件："（1）劳动具有社会性质；（2）这种劳动具有科学性，

---

① 《马克思恩格斯全集》（第31卷），人民出版社1998年版，第101页。
② 《马克思恩格斯全集》（第26卷第2册），人民出版社1971年版，第124页。
③ 《马克思恩格斯全集》（第31卷），人民出版社1998年版，第108页。

同时又是一般的劳动,这种劳动不是作为用一定方式刻板训练出来的自然力的人的紧张活动,而是作为一个主体的人的紧张活动,这个主体不是以单纯自然的、自然形成的形式出现在生产过程中,而是作为支配一切自然力的活动出现在生产过程中。"① 可见,自由王国中不是不能有物质生产,它可以有物质生产存在,只不过这时的物质生产的主要目的不再是生产物质,不再是以生产物质为主要目的的真正物质生产,因而是在"真正物质生产领域的彼岸"。

对"彼岸"第二方面含义常见误解出在对超越自然必然性的理解上,以为只要认识了自然必然性规律,那么自然必然性对人的束迫就不存在了,这时人们就自由了,这就超越了自然必然性。这样的理解大概是和恩格斯有关,恩格斯认为当对抗的生产关系消失,"历史必然性"对人类束迫已不存在时,只要掌握了必然规律,那么"自然必然性"对人类的束迫也就不存在了,这样人类就自由了。恩格斯说道:"一旦社会占有了生产资料,商品生产就将被消除,而产品对生产者的统治也将随之消除。社会生产内部的无政府状态将为有计划的自觉的组织所代替。个体生存斗争停止了。于是,人在一定意义上才最终地脱离了动物界,从动物的生存条件进入真正人的生存条件。人们周围的、至今统治着人们的生活条件,现在受人们的支配和控制,人们第一次成为自然界的自觉的和真正的主人,因为他们已经成为自身的社会结合的主人了。人们自己的社会行动的规律,这些一直作为异己的、支配着人们的自然规律而同人们相对立的规律,那时就将被人们熟练地运用,因而将听从人们的支配。人们自身的社会结合一直是作为自然界和历史强加于他们的东西而同他们相对立的,现在则变成他们自己的自由行动了。至今一直统治着历史的客观的异己的力量,现在处于人们自己的控制之下了。只是从这时起,人们才完全自觉地

---

① 《马克思恩格斯全集》(第30卷),人民出版社1998年版,第616页。

自己创造自己的历史；只是从这时起，由于人们使之起作用的社会原因才大部分并且越来越多地达到他们所预期的结果。这是人类从必然王国进入自由王国的飞跃。"①其实，人类对自然的认识是无止境的，不可能完全认识自然规律。退一步说，即使完全认识了自然规律，人们还是受制于自然条件，在生产过程中不可能完全达到自己的期望，自然必然性还是对人们有束迫。因此，恩格斯所理解的自由王国实际上还只是"自然必然下"的自由，而不是马克思所理解的自由王国。黑格尔也认为自由是对必然的认识，但和恩格斯的意思不一样。黑格尔认为，对必然的认识就是对"最坚硬的必然性的消解"②，"必然作为必然还不是自由；但是自由以必然为前提，包含必然性在自身内，作为被扬弃了的东西"③。所以，在黑格尔那里，自由就不是简单的对必然规律的认识，而是要把外在的必然纳入自己的环节，把外在必然化为内在必然。如果只是认识自然必然性，而没有把外在的自然必然性变为内在必然性，那么自然必然性仍然是外在的，就仍然束迫人们。只有把自然的外在必然性化为内在必然性，自然必然性才不束迫人们，人们才能真正自由起来。抛开黑格尔唯心成分不论，黑格尔对自由与必然关系的理解十分深刻正确，在这点上，马克思和黑格尔是一致的，马克思也认为通过把外在的自然必然性内化为内在必然性而达到自由王国，而不是恩格斯所讲的通过认识必然规律而达到自由。

那么如何把外在的自然必然性化为内在的必然性，从而达到自由王国？早在《1844年经济学哲学手稿》中，在谈到人类的自由劳动时，马克思就认为人类可以按照"美的规律"来劳动。这实际上表明，马克思认为人们可以在"艺术化的劳动中"超越自然必然性，通过劳动的艺术化把自然必然性化为内在必然性，纳入自由之中。艺术

---

① 《马克思恩格斯文集》（第9卷），人民出版社2009年版，第300页。
② 〔德〕黑格尔：《小逻辑》，贺麟译，商务印书馆1980年版，第325页。
③ 〔德〕黑格尔：《小逻辑》，贺麟译，商务印书馆1980年版，第323页。

化的劳动虽然也在劳动，但它的主要目的不是生产物质，而是在生产中体会美，感受自由，艺术化的劳动实际上成了一种自由的艺术活动。

马克思在实践基础上把自由和艺术联系起来的做法，是在批判继承前辈思想基础上发展出来的。马克思前辈们虽然也认为艺术和自由密切相关，但由于他们没有立足于实践看待艺术和自由关系，这样他们对自由和艺术关系的理解虽然很深刻却并不正确。康德认为自由意志是实践自由的最高层次，自由意志以自由本身为目的，存在于纯粹实践理性之中。然而，在现实生活中，人们的实践大都不那么纯粹，自由意志难以实现。康德认为，需要通过审美和艺术活动来暗示人的道德，促使人意识到道德律，意识到自由意志的存在。康德虽然认为艺术活动中能体会到最高层次的自由，但是艺术毕竟只是"暗示"自由，真实的自由意志情况如何，人们并不知道。康德之后的谢林认为主客不分、物我两忘的情形只能在艺术直观中发生，只有在艺术直观中，无限的东西、绝对的自由才能得到表现。在谢林看来，艺术直观就是"这种终于被表现出来的无限事物"①。但谢林这里所理解的绝对自由并不是人的自由，而是绝对对自身的认识。黑格尔虽然反对谢林用非理性和神秘方式理解绝对，但他对艺术的看法本质上与谢林并无二致，黑格尔也认为艺术是显现绝对自由的方式，"美是理念的感性显现"，只不过黑格尔认为除了艺术能达到绝对之外，还有更高的宗教和哲学。和谢林一样，黑格尔也把自由的主体看成绝对，而非马克思所理解的"现实的个人"。

通过对"自然必然性"的消除和超越来达到的自由王国，虽然自由程度很高，但绝不意味着人类在自由王国中就拥有绝对的自由，不受任何束迫。前文指出，束迫是外在决定，自由是内在决定，内在决定和外在决定是辩证关系，因此所谓不含任何束迫的绝对自由是不存

---

① 〔德〕谢林：《先验唯心论体系》，梁志学、石泉译，商务印书馆1976年版，第270页。

在的，无论社会如何发展，人类都不可能做到完全自己决定自己，不可能一点也不受外在决定的影响。我们前面所说的在"自由王国"中不再受"历史必然性"和"自然必然性"的束迫，其实也只是在很大程度上这样讲，实际上，人类在自由王国中的物质生产不可能一点不受"历史必然性"和"自然必然性"的约束，人类不可能彻底消除"历史必然性"对人的压制，也不可能完全消除和超越"自然必然性"。同样，在自由王国非物质生产领域中，人类也不会不受到任何束缚。人类只能越来越自由，而不会达到一个没有任何束迫的绝对的自由。"人类的历史，就是一个不断地从必然王国向自由王国发展的历史。这个历史永远不会完结。"①

总之，马克思的自由理论中有一个否定之否定过程，首先是原始社会中的人类自由，在原始社会中，"自然必然性"和"历史必然性"都还是自在的，不对原始中的人类构成束缚。因此，原始社会中虽然人类有自由，但这样的自由还只是抽象的表面上的，并不是真正的自由，相当于黑格尔所说的"抽象的自由"阶段。其次是私有制社会中人类的自由，在这阶段，人类为了满足自己的需要而去积极进行物质生产，但是由于"自然必然性"和"历史必然性"的束缚，人类在此阶段并不很自由，但是比起原始社会来，此阶段的自由程度要高很多，性质也不一样，是对原始社会中人类的抽象自由的否定，相当于黑格尔所说的"任性"阶段。第三阶段是共产主义社会中的人类自由，在共产主义低级阶段，由于此时"自然必然性"的束迫，使得自由程度还不是特别高。到达共产主义高级阶段，此时人类用审美态度化解掉"自然必然性"束缚，为了自由而自由，这是对私有制阶段的再否定。

---

① 《毛泽东著作选读》下册，人民出版社1989年版，第845页。

## 三、对立统一规律

与否定之否定规律一样,马克思也发扬了黑格尔辩证法中的对立统一规律。马克思对此的发扬体现在对对立统一规律含义的理解上,但是目前学者对对立统一规律含义的研究存在着简误之处,不能很好地用对立统一规律来解读马克思有关思想。对此,这里先讨论对立统一规律的含义,然后论述马克思应用对立统一规律的一个例子。

### 1. 对立统一规律含义

在对三大规律的理解中,恐怕对立统一规律所遭受的误解是最多最大的了。之所以产生诸多的误解,我们觉得,应该是没有从否定这个根本点上来理解对立统一规律,没有把对立面理解成一个事物自身所具有的肯定和否定方面,如果这样来理解对立面的话,就不会产生诸多不正确的理解。关于把对立面理解成一个事物自身所具有的肯定和否定方面,这在前文已经简略指出,这里予以较详细讨论。

对立统一规律说的是对立面双方既互相对立又互相统一,对立面的对立统一推动着事物的发展。不难看出,理解对立统一规律,关键是如何理解对立面。要正确理解对立面,需要找到根本点,这就是前面讨论过的否定。这点前面已指出,从否定出发,就会把对立统一的双方理解成维持一个事物自身存在的肯定方面和破坏这个事物自身存在的否定方面,肯定方面和否定方面才是对立面双方。我们知道,任何事物都有一个发生、发展直至灭亡最后变成一个新事物的过程,在这个过程中任何阶段任何时候,事物都具有肯定和否定两个方面。一个事物在它灭亡变成新事物之前,都是作为同一个事物在发展变化,肯定方面就是维持这个事物存在使这个事物是其所是的方面。事物一方面通过肯定方面来维持自身,另一方面又要发展变化乃至变成一个新事物,否定方面就是破坏事物自身存在使事物能够发展变化是其所非的方面。任何事物都同时具有肯定和否定方面,如果一个事物只是肯定自己,对自身没有任何的否定,那么这个事物就绝对静止,一个绝对静止的事物实际上是不存在的。因此,事物在肯定自己的同时需要不断否定自己,或者说事物正是通过否定自己来肯定自己。反过来,事物对自己的否定也离不开对自己的肯定,因为对事物否定的前提是要承认这个事物的存在,所以,肯定和否定这两方同时存在,"每一方只有在与它另一方的联系中才能获得它自己的〔本质〕规定,此一方只有反映另一方,才能反映自己"①。这里需进一步指出的是,在理解肯定和否定互不分离时,不要理解成一个事物内部两个组成部分之间的互不分离;而应这样来理解:肯定里包括着否定,否定里也包括着肯定,没有纯粹的肯定方面,也没有纯粹的否定方面。一个事物在肯定自身时,必然同时就在否定自身;反过来,一个事物在否定自身时,必然同时就在肯定自身,肯定和否定是事物发展变化中同一过程的两个方面,而不是两个过程。事物之所以会变化发展,就在于其自身所具有的互相包含的肯定和否定方面。正是由于这两方面的既对立又统一,事物才得以变化发展。肯定和否定在事物不同发展阶段所起的作用和地位不一样,在事物发展之初,由于此时事物生命力很强,因此一般来说维持事物存在的肯定方面发挥着较大作用。而此时破坏事物自身存在的否定方面力量就显得很小,它还不能够对这个事物存在构成威胁,还几乎影响不到事物本质改变,它只是表现出一些"差别"。严格说来,此时否定还算不上是否定方面而只能是否定因素,它和肯定方面还谈不上真正的对立,或者说它们之间的对立还处在萌芽状态。随着事物不断变化发展,否定方面所具有的作用也就越来

---

① 〔德〕黑格尔:《小逻辑》,贺麟译,商务印书馆1980年版,第254—255页。

大，当否定作用大到一定程度时，否定就成了同肯定方面对立的真正的否定方面，这时真正对立就形成了。随着事物的进一步发展，肯定方面和否定方面的对立就会变得越来越激化，当双方对立激化到不可调和时，对立就成了矛盾。矛盾是不可调和的对立，由于此时对立双方的冲突不可调和，因此在矛盾中对立双方的斗争是一种你死我活的战斗，经过斗争会有一方获胜，获胜的一方通常是决定事物发展变化方向的否定方面，否定方面的获胜意味着旧事物的灭亡和新事物的胜利。旧事物灭亡之后，其原有肯定和否定方面的对立已不存在，但在新事物中又产生了新的肯定和否定方面，这两者形成了新的对立，它们之间对立推动着这个新事物的变化发展直至灭亡而变成又一个新事物。可见，一个事物在其发展变化直至灭亡过程中，无论是在差别（对立的萌芽）、对立和矛盾阶段（对立的不可调和），还是在其灭亡阶段（旧事物灭亡和新事物的产生），都存在着保持其自身存在的肯定方面和破坏其自身存在的否定方面。正是由于这两方面的对立统一，才使得一个事物得以产生、变化发展直至灭亡。由此可见，"肯定物和否定物是对立的两个方面"①。

在研究对立统一规律时，一些学者往往不把肯定和否定方面看成对立面，也不把肯定和否定看成一个过程的两个方面，肯定的同时就是否定，否定的同时就是肯定。例如，经常有人这么说，在资本主义社会里无产阶级和资产阶级是对立的。这么讲也不能说就是错的，但是不能把无产阶级和资产阶级直接当成两个对立面，因为对立面只能是肯定和否定方面，这里的肯定方面实际上是资产阶级和无产阶级之间的协调关系，而否定方面是资产阶级和无产阶级之间的不协调关系，这两个方面才是对立面。马克思说："**无产**和**有产**之间的对立，只要还没有把它理解为**劳动**和**资本**之间的对立，它还是一种无关紧要的对

---

① 〔德〕黑格尔：《逻辑学》（下），杨一之译，商务印书馆1976年版，第47页。

立,一种没有从它的**能动关系**上、它的**内在**关系上来理解的对立,还没有作为**矛盾**来理解的对立。"① 马克思这番话应该和我们上面分析是一致的,马克思之所以说无产和有产不能成为对立面,是因为无产和有产之间关系无所谓协调不协调,因为他们还未发生关系。所以马克思认为劳动和资本才是对立的,因为劳动和资本之间发生了关系,既具有协调的肯定关系,又具有不协调的否定关系。再如,人们常把生和死的对立理解成一个活的生命与一个死亡之躯之间的对立,把生命和死亡当成两个事物来理解,而不把生命和死亡看作一个过程的两个方面。其实生命和死亡是同一个过程,有了生命,就有了死亡,没了生命,就没了死亡。生命是一个生命物存在的肯定方面,死亡是这个生命物存在的否定方面,这两个方面是同时存在的,生命物活着只是意味着作为肯定方面的生命战胜了作为否定方面的死亡,而并不意味着死亡不存在。在生命和死亡的斗争中,一旦死亡战胜了生命,就意味着生命的消失,生命就变成了无生命的尸体,这时死亡也就不存在了。因此,生命和死亡始终是同时存在的,因为它们本来就是同一过程,生中有死,死中有生。

## 2. 马克思哲学中人和自然的对立统一

马克思深刻理解黑格尔辩证法中对立统一思想,对此进行了发扬光大。马克思在很多哲学问题中,都在用对立统一思维方式进行思考。然而,学者们在解读有关马克思哲学思想时,往往忽略或不能很好运用对立统一思想来对之进行分析。马克思运用对立统一思维的地方很多,我们这里只举出马克思关于人和自然关系这个重要例子来加以说明。

(1) 自然存在的证明

要想讨论自然和人的对立,显然前提是自然和人的确都是存在的,

---

① 《马克思恩格斯文集》(第1卷),人民出版社2009年版,第182页。

如果自然和人不存在，那么它们之间的对立就是一句空话。这里所谓自然和人的存在，指的是自然和人有物质性的存在，通俗地说，就是人有肉体，自然有其物质如原子等存在。对于人有物质性的存在，从辩证的观点比较容易论证，因为人存在着精神活动，依据对立统一，既然人有精神活动，就必定存在着物质活动，所以人有物质性的存在。但对于自然，问题就没这么简单了。因为我们并不知道自然有没有精神活动，如果有的话，当然也可以和人一样，从辩证的观点得出自然有物质性的存在。那么现在，我们该如何证明自然有物质性的存在（注意这里的物质性不能在和精神性相对的意义上来运用）。要证明自然有物质性的存在，其实就是要证明物质的存在，问题就转化到如何证明物质的存在。那么究竟如何证明物质的存在呢？这个问题十分困难，我们这里拟分问题的实质、问题的困难和问题的解答三个步骤尝试回答这个问题。

要想有效解答这个难题，首先应搞清问题实质。问题是要证明物质的存在，要搞清这个问题实质，关键在于如何理解物质。对于什么是物质，存在着不同理解，我国马克思主义教材中一般都认为列宁的物质定义最科学，列宁认为物质是"标志客观实在的哲学范畴，这种客观实在是人通过感觉感知的，它不依赖于我们的感觉而存在，为我们的感觉所复写、摄影、反映"[①]。教材之所以认为这个定义科学，是因为他们认为列宁抓住了物质的唯一特性即客观实在性，应该说，列宁对物质的定义的确很深刻。那么我们能否感觉到物质这种客观实在？这个问题很重要，关系到我们的问题实质，如果回答是肯定的，那问题就变成如何证明能感觉到的客观实在存在；如果答案是否定的，那问题就变成怎样证明无所感觉的客观实在存在。虽然列宁指出了物质这种客观实在不依赖于感觉而存在，但"不依赖于感觉"只是表明了

---

① 《列宁专题文集（论辩证唯物主义和历史唯物主义）》，人民出版社2009年版，第35页。

物质可以离开感觉而独立存在,并没有直接表明物质是可以被感觉到的,还是不可以被感觉到,那么物质到底能不能被感觉到?

要回答这个问题,需要考察感觉具有什么特性。关于感觉具有什么特性,自然科学和哲学都有深刻研究,这些研究表明,我们在感觉一个事物时,并不是完全被动照镜子式的感觉事物,而是有选择性地主动感觉事物。感觉的主动选择性至少表现在两个方面,其一,表现在感觉者有不同需要上,在感觉同样一个事物时,如果感觉者需要不一样,那么得到的感觉也会不同,感觉者往往根据自己的需要来感觉事物,"忧心忡忡的、贫穷的人对最美丽的景色都没有什么**感觉**;经营矿物的商人只看到矿物的商业价值,而看不到矿物的美和独特性"①。其二,感觉的选择性还表现在感觉者会依据自己相关知识来感觉一个事物。心理学上一般认为感觉指的是对客观事物个别属性的直接反映,而把知觉看成对事物各种属性、各个部分的整体反映,但由于整体和部分分不开,实际上感觉和知觉也分不开。正因为如此,我们在感觉一个事物时并不是对这个事物的个别属性进行感觉,而是对这个事物进行知觉,当然这种知觉是包含感觉、和感觉融为一体的知觉。而在知觉一个事物时,拥有不同知识的人会对这个事物产生不同的知觉,既然感觉离不开知觉,那么在感觉(也可以说是知觉)一个事物时就离不开感觉者自身所具有的相关知识,感觉者所具备的知识直接影响到对一个事物的感觉。懂音乐的和不懂音乐的去听同一首音乐,得到的感觉肯定不一样,"对于没有音乐感的耳朵来说,最美的音乐也**毫无**意义"②。康德也有类似看法,他认为经验知识是"我们通过印象所接受的东西和我们固有的知识能力(感官印象只是诱因)从自己本身中拿来的东西的一个复合物"③。撇开康德对知识能力的特有

---

① 《马克思恩格斯文集》(第1卷),人民出版社2009年版,第192页。
② 《马克思恩格斯文集》(第1卷),人民出版社2009年版,第191页。
③ 〔德〕康德:《纯粹理性批判》,邓晓芒译,杨祖陶校,人民出版社2004年版,第1页。

理解,这句话至少反映出康德实际上也认为对事物的感觉(注意这里的感觉不同于康德意义上的感觉)不是完全被动的,而是依赖于感觉者知识能力。既然感觉一个事物不是完全被动照镜子式的反映该物,而是有选择性地主动去感觉,那么对一个事物的感觉就不只是与刺激物有关,也与我们怎么去感觉有关。这就意味着凡是我们所感觉到的事物都依赖于感觉,依此,如果说一个事物的存在不依赖于感觉,那么这个事物就感觉不到。列宁在物质定义中明确指出物质这种客观实在不依赖于感觉而存在,这就意味着物质是我们不能感觉到的。但列宁在定义中又说人可以通过感觉感知物质这种客观实在,这似乎又表明列宁赞同可以感觉到物质。其实不然,安启念教授依据俄文指出关于列宁物质定义的中文译文不是很好,"这种客观实在是人通过感觉感知的"这句中文译文很容易让人误解,以为列宁认为客观实在是可以被感觉到的。他认为其实列宁不是这个意思,相反列宁认为我们感觉不到物质。列宁的真实意思是尽管不能感觉到客观实在,但是可以通过感觉知道有客观实在的存在,感觉能够"提示"(列宁语)客观物质的存在。依据俄文原文,安教授认为那句话应翻译为"这种客观实在是在人的感觉中被给予人的"①。安教授的说法应该可信,从道理上讲列宁这个观点也成立,客观实在是感觉的源泉,客观实在能够引起感觉,我们可以对客观实在进行感觉,但我们却不能够感觉到客观实在,为什么会这样?前面说过,感觉具有主动选择性,当对客观实在进行感觉时,我们会有选择的对客观实在进行感觉,这就意味着尽管我们是在对客观实在进行感觉,但实际上感觉到的已不是客观实在本身了,我们只能通过感觉意识到有客观实在存在,但并不能直接感觉到客观实在。可见,物质这种客观实在尽管和感觉十分密切,离不

---

① 安启念:《列宁的物质定义与"感官提示说"——从列宁物质定义的译文谈起》,《马克思主义与现实》2011年第1期,第41页。

开感觉,但我们并不能感觉到它。故此,证明物质这种客观实在是存在的,实质上就是要证明一个和感觉有关却感觉不到的客观实在存在。

明确了问题的实质所在之后,接下来我们看看问题的困难。要证明这样不能感觉到的客观实在存在十分困难,证明方法很多,常见的有几类。最简单的一类是把感觉物直接当成客观实在,通过感觉物来表明客观实在存在。例如,人们常说在我面前有棵树在长着,不管我看见与否,这棵树都在这个地方长着,它是不依赖于我的感觉而存在的,这表明在我们感觉之外有物质存在。这个论证表面上很对,但我们现在知道这是错误的。这个论证的错误在于没有区分客观实在和感觉物(对客观实在的感觉),树是我们的感觉物,这种感觉物是对"支撑"树存在的材料即客观实在感觉的结果,而并不是客观实在本身。这个证明充其量只能证明感觉物即树的存在(甚至这个也证明不了),而不能证明"支撑"树存在的客观实在存在,因为"支撑"树存在的客观实在我们并不能感觉到,我们感觉到的只是树这个感觉物。第二类和第一类有点相似,它们把推定出来的可感物当成客观实在。例如,科学研究表明,先有自然界,后才有人类出现,在人类出现之前地球上就存在着空气、水、土壤等这些自然物,由于那时候还没有人存在,据此,一些唯物主义者认为这就证明了在人感觉之外有物质存在。这个证明不能成立,即便我们承认科学研究是对的,在人类出现之前的确有自然界存在,那也只能表明诸如水、空气这些自然物存在,但这里所说的这些自然物实际上都是可感物,而并不是我们所要证明的不能感觉到的客观实在。因此,与第一类证明一样,这类证明充其量证明的只是可感物的存在,并不能证明物质的本身存在。问题更严重的是,"在人类出现之前有诸如水、空气这些自然物的存在"这句话本身就有问题,因为既然水、空气这些自然物在人类之前就存在,而水、空气这些自然物都是人用概念和名称来规定的离不开人的可感物,那么所谓在人类出现之前就有诸如水、空气这些自然物的存在就讲不通，最起码不能说有水和空气存在。或许有人会说，既然这样，就不说在人类出现之前有诸如水、空气这些自然物存在，我们就说有东西存在，不就可以了吗？这同样也不可以，因为东西也是人用"东西"这个名称来命名的，因而说在人类之前自然界有东西存在也是自相矛盾的。其实，对于人类之前的无人的自然界，我们对之什么也不能讲，一旦讲了，那就成了与人有关的"人化"的自然界了。第三类和前两类不一样，这类不把感觉物或可感物当成客观实在，而是从它们中认定有客观实在存在，这些证明往往都难以成立。罗素在论述物质存在时，曾经反驳过这样的论证。罗素指出，人们常常这样来论证物质存在，拿一个桌子来说，人们之所以认为有"支撑"桌子存在的客观实在存在，是因为人们认为他们对桌子有类似感觉，这就使人们认为"超乎感觉材料之外与之上，一定有一个持久性的共同客体，它是构成不同的人和不同时间的感觉材料的基础或原因"①。罗素指出这个推定是有问题的，因为这里假设了在我自己之外还有别人，但别人和桌子一样，他的独立存在还未得到证明，因此这种证明不成立。罗素最后很失望，认为物质的存在是不可证明的，我们只能信仰物质的存在，"必须承认，我们永远都不能证明在我们自身之外和我们经验之外的那些事物的存在"②。金岳霖在谈论外物存在时，也指出了论证外物存在的困难，金岳霖虽然讨论的是外物而不是物质，但他实际讨论的就是物质的存在。金岳霖指出，有人常常这样来论证外物存在，因为昨天看到一个桌子和今天看到这个桌子是一样的，所以肯定有个独立存在的桌子。还有的这样来论证，假设有个房子，东西南北都有墙，我现在朝西坐着，看见南、北、西墙，我回头看看，看见了东墙，同时根据经验，如果没有东墙的话，房子要倒下来，所以尽

---

① 〔英〕罗素：《哲学问题》，何兆武译，商务印书馆1999年版，第14页。
② 〔英〕罗素：《哲学问题》，何兆武译，商务印书馆1999年版，第15页。

管我现在看不见东墙,但我还是认为东墙这个外物是存在的。金岳霖认为这两个推论都不成立,因为它们分别假设了桌子和东墙的存在,而这两者都是需要证明的。金岳霖认为,如果不假设它们存在的话,这个推论根本无法成立,所以这里就出现了两难情况,"不先肯定或假设外物之有,推论说不通,而先假设或肯定外物之有推论用不着"①,最终金岳霖认为外物的存在是无法证明的。

上面通过一些例子指出了论证物质存在的困难,这几个例子都是通过可感物来说明客观实在的存在,但它们的论证都不能成功。前文指出,客观实在虽然不等于可感物,但客观实在却离不开感觉,我们通过感觉才意识到人的感觉之外有客观实在存在。看来,要想证明客观实在存在,还是要通过感觉来论证,但不能重蹈上面之覆辙,而需另辟蹊径。我们觉得,对这个难题应该辩证思考,应该用对立统一原理来解答这个难题。前文指出,物质这种客观实在尽管我们不能感觉到,但它离不开感觉和感觉物,因此,要想论证物质的存在,还应该从感觉和感觉物入手。前面讨论对立统一规律时已指出,任何事物都包含维持自身存在的肯定和破坏自身存在的否定这两个对立统一面,既然如此,感觉物也就包含肯定和否定方面。感觉物的肯定方面就是感觉,正是由于感觉的存在,一物才成为感觉物。感觉物的否定方面就是无感觉或者说感觉不到,无感觉由于没有感觉,所以它是感觉物的否定方面。由于肯定中同时就包含否定,现在既然感觉是肯定方面,无感觉是否定方面,那么感觉中同时就包含着无感觉。也就是说,我们在有所感觉的同时就会有所不感觉,这不能感觉到的就是"支撑"感觉物存在的材料,就是我们所要证明的物质这种客观实在。注意这里所说的感觉不到指的不是胡塞尔所说的感觉不到,胡塞尔认为在感觉到一个事物的正面时我们不能感觉到这个事物的背面和内部。"如

---

① 金岳霖:《知识论》(上册),商务印书馆1983年版,第70页。

果我们看桌子,那么我们是从某一个面来看它;这个面在这里是本真被看之物;桌子还有其他的面,它具有无法看到的背面,它具有无法看到的内部"①,指的是相应于桌子这个感觉而言有感觉不到的东西,即"支撑"桌子这个感觉物存在的客观实在。这是因为,相应于桌子的感觉这个肯定方面,无感觉的"支撑"桌子存在的客观实在才是否定方面,这两者是对立统一的。它们的对立显而易见,一个感觉到,一感觉不到。它们又是统一的,因为这两方互离不开。首先能够产生桌子感觉离不开"支撑"其存在的客观实在,桌子背后的客观实在虽然不能被感觉到,但有桌子的感觉却离不开它,没有桌子背后的客观实在,也就没有桌子的感觉,如果没有物质的存在,那么桌子的感觉也就不存在,存在的只能说是桌子的幻觉。反过来,没有桌子的感觉也就没有"支撑"桌子的物质存在,理解这句话要特别注意,说物质离不开感觉,并不是说物质就是直接的被感觉到,而是说,我们只有通过对桌子感觉,才知道有"支撑"桌子的物质存在。我们之所以知道桌子背后有一个客观实在存在,是因为我们有桌子的感觉。通过这个感觉我们才知道桌子背后有客观实在存在,如果一个东西不产生任何感觉,那么我们根本就不知道它的存在,实际上也就意味着不存在了。由此可见,依据对立统一规律,我们在有所感觉的同时就会有所不能感觉,这不能感觉的就是我们所要证明的不依赖于我们感觉的客观实在即物质。这样,既然证明了物质的存在,也就证明了我们这里所指的自然的存在。

(2)人和自然的对立

上文证明了人和自然都是存在的,现在来考察这两类存在者之间的关系。一般认为,马克思认为人和自然是对立统一的,这一结论没

---

① 〔德〕胡塞尔:《生活世界现象学》,倪梁康、张廷国译,上海译文出版社2005年版,第47页。

有问题,但问题是马克思究竟如何理解自然和人的对立统一,这恐怕仍需深入研究。要深入理解自然和人是如何对立统一的,关键点是要深入理解人。关于什么是人,这个问题需要独立去研究。这里只涉及与我们这里有关的一些讨论。古往今来,不少学者都在探究人的本质是什么,人和一般自然物(包括动物和植物)有什么不一样。我们觉得,人和其他自然物的一个标志性的区别是人有意志,意志意味着自由,人有意志,人有自由,意思是说人能够自己决定自己。当然,从辩证的观点看,人不可能完全做到自己决定自己,他在自己决定自己的同时必定会受到外在(包括自然和他人)的约束。动物某种程度上也能自己决定自己,但动物自己决定自己的程度是很低的,算不上是意志,算不上自由,动物基本上是受到外在的决定来活动。植物也能够自己决定自己,但植物自己决定自己的程度极低,植物在极大程度上受外在的决定。无生物,依据辩证的观点,要么它无所谓自己决定自己,也无所谓受外在决定,要么我们认为在无生物那里也存在自己决定自己。但这里的无生物的自己决定在程度上是极其低下的,可以忽略不计,基本上可以认为无生物几乎完全受到外在的决定。人是有意志的,人能够自己决定自己,这意味着人一方面固然受到外在的约束,但另一方面人却能够自己决定自己,正由于此,才使得自然和人既对立又统一。

首先来分析人和自然的对立,自然和人的对立表现在自然和人的互相排斥,自然和人究竟是如何排斥的?这可从人的活动来看,在讨论这个问题之前,我们简约分析一下人的活动。从整体上,可以把人的活动分为身体活动与心理活动,这两个活动是对立统一的。这里,我们从心理活动方面来考察一下人的活动。人们通常把人的心理活动分为知、情和意。由于意可以从情和知的方面来加以说明,我们这里只从知和情的活动方面来考察自然和人的对立统一。情和知的活动密切相关,情感活动离不开知的活动,它与人对事情是否满足自己需要的认识有关。认识到事情满足了自己需要的，就能产生积极情感，认识到事情没有满足自己需要的，就会产生消极情感。① 知也离不开情的活动，当在进行认识活动时，必定同时有对自己的这个认识活动是否满足自己需要的认知，如果没有的话，那么也就意味着没有任何情感。但如果没有情感参与认识中，只有单一认识的话，那么这个单一认识也就不存在了。所以，情中有知，知中有情。情和知是分不开的，只不过，在情感活动中，以情为主，以知为从，而在认知活动中，以知为主，以情为从。

现在我们就从知和情两类心理活动来分析人和自然的对立。人在认识自然时，心理活动可以分析成两部分，一是自然对象所引起的心理活动，自然对象通过一些物理变化刺激人的神经，引起人的生理变化，生理变化会产生相应的心理活动。二是人依据内心对自然对象的理解所产生的心理活动，这里的内心对对象的理解受到他人对该对象理解的影响。自然对象所引起的心理活动和依据人的性质产生的心理活动，这两者不可能完全一致。如果完全一致的话，那么人在认识时，就完全依照自然来认识，这就意味着人完全像照镜子式的认识自然。这显然不是，如果人完全照镜式的认识自然的话，那么人实际上什么也认识不到，自然只给人的身体以刺激，如果人一点也不依照自身对对象的理解来认识，仅凭自然界对人的这些刺激，显然人是不能认识的。所以从一开始，人就不能完全依照自然来认识。当然，随着人依照人对对象理解来认识，自然界也发生了变化，此时的自然界打上了人的烙印，含蕴了人对之的理解。但即便是这样，按照此时的自然界来认识和按照人对该对象的理解来认识也不会完全一致。因为人对自然界的认识不是停止不前没有发展变化的，随着人的认识的发展，又

---

① 对满足自己需要与否的认识会引起情感，反过来，情感也会导致认识到自己的需要满足与否，引起需要，这两者互为因果。

会出现人依照自然的认识和依照人对对象理解不一致的情况。即使真有那么一天，人类穷尽了对自然的认识，认识不再发展变化，依照自然性质来认识和依照人的性质来认识，两者完全一致，不再有对立——如果是这样的话，那么也就无所谓依照自然还是依照人对对象的理解认识了。只要区分自然和人，从辩证的观点看，这两者就一定存在着对立。所以，依照自然和依照自身这两者不可能完全一致而表现出对立。对于情感活动，由于前面指出认识活动和情感活动紧密相连，我们可以联系认识活动来考察在情感活动中人和自然的对立。与人的认识活动相对应，人的情感活动也可以分成两种活动：一是依照自然对象认识时，此认识活动在满足人的需要与否时所引起的情感；一是依照自身来认识时，此认识活动在满足人的需要与否时所引起的情感。由于前者情感涉及两个认识，即依照自然对象的认识和对自身身体需要的认识，后者情感涉也涉及两个认识，即依照自身的认识和对自身心理需要的认识。而依照自然对象的认识与依照自身的认识不一样，对自身身体需要的认识和对自身心理需要的认识也不相同，所以这两种情感必然不一致。如果完全一致，那么也就无所谓它们的区分了。所以，在情感活动中，自然和人也体现出对立。

我们可以从人的受动性和主动性方面来理解自然和人的对立，可以把依据自然来活动理解成是人的受动性，把依据自身来活动理解成是人的主动性（需要注意的是，由于这里的人包括自我和他人，所以依据人的性状来行动，不一定都是人的主动性，只有依据自己来行动的才是人的主动性）。人的任何活动，都既有受动性又有主动性。"人直接地是自然存在物，人作为自然存在物，而且作为有生命的自然存在物，一方面具有**自然力**、**生命力**，是**能动的**自然存在物；这些力量作为天赋和才能，作为**欲望**存在于人身上；另一方面，人作为自然的、肉体的、感性的、对象性的存在物，同动植物一样，是**受动的**、受制约的和受限制的存在物，就是说，他的欲望的**对象**是作为不依赖于他的**对象**而存在于他之外的。"①

在对待人和自然的关系中，在对待人的主动性和受动性的关系上，有两种片面的错误：一种是只看到人在自然面前的受动性；另一种与此相反，只看到人在自然面前的主动性。马克思对这两种极端态度均持批评态度："从前的一切唯物主义（包括费尔巴哈的唯物主义）的主要缺点是：对对象、现实、感性，只是从**客体**的或者**直观**的形式去理解，而不是把它们当做**感性的人的活动**，当做**实践**去理解，不是从主体方面去理解。因此，和唯物主义相反，唯心主义却把**能动的**方面抽象地发展了，当然，唯心主义是不知道现实的、感性的活动本身的。"② 从前的唯物主义只看到了人在自然面前受动性的一面，认为人的活动都是完全被动依照自然界来进行的，人在自然界面前没有一点主动性，把人只当做和诸如石头、河流一般的自然存在物那样。但是，在自然界面前，人不仅仅是完全被动的，还是主动的，正如马克思指出的："人不仅仅是自然存在物，而且是**人的**自然存在物，就是说，是自为地存在着的存在物，因而是**类存在物**。他必须既在自己的存在中也在自己的知识中确证并表现自身。"③ 正由于人有主动性，所以自然界在人的眼里，都是"改造过的"，"正像**人的**对象不是直接呈现出来的自然对象一样，直接地**存在着**的、客观地存在着的**人的感觉**，也不是**人的**感性、人的对象性。自然界，无论是客观的还是主观的，都不是直接同**人的**存在物相适合地存在着"④。

与片面强调人在自然面前只有受动性相反，唯心主义走向另一个极端，片面强调人的主观能动性，看不到自然对人的约束，看不到人在自然面前的受动性。在黑格尔那里，甚至自然成了上帝这个绝对精

---

① 《马克思恩格斯文集》（第1卷），人民出版社2009年版，第209页。
② 《马克思恩格斯文集》（第1卷），人民出版社2009年版，第499页。
③ 《马克思恩格斯文集》（第1卷），人民出版社2009年版，第211页。
④ 《马克思恩格斯文集》（第1卷），人民出版社2009年版，第211页。

神的化身，没有了自然，也很难说人在自然面前有什么真正的受动性。关于自然是否存在的问题，哲学史上是有人否认的，贝克莱就认为"存在就是被感知"，否认外在自然的存在，认为所谓的自然都是人的感觉的复合。上文已经证明了自然有其自身的客观存在，所以，人必定会受到自然的约束，人的主动性的发挥不可能脱离自然界。其实，真正实际上存在的既不是脱离人的自然，也不是脱离自然的人，而是这两者的相互作用，是这两者相互作用而形成的生活。马克思精辟指出："意识在任何时候都只能是被意识到了的存在，而人们的存在就是他们的现实生活过程。如果在全部意识形态中，人们和他们的关系就像在照相机中一样是倒立成像的，那么这种现象也是从人们生活的历史过程中产生的，正如物体在视网膜上的倒影是直接从人们生活的生理过程中产生的一样。"① "不是意识决定生活，而是生活决定意识。前一种考察方法从意识出发，把意识看作是有生命的个人。后一种符合现实生活的考察方法则成现实的、有生命的个人本身出发，把意识仅仅看作是**他们的**意识。"②

（3）人和自然的统一

自然和人不仅是对立的，同时又是统一的。人的任何活动中，一方面要依照自然来进行，另一方面又依据自身来活动。这两者尽管不完全一致，但是它们又是统一的。还从上面所说的知情两个方面来加以分析。人在对自然物的认识活动中，一方面，要依照自然物自身性质来认识；另一方面，又要依照人的性质来认识对象，这两者是对立的，但这两者又是统一的。统一首先表现为相互依存、相互渗透，依照对象来认识离不开依照自身来认识，后者渗透于前者中。如果没有依照人的自身性状来认识，只是单纯依照对象来认识，那么人也就根

---

① 《马克思恩格斯文集》（第1卷），人民出版社2009年版，第525页。
② 《马克思恩格斯文集》（第1卷），人民出版社2009年版，第525页。

本没有意识,因而也就谈不上依照对象来认识。反过来,如果人只是单纯依照人的性状来认识,由于没有对象,而意识总是有对象的,是对对象的意识,因而如果只是单纯按照人的性状来认识,那么也就没有意识,从而也就谈不上依照人的性状来认识。前面指出的人在认识时有两种心理活动并不能独立存在,实际上只有一个心理活动。人在认识活动中,无论处在什么情况下,都只有一个心理活动,我们不能在实际把由自然对象所引起心理活动和由自身性状所引起的心理活动区分开,而只能从思想上将之分开,实际的心理活动是这两者的糅合,表明了这两者是统一在一起的。与人的认识活动相对应,前文所分析出来的人在情感活动中包括的两种情感活动虽然是对立的,但同时又是统一的,两者互相依存、互相渗透。自然在人身上所引起的情感,实际上就是生理上的一些情绪,如果人的情感活动只单纯包含生理上的一些情绪的话,那么人就和动物没什么区别,也就不是作为人而存在的了。反过来,如果人只单纯进行着依照自身的情感活动的话,那么人就成了一个无肉体的精神人。但人是一个具有肉体的人,因而实际上,人在进行情感活动时,同时依照自然和依照自身来进行情感活动。同认知活动一样,这两种情感活动均不能独立存在,即不能单独存在依照自然对象认识时所引起的情感活动,也不能单独存在依照自身来认识时所引起的情感活动。人在情感活动中,无论处在什么情况下,都只有一个情感活动,我们不能够在现实中把依照对自然对象认识时所引起的情感活动和依照自身来认识时所引起的情感活动区分开,而只能从思想上将之分开,实际的情感活动是这两者的糅合,表明了这两者是统一在一起的。

所以,自然和人是互相分不开的,人离不开自然,前文讲的受到性和主动性的互不分开,就表明了这点。这里特别需要指出的是,在理解人化自然时,当自然与人发生关系时,学者们一般都赞成这时自然是人化的,打上了人的烙印。马克思也特别强调这点,自然,如果被人类改造过，那显然是打上人的烙印、反映人的本质的。"**工业的历史和工业的**已经生成的**对象性**的存在，是一本**打开了**的关于人的**本质力量**的书，是感性地摆在我们面前的人的**心理学**。"① 马克思指出，撇开人的自然是抽象的自然，自然是不能离开人的，自然应是人本学的自然，"在人类历史中即在人类社会的形成过程中生成的自然界，是人的**现实的**自然界；因此，通过工业——尽管以**异化**的形式——形成的自然界，是真正的、**人本学**的自然界"②。自然离不开人体现人的能动性。当自然与人没有发生关系时，例如在人类出现之前的自然界，既然这里的自然是在人类之前出现的，因此不少学者就认为这里的自然没有打上人的烙印，没有人化。其实，严格说，只要说在人类之前的自然界，那么这个自然界就已经打上人的烙印，是人化的自然了，因为自然界毕竟是人所说出的概念，它是有一定含义的。所以不能说，在人类之前的自然界与人无关。其实，对于人类之前的自然界，人类是什么也不能言说的。所以，马克思指出："被抽象地理解的、自为的、被确定为与人分隔开来的**自然界**，对人来说也是**无**。"③ 马克思特别批评费尔巴哈对自然的直观理解，批评他把自然与人相分离，"费尔巴哈特别谈到自然科学的直观，提到一些只有物理学和化学家的眼睛才能识破的秘密，但是如果没有工业和商业，哪里会有自然科学呢？甚至这个'纯粹的'自然科学也只是由于商业和工业，由于人们的感性活动才达到自己的目的和获得自己的材料的。这种活动、这种连续不断的感性劳动和创造、这种生产，正是整个现存的感性世界的基础，它哪怕只中断一年，费尔巴哈就会看到，不仅在自然界将发生巨大的变化，而且整个人类世界以及他自己的直观能力，甚至他本身的存在

---

① 《马克思恩格斯文集》（第1卷），人民出版社2009年版，第192页。
② 《马克思恩格斯文集》（第1卷），人民出版社2009年版，第193页。
③ 《马克思恩格斯文集》（第1卷），人民出版社2009年版，第220页。

也会很快就没有了"①。马克思这里指出自然界并不是自在地与人无关地存在的,而是建立在人的感性生产基础之上,现实的自然界都打上了人类的烙印,是和人联系在一起的。当然,马克思也承认外部自然的优先地位,"当然,在这种情况下,外部自然界的优先地位仍然会保持着"②。这里,虽然马克思承认外部自然界的优先地位,但并不意味着马克思就认为自然界(包括在人类之前的自然界)可以离开人存在,这里应该理解为在自然和人的相互作用中,自然处于优先地位,而不是自然可以离开人而存在,即使是所谓在人类出现之前的自然,也是不能离开人而存在的,马克思说:"先于人类历史而存在的那个自然界,不是费尔巴哈生活于其中的自然界,这是除去在澳洲新出现的一些珊瑚岛以外今天在任何地方都不再存在的、因而对于费尔巴哈来说也是不存在的自然界。"③ 这也就是说,在人类出现之前与人无关的自然界,人类是根本不知道的,对人类来说就是无。一旦人类发现了先前人们并不知道的自然界,如马克思这里所举的在澳洲新出现的一些珊瑚岛,那么这时的珊瑚岛就已经打上人的思想烙印了。其实,正如前面所说,先于人类存在的与人类无关的自然界是根本不存在的,因为一旦人们这么认为,那么这时的自然界就已经与人有关了。

---

① 《马克思恩格斯文集》(第1卷),人民出版社2009年版,第529页。
② 《马克思恩格斯文集》(第1卷),人民出版社2009年版,第529页。
③ 《马克思恩格斯文集》(第1卷),人民出版社2009年版,第530页。

# 第三章
# 马克思在辩证法方法上对黑格尔之扬

辩证法一方面可以作为规律,另一方面又可以作为方法。否定是辩证法的灵魂,无论辩证法作为规律还是作为方法,从根本上说,都是否定在起作用,都是否定之否定规律的表现。在这点上,可以说马克思对黑格尔辩证法方法进行了发扬。当然,马克思也是克服黑格尔唯心主义基础上来发扬这些方法的。马克思对方法的论述并不多,但是我们可以依据这不多的论述总结马克思的辩证法方法。马克思对黑格尔辩证法方法的发扬主要体现在四个相关的方面,即综合与分析、抽象与具体、叙述和研究、历史与逻辑。

## 一、综合与分析

黑格尔对综合与分析方法十分推崇,他把综合与分析看成辩证法的环节,"这个既是分析的,又是综合的**判断**的环节,通过它,那开始的普遍的东西从自身中把自身规定为**自己的他物**,它应该叫做**辩证法**的环节"①。马克思虽然对综合与分析论述不多,但是他实际上也是很看重此方法,他所论述的抽象与具体方法离不开综合与分析,"具体之所以是具体,因为它是许多规定的综合,因而是多样性的统一。因此它在思维中表现为综合的过程"②。那么,黑格尔是如何讨论综合与分析的?细读黑格尔文本,就会发现,黑格尔对于综合与分析方法的讨论有一个线索,首先认为方法不能事先就有,而是内容自身的进展所体现出来的,方法应与内容相统一。这种与内容相一致的方法以否定为自己的根本,以否定作为自己的灵魂,以综合与分析的统一为表现形式。

## 1. 与内容相统一的方法

尽管黑格尔没有专门著书直接讨论辩证法方法问题,但实际上他在很多地方都谈到方法问题。如黑格尔指出方法"只能是在科学认识中运动着的**内容的本性**,同时,正是内容这种**自己的反思**,才建立并产生**内容的规定**本身"③。又如早在《精神现象学》中,黑格尔强调方法具有两方面性质:"一方面是方法与内容不分,另一方面是由它自己来规定自己的节奏。"④ 从这些有关论述可以得出,黑格尔强调方法是与内容相统一的,进一步说,方法首先与内容不可分,方法是通过内容凸显出来的,我们可以把这一点称为"无方法的方法"。其次方法和内容也是有区别的,方法是内容的灵魂,是作为与内容相统一的形式的形式。

---

① 〔德〕黑格尔:《逻辑学》(下卷),杨一之译,商务印书馆1976年版,第537页。
② 《马克思恩格斯文集》(第8卷),人民出版社2009年版,第25页。
③ 〔德〕黑格尔:《逻辑学》(上卷),杨一之译,商务印书馆1966年版,第4页。
④ 〔德〕黑格尔:《精神现象学》(上卷),贺麟、王玖兴译,商务印书馆1979年版,第39页。

(1) 无方法的方法

黑格尔强调，哲学（辩证法）必须得有方法，但在他看来，到现在为止，哲学仍未找到合适的方法。由于经验科学和数学取得的成就，哲学家们就从它们中获取现成的方法，转而把它运用于哲学。如经验论者洛克等人把经验科学的分析法运用到哲学中来，而唯理论者斯宾诺莎则把数学方法带进哲学。但正如黑格尔在"思想对客观性的第二态度"中批评经验主义时所说的那样，经验主义自以为运用分析方法能认清事物的本来面目，但经过这种抽象的分析，"事实上，却将对象具体的内容变成为抽象的了"①。至于数学方法，也不适合于哲学研究。诚然，数学也强调证明，但由于数学只涉及无概念的数量关系，因而这种证明并不具有概念的必然性，它从哪地方开始是随便的，证明的人也不知道起点与结果是出于什么样的必然性，这样，"数学证明的运动并不属于证明的对象，而是外在于对象的一种行动"②。另外一些哲学家看到了这些方法的缺陷，干脆就取消一切方法，而诉诸直觉。但在黑格尔看来，哲学是不能诉诸直觉的，真正的哲学一定要有思维的艰苦劳作。黑格尔嘲笑诉诸直觉的哲学只不过是"一些既不是鱼又不是肉，既不是诗又不是哲学的虚构"③。

那么辩证法（哲学）的方法应该怎样？一般的，不管对于什么的方法，如果要让这个方法不成为独断，那么这个方法一定不能事先就有，因为事先的方法是一个未加考察的方法，难免独断。黑格尔特别强调这一点，这可从黑格尔对康德在认识之前先对认识自身进行考察这个做法的批评中看出。黑格尔认为，康德在认识之前先要求对认识自身进行一番考察，这一要求无疑是不错的。但黑格尔指出，这里考察的不是别的什么东西，而是思维本身，考察思维本身也就在运用思

---

① 〔德〕黑格尔：《小逻辑》，贺麟译，商务印书馆1980年版，第113页。
② 〔德〕黑格尔：《精神现象学》（上卷），贺麟、王玖兴译，商务印书馆1979年版，第27页。
③ 〔德〕黑格尔：《精神现象学》（上卷），贺麟、王玖兴译，商务印书馆1979年版，第47页。

维了，因而，"必须在认识的过程中将思维形式的活动和对于思维形式的批判，结合在一起"①，而并不能事先考察思维、考察认识。黑格尔这里的批评实际上也是对不能事先有个方法的强调，如果事先有个方法的话，由于无论何种方法，都是考察思维所得的结果，这也就意味着在考察思维之前先对思维考察一番，这显然是黑格尔所反对的。所以，无论从哪方面讲，方法一定要"事后"产生，不能事先就有，辩证法方法事先并不存在，而是通过它的全部内容才表现出来，它是"唯一的真正的与内容相一致的方法"②。正因为辩证法方法并不事先就有，而是通过整个内容展示出来的，所以可以说，黑格尔辩证法方法是无方法的方法。

（2）方法是形式的形式

但是这种无方法的方法并不完全等同于内容，它是内容的本性，是"内容的灵魂和概念"③。由于在黑格尔逻辑学那里，形式和内容是统一的，而作为方法的"绝对理念"是以与内容相一致的形式作为自己的内容，因而作为内容灵魂的方法（也即真理证明的方法）也就是"形式的形式"，这就是方法特点即"与内容相统一"的又一方面。

黑格尔逻辑学与它之前的传统形式逻辑和康德先验逻辑主要的区别在于：在黑格尔逻辑中，内容与形式是不分的，而在后两者当中，内容与形式却是分离的，内容不来自形式，形式也不来自内容，黑格尔说道："直到现在的逻辑概念，还是建立在通常意识所始终假定的知识内容和知识形式的分离或真理与确定性的分离之上。"④ 一般认为，传统形式逻辑奠基在亚里士多德逻辑之上，但亚里士多德逻辑并不是单纯的对思维进行形式上的研究。如在代表其逻辑思想的《工具

---

① 〔德〕黑格尔：《小逻辑》，贺麟译，商务印书馆1980年版，第118页。
② 〔德〕黑格尔：《小逻辑》，贺麟译，商务印书馆1980年版，第1页。
③ 〔德〕黑格尔：《小逻辑》，贺麟译，商务印书馆1980年版，第427页。
④ 〔德〕黑格尔：《逻辑学》（上卷），杨一之译，商务印书馆1966年版，第24页。

论·范畴篇》中讨论范畴分类时，并不是完全依据逻辑原则，而是依据"能否述说主体"和"能否依存主体"这两条原则。① 又如在《解释篇》和《前分析篇》中，亚里士多德主要从形式结构层面研究命题和推理，创立了比较严密的三段论系统。一般认为三段论学说是他的成熟逻辑理论。但这里仍然没有纯粹从形式方面研究逻辑，如《解释篇》把讨论的命题只限于由主项和谓项构成的陈述句，明显受到《论题篇》内容的影响。事实上，在亚里士多德逻辑学发展中，无论是前期，还是较成熟的后期，无论从逻辑学本身的目的，还是从逻辑学所论述的内容来看，他的逻辑理论都没有脱离内容而完全走向形式化，内容和形式在这里还朴素自在地结合在一起。在亚里士多德逻辑之后和在康德先验逻辑之前，后人大体上在亚里士多德逻辑的基础上，在更加形式化和增纠内容两个方面对传统形式逻辑学进行了发展。"从亚里士多德时代以来，逻辑在内容方面就收获不多，而就其性质来说，逻辑也不能再增加什么内容。但是它在严密、确定和明晰方面确有所得。"② 例如斯多葛派把复合命题分为假言、选言和联言的，发展了命题逻辑；伊壁鸠鲁派则发展了归纳推理；中世纪的布里丹把推演分成"形式推演"和"实质推演"；近代培根发展了归纳法；亚诺德和尼柯合著的《玻尔罗亚尔逻辑》汇集了当时逻辑学中已有的成果，这本书讨论了概念的"外延"与"内涵""语词定义"和"实质定义"等内容。传统形式逻辑到此大体上以"概念""判断""推理"的形式为主要内容，同时也涉及一些简单的逻辑方法。传统形式逻辑学研究中，形式化越来越突出，莱布尼茨的数理逻辑思想更是极大助长了传统形式逻辑的形式化。逻辑形式化本身没有错，形式化是逻辑的应有之义。但传统形式逻辑抽去了不同领域中具体思维所涉及的特定对象，表面

---

① 《亚里士多德全集》（第1卷），苗力田主编，中国人民大学出版社1990年版，第3页。
② 〔德〕康德：《逻辑学讲义》，许景行译，商务印书馆1991年版，第11页。

上只研究诸如"概念"、"判断"和"推理"这些思维形式,实际上它恰恰没有考究这些形式,它没有研究这些思维形式的本质,也不知道它们的来源。正因为不了解思维形式的本质,传统形式逻辑对"概念""判断"等的分类也就是偶然随意的。在传统形式逻辑中,思维形式只是抽取思维内容后的空壳,它至多只是用来"装载"思维内容的,"这就假定了知识的素材作为一个现存的世界,在思维以外自在自为的存在着,而思维本身却是空的,作为从外面加于质料的形式,从而充实自己"①。可以说传统形式逻辑中,思维形式和与思维内容是相分离的,形式不能产生内容,内容也不能带来形式。

康德的先验逻辑对传统形式逻辑进行了"改造",某种程度上克服了传统形式逻辑中形式与内容的分离,但尽管如此,形式与内容在康德先验逻辑那里仍然没有真正统一起来。康德发现,传统形式逻辑抽去了思维的一切内容,突出了思维形式,尽管它没有考察思维形式是先天给予的还是从后天经验中总结出来的,但由于逻辑与认识本身是密切相关的,传统形式逻辑客观上却提供了知识的先天形式。先验逻辑一方面同传统形式逻辑一样去研究思维的先天形式;另一方面,它又不同传统形式逻辑那样抽去了一切内容,而只抽去一切经验性的关系,却留下知识与对象之间的必然先天关系。这种先验逻辑"只与知性及理性的法则打交道,但只是在这些法则与对象先天地发生关系的范围内,而不是像普遍逻辑那样,无区别地既和经验性的知识、又和纯粹理性知识发生关系"②。这样,先验逻辑就与认识论结合起来了,它的任务就是研究先天的与对象有关的知识的来源、范围与有效性。而传统形式逻辑与认识论相分离,它只研究思维形式,而不问知识的来源、范围等。康德先验逻辑分为先验分析论和先验辨证论两大

---

① 〔德〕黑格尔:《逻辑学》(上卷),杨一之译,商务印书馆1966年版,第4页。
② 〔德〕康德:《纯粹理性批判》,邓晓芒译,杨祖陶校,人民出版社2004年版,第55页。

部分，能积极地把认识和逻辑联系在一起的是"先验分析论"部分。在这里，知识是通过范畴综合感性材料而形成的，但是这里作为思维形式的范畴只能综合不能对其有丝毫认识的物自体发出并经过时空规定的感性材料，却不能与物自体本身有任何关系。思维形式在先验逻辑这里就像在传统形式逻辑一样，也只是一个"现存的容器"，只是用来"装载"感性材料，而并不"产生"感性材料。只不过在传统形式逻辑中，思维形式这个"容器"与所"装"材料不必有必然联系，也就是说，某种"容器"不必定"装载"特定的材料，而在先验逻辑中，思维形式和感性材料就有了必然联系，特定的"容器"必定"装载"特定的材料，特定的材料也必定"装载"在特定的"容器"里。尽管这样，先验逻辑中的思维形式毕竟与所综合的感性材料是两个不同的东西，与传统形式逻辑一样，先验逻辑中的思维形式与思维内容也没有真正统一起来，思维内容和思维形式在这里仍然是分离的。

黑格尔逻辑学同传统形式逻辑和先验逻辑一样，也研究思维形式，但这里的思维形式却是与内容统一的，思维形式是从思维内容中产生出来的，或者说，思维内容的运动就是思维形式。反过来，也可以说，是思维形式造就了思维内容，思维形式和思维内容是紧密联系在一起的。这一点在逻辑学的终点"绝对理念"中可看出，由于绝对理念在自身内是透明的，因而绝对理念就是形式，同时，由于绝对理念又是整个体系的内容，"因此它（指绝对理念——引者）本身就是概念的纯形式，这形式直观它的内容，作为它自己本身。它自己本身就是内容"①。在《逻辑学》中，黑格尔又说道："逻辑的理念，于是作为无限的形式，便以自身为其内容。"② 可见，形式与内容在黑格尔逻辑学中达到了统一。

---

① 〔德〕黑格尔：《小逻辑》，贺麟译，商务印书馆1980年版，第422页。
② 〔德〕黑格尔：《逻辑学》（下卷），杨一之译，商务印书馆1976年版，第530页。

作为方法的"绝对理念"就把这种与内容相统一的形式作为自己的内容来研究，从内容与形式相统一角度来看，绝对理念就成了逻辑学中与内容相统一的形式的形式，因而方法也就成了形式的形式。"**形式**，当它构成与**内容**的对立，而内容又是进入自身并在同一中被扬弃的形式规定时，那么，这个具体的同一便与那作为发展了的形式相对立；内容具有一个他物和已给予的形态与形式对立，形式本身则绝对在**关系**中，其规定性同时又被建立为映象。——更确切些说，绝对理念只具有如下内容，即形式规定就是它自己的完成了的总体，即纯概念。理念的规定性和这个规定性的全过程，现在就构成了逻辑科学的对象，绝对理念**自为**地从这个过程出现了；但它又自为地显露出自身是这样的，即规定性并不具有一个**内容**的形态，而是绝对地作为**形式**即理念按照这一情况说，是绝对地作为**普遍的理念**。这里还待考察的，已不是内容本身，而是其形式的普遍的东西，——即**方法**。"①方法是形式的形式意味着方法在黑格尔那里是最高的东西，无怪乎黑格尔说："方法是没有限制的，内在的和外在的方式，并且是绝对无限的力……所以它是**灵魂**和**实体**；任何事情都只有在**完全受方法支配**时，才被理解，其真理才被知道。"②

## 2. 分析与综合的统一

从根本上说，这种与内容相统一的方法是由辩证法的否定所致，在外在表现上，就是黑格尔所强调的综合与分析的统一。关于综合与分析，在康德那里有明晰的说明，康德区分了"分析判断"与"综合判断"。其实，早在唯理论者莱布尼茨那里，就区分了"推理真理"和"事实真理"，同样经验论者休谟也区分了"观念的关系"与"实

---

① 〔德〕黑格尔：《逻辑学》（下卷），杨一之译，商务印书馆1976年版，第530—531页。
② 〔德〕黑格尔：《逻辑学》（下卷），杨一之译，商务印书馆1976年版，第531—532页。

际的事情"。康德应该受到他们的影响,正如蒯因指出莱布尼茨和休谟"都预示了康德关于分析的真理与综合的真理之间的区分"①。康德认为在"分析判断"中,谓词包含在主词之内,谓词没有给主词增添什么,谓词完全可以从主词中分析得出;而在"综合判断"中,谓词却对主词增添了东西,"前者(指分析判断——引者)通过谓词并未给主词概念增加任何东西,而只是通过分析把主词概念分解为它的分概念,这些分概念在主词中已经(虽然是模糊地)被想到过的;相反,后者(指综合判断——引者)则在主词概念上增加了一个谓词,这谓词是在主词概念中完全不曾想到过的,是不能由对主词概念的任何分析而抽绎出来的"②。在对"分析"与"综合"的理解上,黑格尔与康德相似。在"逻辑学"的"绝对理念"环节中,当谈到分析和综合方法时,黑格尔也认为分析就是"完全单独地在其开始的普遍的东西里,**找到**它以后的规定"③,而综合就是"对象在其直接性和普遍性中所具有的规定性而显露自身为**一个他物**"④。

康德之前,综合与分析方法往往分别出现,综合排斥分析,分析也排斥综合。黑格尔在逻辑学"概念论""认识"的环节中,批评了这种彼此排斥的还只是处于有限认识中的分析和综合都不能成为真理认识(证明)的方法。在黑格尔看来,这种分析方法是将一个具体的对象析碎成许许多多抽象的成分。这样一个对象经过分析后其本来的面目已经不存在了,所以,"用分析方法来研究对象就好像剥葱一样,将葱皮一层又一层地剥掉,但原葱已不在了"⑤。这样孤立有限的分析方法显然不能成为黑格尔真理的方法。这种孤立的综合方法,也同样遭到了黑格尔的批评,综合方法是"以普遍性(作为界说)为出发

---

① 〔美〕蒯因:《从逻辑的观点看》,江天骥等译,上海译文出版社1987年版,第19页。
② 〔德〕康德:《纯粹理性批判》,邓晓芒译,杨祖陶校,人民出版社2004年版,第8页。
③ 〔德〕黑格尔:《逻辑学》(下卷),杨一之译,商务印书馆1976年版,第537页。
④ 〔德〕黑格尔:《逻辑学》(下卷),杨一之译,商务印书馆1976年版,第537页。
⑤ 〔德〕黑格尔:《小逻辑》,贺麟译,商务印书馆1980年版,第413页。

点，经过特殊化（分类）而达到个体（定理）"①。但是在孤立的综合方法中，无论是界说，还是分类、亦或定理都不具必然性，所以孤立的综合方法也不能成为黑格尔真理的方法。康德的"先天综合判断"表面上将分析和综合统一了起来，但是康德认为"先天综合判断"并不能用在诸如"灵魂"、"世界整体"和"上帝"上，或者说在这些对象中得不到先天综合知识。由于先天综合判断在这些对象面前的无能为力，这样可以说，综合与分析并没有在康德这里真正统一起来。谢林在自我活动的基础上把综合和分析统一了起来，谢林认为"A = A"表达了形式的同一性，即只是表达了"如果 A 存在着，那么它是与它自身等同的"②。但如果要问 A 究竟从何而来，"这个问题无疑不能从这一命题本身来回答，而只能从一个更高的命题来回答"③。谢林通过对自我活动的分析，认为"A"是通过自我和对象统一的综合活动而来，"对象的构造和自我对对象的直觉理解活动是一体化的，对象就是自我，自我就是对象"④，因而"这种自我和对象的综合也就是自我和自我的同一关系，即自我的分析关系"⑤。这样一来，谢林就在自我活动的基础上把综合和分析统一了起来，"通过自我 = 自我这个命题，A = A 这个命题就变成了一个综合命题，而我们也就发现了一个点，在这个点上，从综合知识直接产生出同一知识，从同一知识直接产生出综合知识"⑥。

黑格尔关于分析与综合统一方法无疑受到谢林的影响。黑格尔辩证法平台既然是概念的推演，它也就离不开分析，同时既然在推演的过程中要产生"他物"，因而也就离不开综合，所以黑格尔辩证法方

---

① 〔德〕黑格尔：《小逻辑》，贺麟译，商务印书馆 1980 年版，第 413 页。
② 〔德〕谢林：《先验唯心论体系》，梁志学、石泉译，商务印书馆 1976 年版，第 25 页。
③ 〔德〕谢林：《先验唯心论体系》，梁志学、石泉译，商务印书馆 1976 年版，第 25 页。
④ 王天成：《直觉与逻辑》，长春出版社 2000 年版，第 68 页。
⑤ 王天成：《直觉与逻辑》，长春出版社 2000 年版，第 68—69 页。
⑥ 〔德〕谢林：《先验唯心论体系》，梁志学、石泉译，商务印书馆 1976 年版，第 37 页。

法注定是分析与综合的统一,综合表明从一个事物能产生他物,分析表明这个他物还是自身。事实上,在代表黑格尔整个辩证法体系的逻辑学中,无论是逻辑学的开端,还是开端向以后各环节的进展,亦或开端进展所达到的目的,都是分析与综合的统一。首先,逻辑学的开端"纯有"一方面是一个直接性;另一方面正因为它是直接性,尚没有任何规定,尚未特殊化,因而逻辑学的开端也是一个抽象普遍的东西。就开端是一个直接性的东西而言,方法由于从这样一个直接东西开始而成为分析的;就开端是一个普遍的东西而言,方法由于从这样一个普遍东西开始而成为综合的。其次,开端是纯存在,是未分化的直接的普遍性,它内部必然有一股力量否定自己直接的普遍性,而形成较高的环节,这就是"进展"。就这种"进展"是把那包含在直接概念内的东西发挥出来而言,它是分析的;但另一方面,这种进展发挥出一个他物时,它又是综合的。最后,当开端进展到目的,进展到"绝对理念"这个终点时,前面阶段中存在的差别都在这里得到了最后的统一。就"绝对理念"这个目的是全部逻辑的进展过程来看,方法是分析的;就"绝对理念"是逻辑学中所有环节的统一而言,方法又是综合的。由此可见,黑格尔整个辩证法方法都是综合与分析相统一的方法,所以黑格尔说:"哲学的方法既是分析的又是综合的,这倒并不是说对这两个有限认识方法的仅仅平列并用,或单纯交换使用,而是说哲学方法扬弃了并包含了这两个方法。因此在哲学方法的每一运动里所采取的态度,同时既是分析的又是综合的。"① 当然这里的综合和分析已不是黑格尔所批评的有限的分析和综合了。

综合与分析是辩证法的环节,"这个既是分析的,又是综合的**判断**的环节,通过它,那开始的普遍的东西从自身中把自身规定为**自己**

---

① 〔德〕黑格尔:《小逻辑》,贺麟译,商务印书馆1980年版,第424页。

**的他物**,它应该叫做**辩证法的环节**"①。而辩证法的灵魂又是否定,所以,从根本上说,这种综合与分析的统一是否定之否定规律的表现。否定之否定规律表达的是肯定—否定—否定之否定过程。其实这个过程就体现出分析和综合的统一,由于从肯定到否定再到否定之否定是同一个物的发展过程,所以是分析的,而这一过程中产生了"他物",所以这一过程又是综合的。马克思十分看重否定,自然也就看重综合与分析,虽然马克思直接论述综合与分析方法并不多见,但他的抽象与具体、研究与叙述等方法观贯穿了综合与分析。

## 二、抽象和具体

我们知道,认识先从分析具体的事物开始,然后得到对事物的一些认识,如果我们认识只是到此为止,那么我们得到的只是对事物的片面的知识,只有把对事物所获得的认识综合起来,也就是形成思维上的具体,我们才能对事物做到全面深刻的认识。这就是马克思所说的具体—抽象—具体过程。马克思的这个过程是对黑格尔的发扬,在绝对精神的笼罩下,黑格尔忽视从具体到抽象这个阶段,而重视从抽象到具体这个过程。

### 1. 黑格尔论抽象和具体

黑格尔认为抽象在人的认识环节中是不可少的,但是人的认识不能只停留在抽象阶段,而必须进行到思维的具体。黑格尔认为知性思维就是一种抽象思维,认识不能停留在抽象的知性思维上面,而必须进入具体思维。

---

① 〔德〕黑格尔:《逻辑学》(下卷),杨一之译,商务印书馆1976年版,第537页。

黑格尔对抽象的知性思维的批判集中在对客观性的三种态度上。在对三种态度批判中，黑格尔首先批判的是形而上学态度。形而上学用有限的范畴去把握无限，用一些片面的、抽象孤立的概念来表达真理、表达绝对，如"上帝存在""世界是无限的""灵魂是单一的"等等。持形而上学态度的哲学家根本不了解存在与非存在、无限与有限、单一与复多是统一的，他们不了解对于上帝、世界这类无限统一体的东西，不能够用片面的有限的概念来表达。形而上学用表象来表达诸如上帝、灵魂等，但表象并不具有普遍性，总是带有特殊的主观上的性格。同时在表象思维方式下，不得不用命题的形式来表达那些形而上学对象。但命题的形式总是片面的，不适于表达上帝这类"玄思的真理"。这种形而上学实际上是一种狭义的独断论，狭义的独断论坚持非此即彼，坚持在两个相反的论断中，只有一种说法是真的，形而上学态度实际上是一种抽象的知性思维。

黑格尔所批判的第二种态度是经验主义和批判哲学。形而上学用抽象的有限概念去把握无限，与此相反，经验主义却认为有限的抽象概念只能把握有限的事物，不能把握无限。尽管如此，黑格尔认为，经验主义却与形而上学有相同之处。这首先是因为，经验主义为了保证其理论的真理性，需要从经验中去寻找一个坚实的据点，同样，形而上学为了其理论的真理性，也要从经验中寻找保证，"形而上学为其界说（包括它的前提和它更确定的内容）寻求根据起见，须从表象里，亦即首先从经验流出的内容里去求保证"①；其次是因为经验主义为了形成经验，必须去应用分析方法，把知觉中多样性的内容一层一层地加以分析。但经验主义这种只片面强调分析而不加以综合的做法只会得到有限的抽象概念，这就退回到形而上学的观点"事物的真理在有限思想里"之中；再次是因为经验主义表面上否认一切超感官事

---

① 〔德〕黑格尔：《小逻辑》，贺麟译，商务印书馆1980年版，第111页。

物，但经验主义却不知觉地应用诸如物质、力等这些超感官范畴，"科学的经验主义者总难免不陷于一个根本的错觉，他应用物质、力、以及一、多、普遍性、无限性等形而上学范畴，更进而依靠这些范畴的线索向前推论，因此他便不能不假定并应用推论的形式。在这些情形下，他不知道，经验主义中即包含并运用形而上学的原则了"①。由此可见，经验主义尽管反对形而上学，但它实际上也不知觉地在运用形而上学方法，经验主义的思维方式也是抽象的知性思维。

康德的批判哲学尽管带来了有益的东西，但在黑格尔看来，究其实质，批判哲学的思维方式仍是知性的。黑格尔认为，康德最先明确区分开知性和理性。康德认为，知性是以有限的有条件的东西为对象，而理性的对象则是无限的无条件的东西，我们只能认识这些有条件的东西（现象），而不能对那些无条件的东西（物自体）进行认识，但人类的求知欲又不满足于知性的认识阶段，而要求去认识物自体。但是，要去认识，除了知性所产生的那些范畴之外，又没有别的工具，而只好把这些知性范畴运用到无限的无条件的物自体（"灵魂""世界""上帝"）上。但这样做时就会产生矛盾和谬误推理，如世界在时间和空间上是有限的和无限的矛盾、世界是连续的和非连续的矛盾等等。康德之所以区分开现象和物自体，之所以认为物自体不能认识，乃是由于康德的知性思维方式。他把知性和理性、有限和无限、思维和存在等割裂开来。在对实践理性的批判中，康德也是出于知性思维方式，把动机和效果割裂了开来。同样，在判断力批判中，虽然康德提出了"理智的直观"原则，想把必然和自由等连接起来，但"由于所谓思想的懒惰，使这一最高的理念只在应当中得到一轻易的出路"②。出于知性思维方式，康德并没有真正把必然与自由真正有机统

---

① 〔德〕黑格尔：《小逻辑》，贺麟译，商务印书馆1980年版，第112页。
② 〔德〕黑格尔：《小逻辑》，贺麟译，商务印书馆1980年版，第144—145页。

一起来。

黑格尔批判的第三种态度是"直接知识"。耶可比是持"直接知识"学说的代表。耶可比认为思想只能认识一些有限的、零散的东西,而不能认识真理和无限的整体。对于真理和无限整体,只有"直接知识"或"直观"才能认识。黑格尔认为,耶可比之所以坚持这种观点,也是囿于知性思维的缘故,把信仰和理性、直接知识和间接知识对立起来。耶可比不明白信仰和理性是统一的,理性即信仰,他也不明白直接知识总和间接知识统一在一起,直接知识离不开间接知识。"直接知识"学说与形而上学一样,都是知性思维方式,"那执着的知性,自以为足以解除有限知识,超出形而上学和启蒙思想的理智的同一性,却仍然不免直接地以直接性或抽象的自我联系,或抽象同一性作为真理的原则和标准。抽象的思想(反思的形而上学的形式)与抽象的直观(直接知识的形式)实是同一的东西"①。

黑格尔在批判三种态度的知性思维方式之后,接着提出了自己的主张,认为知性思维只是思维的低级阶段,思维不应停留在这个水平上,而应走向理性的最高阶段即思辨思维上,即思维的具体。黑格尔把思维分成三种形式,即"知性"、"辩证的或否定理性"和"思辨的或肯定的理性"。"知性"思维将每一个抽象概念都当作本身存在着的东西,只知道此就是此,彼就是彼。知性也讲普遍性,但由于知性思维片面性的缘故,这种普遍性只是一种与特殊性相对立的抽象的普遍性。"辩证理性"把知性有限的概念扬弃掉,而过渡到与自己相反的彼一有限概念。辩证法本来讲究对立统一,在否定中看到肯定,但如果用知性的片面原则看待辩证法,就会陷入怀疑主义和诡辩论,这就使得辩证法只具否定意义。但按思维的本性,否定中就包含着肯定,因而只有思辨的理性才是最高的思维形式。思辨理性不像怀疑论那样

---

① 〔德〕黑格尔:《小逻辑》,贺麟译,商务印书馆1980年版,第167页。

只是简单地对某种规定性进行否定，而是否定中包含肯定。思辨理性是具体的，而不是抽象的，它把差别包含在内，思辨的真理"包括了并扬弃了知性所坚持的主观和客观的对立，正因此证明其自身是完整、具体的真理。因此思辨的真理也是决不能用片面的命题去表述的"①。

## 2. 马克思论抽象和具体

马克思在《政治经济学导言》中集中叙述了抽象和具体的方法。马克思谈到政治经济学方法时说道："后一种方法显然是科学上正确的方法，具体之所以是具体，因为它是许多规定的综合，因而是多样性的统一。因此它在思维中表现为综合的过程，表现为结果，而不是表现为起点，虽然它是现实的起点，因而也是直观和表象的起点。在第一条道路上，完整的表象蒸发为抽象的规定；在第二条道路上，抽象的规定在思维的行程中导致具体的再现。"② 马克思这里所指出的第一条道路就是常常所说的"从感性具体到抽象"道路，第二条道路是"从抽象到思维具体"之路。马克思认为第一条道路不能作为科学的方法，因为从感性具体中直接抽象出来的只是一个抽象的东西。马克思以人口为例指出了这个方法的困难："从实在和具体开始，从现实的前提开始，因而，例如在经济学上从作为全部社会生产行为的基础和主体的人口开始，似乎是正确的。但是，更仔细地考察起来，这是错误的。如果我，例如，抛开构成人口的阶级，人口就是一个抽象。如果我不知道这些阶级所依据的因素，如雇佣劳动、资本等等，阶级又是一句空话。而这些要素是以交换、分工、价格等等为前提的。比如资本，如果没有雇佣劳动、价值、货币、价格等等，它就什么也不是。因此，如果我从人口着手，那么这就是关于整体的一个混沌的表

---

① 〔德〕黑格尔：《小逻辑》，贺麟译，商务印书馆1980年版，第183页。
② 《马克思恩格斯文集》（第8卷），人民出版社2009年版，第25页。

象。"① 从人口这个混沌的表象出发,经过抽象,首先得到的只是一些抽象的普遍性。如果停留在此,那么这里得到的抽象还不能揭示出事物的真正本质,还必须对这些抽象进行反思,走第二条道路,要从抽象到思维具体,得出事物的真正本质。"通过更切近的规定我就会在分析中达到越来越简单的概念;从表象的具体达到越来越稀薄的抽象,直到我达到一些最简单的规定。于是行程又得从那里回过头来,直到我最后又回到人口,但是这回人口已不是关于整体的一个混沌的表象,而是一个具有许多规定和关系的丰富整体了。"② 黑格尔也认为从感性具体到抽象的方法不是科学的方法,"经验主义在分析对象时,便陷于错觉:它自以为它是让对象呈现其本来面目,不增减改变任何成分,但事实上,却将对象具体的内容转变成抽象的了。这样一来,那有生命的内容便成为僵死的了,因为只有具体的、整个的才是有生命的。不用说,要想把握对象,分别作用总是不可少的,而且精神自身本来就是一种分别作用。但分别仅是认识过程的一个方面,主要事情在于使分解开了的各分子复归与联合"③。

从否定之否定角度看,马克思这里实际上指出了认识道路的否定之否定规律,这就是常说的"具体—抽象—具体"的过程。一般说来,人在认识时,首先面对的是一个个具有感性具体的事物,在对感性具体事物进行认识时,就首先得到感性认识。比较而言,感性认识只是对事物表面的非本质的认识,人类的认识显然不能只停留在这种认识水平上,需要进一步的认识。这就需要对感性具体的事物或者说对感性认识进行抽象,得出一个关于这个事物的一个抽象的知识。我们平常讲的科学知识都是通过这种方式得来的,应该说,这种抽象是我们认识过程中必不可少的。我们认识事物,如果不对事物进行抽象,

---

① 《马克思恩格斯文集》(第8卷),人民出版社2009年版,第24页。
② 《马克思恩格斯文集》(第8卷),人民出版社2009年版,第24页。
③ 〔德〕黑格尔:《小逻辑》,贺麟译,商务印书馆1980年版,第113页。

把事物分析成各个方面，那么也就不能深入认识这个事物。比如，我们认识人的生理现象，如果不把人的身体分析抽象成各器官、组织和系统的话，那么我们就不能深入认识人的生理现象。所以要想深入认识事物，对事物的抽象是必不可少的，没有这一步，就谈不上深入认识事物。但是，尽管这一步是必不可少的，我们的认识却不能到此结束，这是因为对事物进行分析抽象后，如果不再对之进行综合，那么所得到的就是一个个"碎片"，这个事物也被"抽象"掉了。黑格尔特别批评这样的分析和抽象，他打了一个形象的比喻，认为分析和抽象就像剥葱，当葱皮被剥掉时，原来的葱也就不存在了。还拿刚才那个例子来说，如果只停留在人被抽象后的各个器官、组织和系统上，那么我们得到的就只是各个器官、组织和系统，作为一个整体的人也就被抽象掉不存在了。所以，我们的认知不能停留在这一步，还必须更进一步，反思综合抽象的结果，得出一个思维的综合，一个思维的具体。这就是一个否定之否定过程，即"具体—抽象—具体"过程。第一个否定是抽象对具体的否定，这里的具体是感性具体或者说是关于感性具体的认识，它是作为一个整体一个具体而存在。抽象是对这个具体的否定，分成一个个的部分，这是第一次否定。认识不能只有这一次否定，也正是在这个意义上，马克思认为从抽象到具体的这条道路是不科学的，科学的方法应该是第二条道路，即从抽象到具体的道路，这就是第二次否定，即具体对抽象的否定。这里的具体是思维具体或者说是经过思维具体化的事物，思维的具体是对抽象的否定，经过这个否定，事物就不再被抽象掉，而又在更深入水平上呈现出来。

"具体—抽象—具体"这个否定之否定过程还可以从人在认识中具有受动性和主动性来理解。我们可以把"具体—抽象—具体"过程理解成是"片面受动性—片面能动性—受动性和能动性相结合"的否定之否定过程。马克思在《关于费尔巴哈的提纲》中第一条指出："从前的一切唯物主义（包括费尔巴哈的唯物主义）的主要缺点是：

对对象、现实、感性，只是从**客体的**或者**直观**的形式去理解，而不是把它们当做**感性的人的活动**，当做**实践**去理解，不是从主体方面去理解。因此，和唯物主义相反，唯心主义却把**能动的**方面抽象地发展了，当然，唯心主义是不知道现实的、感性的活动本身的。"① 马克思这段话可以理解成从认识的受动性和能动性方面揭示了认识的否定之否定过程。从前的唯物主义只片面强调在认识过程中，人所具有的受动性的一面，认为人的认识是完全被动地按照客体的样子来认识，在认识的过程中人没有能动性。我们把这个阶段称为片面的受动性阶段，对应于"具体—抽象—具体"中的第一个具体即感性具体阶段。这个阶段中从感性具体获得的知识，基本上是完全受动不具能动性的。但是，人的认识不仅具有受动性的一面，还具有能动性的一面，人在认识时，一方面需要遵从外在事物来加以认识，表现出受动性的一面；另一方面也要遵从自己的内心来认识事物，表现出能动性的一面。唯心主义看到了人在认识中所具有的能动性这一面，用能动性来否定受动性，但是却走向另外一个极端，片面地强调了人的能动性而忽视了人的受动性一面，我们把这阶段称为"片面的能动性"阶段。对应于"具体—抽象—具体"中的抽象阶段，在抽象阶段，也只是抽象地发挥了人的能动性，把感性具体抽象成一个个"碎片"而丢掉了感性具体，忽视人还应该按照客观事物来认识，没看到人的认识所具有的受动性的一面。片面的受动性和片面的能动性都不能真正揭示人的认识的真实面目。人的认识真实的情况是能动性和受动性的结合，抽象的能动性应受到和受动性相结合的能动性的再否定，这就是能动性和受动性相结合的阶段。这阶段对应于"具体—抽象—具体"中的最后一个具体即思维具体，思维具体综合了感性具体阶段的受动性和抽象阶段的能动性，得出了思维具体。

---

① 《马克思恩格斯文集》（第1卷），人民出版社2009年版，第499页。

还可以从认识的三个阶段"感性、知性和理性"来理解"具体—抽象—具体"的否定之否定过程。关于应该把人的认识划分成几个阶段，存在着不同意见。有关马克思主义哲学教科书上一般把人的认识分成感性认识和理性认识两个阶段。感性认识一般只对事物直接的表面而非本质的认识，理性认识一般指的是对事物间接的本质的认识。应该说，把人的认识阶段分成感性认识和理性认识有一定道理，从整体上也符合人的认识路线。一般来说，人的认识的确是从表面的直接的认识到达本质的间接的认识。但是把人的认识只分成感性认识和理性认识两个阶段却不能如实地揭示认识的全过程。

为了实际揭示认识过程，应把认识过程分为"感性、知性和理性"三个阶段。感性、知性和理性这三个阶段大概首次在康德那里有明确的划分，感性在康德那里指被动接受的能力，即"直观能力"，这是最起码的能力。康德认为，感性由两部分组成：一部分是由物自体刺激感官而后天所获得的质料；另一部分就是用来接受这些质料的时间和空间。这两部分结合起来，就形成了一个直观对象。感性中虽然有先天的直观形式，但基本上还是被动接受的。知性指的是心灵主动用范畴规定直观对象的能力，"我们若是愿意把我们的内心在以某种方式受到刺激时感受表象的这种接受性叫作感性的话，那么反过来，那种自己产生表象的能力，或者说认识的自发性，就是知性"[1]。感性不能思维，知性不能直观，而"思维无内容是空的，直观无概念是盲的"[2]，只有这两者结合起来，才能产生知识。知性在构建知识的过程中，起到主动性的作用。理性在康德那里是追求绝对的完整的统一性的能力，即把握"灵魂"、"世界"和"宇宙"这三个"理念"的能力，但理性在认识这些理念时，却陷入矛盾。理性在认识中，只有消

---

[1] 〔德〕康德：《纯粹理性批判》，邓晓芒译，杨祖陶校，人民出版社2004年版，第52页。
[2] 〔德〕康德：《纯粹理性批判》，邓晓芒译，杨祖陶校，人民出版社2004年版，第52页。

极的意义。

尽管在黑格尔的文本中，很难找到黑格尔把认识阶段分成"感性、知性和理性"的直接表述，但根据黑格尔有关论述，可以认为实际上黑格尔也有这样的划分。黑格尔在《精神现象学》论述了"感性确定性"和"知觉"阶段，大致可以理解成是对感性的论述。在《精神哲学》中也论述了"感性意识"和"知觉"，同样可理解成是对感性的理论。在"逻辑学"中，黑格尔也承认人的认识有"感性"阶段，他认为："按照时间的次序，人的意识，对于对象总是先形成表象，后才形成概念，而且唯有通过表象，依靠表象，人的能思的心灵才进而达到对于事物的思维的认识和把握。"① 黑格尔对康德区分知性和理性很有好感："康德是最早明确地提出知性和理性的区别的人。他明确地指出：知性以有限的和有条件的事物为对象，而理性则以无限的和无条件的事物为对象。他指出只是基于经验的知性知识的有限性，并称其内容为现象，这不能不说是康德哲学之一重大成果。"② 黑格尔也区分了知性和理性，只是与康德不同，黑格尔认为理性并不是只具陷入矛盾的否定的特性，而是在认识中有积极的肯定的意义。为此，黑格尔把理性分为否定的理性和肯定的理性，这两种理性与知性一起，构成了一个否定之否定关系："逻辑思想就形式而论有三方面：(a) 抽象的或知性的 [理智] 的方面，(b) 辩证的或否定的理性的方面，(c) 思辨的或肯定理性的方面。"③ 黑格尔一方面认为知性（理智）是必要的，"还有一点必须补充，即无论如何，我们必须首先承认理智思维的权利和优点，大概讲来，无论在理论的或实践的范围内，没有理智，便不会有坚定性和规定性"④；另一方面又批评知性"坚持

---

① 〔德〕黑格尔：《小逻辑》，贺麟译，商务印书馆1980年版，第37页。
② 〔德〕黑格尔：《小逻辑》，贺麟译，商务印书馆1980年版，第126页。
③ 〔德〕黑格尔：《小逻辑》，贺麟译，商务印书馆1980年版，第172页。
④ 〔德〕黑格尔：《小逻辑》，贺麟译，商务印书馆1980年版，第173页。

着固定的规定性和各规定性之间彼此的差别。以与对方相对立。知性式的思维将每一有限的抽象概念当作本身自存或存在着的东西"①。知性所具有的这种坚持此即是此、彼即是彼的片面性，必然要遭到自身的自否定而走向自己的反面，这就到了"辩证的或者说否定的理性"阶段。辩证的理性觉察出知性内在所具有的矛盾，它用不同于知性所得的结果来否定或者说怀疑知性，认为在这种否定中没有任何肯定的东西，坚持这种单纯的否定，但实际上它有肯定的东西，所以，实际上认识不会只停留在辩证的否定阶段，而是会受到思辨的或肯定的理性再否定而到达第三阶段即"思辨的或肯定的理性"阶段。"哲学不能象怀疑主义那样，仅仅停留在辩证法的否定结果方面。怀疑主义没有认清它自己的真结果，它坚持怀疑的结果是单纯抽象的否定。辩证法既然以否定为其结果，那么就否定作为结果来说，至少同时也可说是肯定的。因为肯定中即包含有它所出自的否定，并且扬弃对方〔否定〕在自身内，没有对方它就不存在。但这种扬弃否定、否定中包含肯定的基本特性，就具有逻辑真理的第三种形式，即思辨的形式或肯定理性的形式。"②

由上简述可知，康德和黑格尔对感性、知性和理性的理解，有相同也有不同。感性在康德那里是不能够独立形成知识的，而在黑格尔那里可以。但他们都认为感性主要是被动接受。关于知性，他们都认为知性有主观能动性，但康德坚持知性所得出的此就是此、彼就是彼，黑格尔却批评知性所具有的这种此即是此、彼即是彼，认为真实的情况是亦此亦彼。对于理性，康德和黑格尔都认为理性是把握整体的能力，但康德认为理性并不能认识物自体，一当认识物自体，就会产生矛盾，所以理性在康德那里只有消极或者说否定的怀疑的意义，而黑

---

① 〔德〕黑格尔：《小逻辑》，贺麟译，商务印书馆 1980 年版，第 172 页。
② 〔德〕黑格尔：《小逻辑》，贺麟译，商务印书馆 1980 年版，第 181 页。

格尔进一步把理性分成两类：一类是消极的否定的辩证理性；一类是积极的肯定的思辨理性。黑格尔认为思维不能够停留前一种理性之上，而必须到达后一种理性。思辨理性承认矛盾，并把矛盾的双方统一起来。为便于和"具体—抽象—具体"相对照。我们这里所说的"感性—知性—理性"中的理性特指黑格尔所说的思辨理性而不是辩证理性，而感性和知性大体也采用黑格尔的用法。可以看出，"具体—抽象—具体"和"感性—知性—理性"各个阶段是相对应的。感性对应于第一个具体阶段，从认识上讲，在这个阶段，获得的都是有关感性具体的知识，而后到达下一阶段。在这个阶段上，"抽象"和"知性"也是对应的，"知性"坚持规定性的差别性，只强调分析二忽视综合，因此具有片面的抽象性。最后到达第三个阶段，在这个阶段上，后一个具体和理性也是对应的，后一个具体是思维具体，综合了前面抽象所得的结果，这里的理性也综合了知性所得到的各项规定，也即思维具体。所以，马克思所指出的"具体—抽象—具体"和"感性—知性—理性"相一致。

## 三、研究方法与叙述方法的统一

与具体和抽象方法密切相关的是研究方法和叙述方法。叙述是对研究的叙述，因此研究方法和叙述方法在本质上是一样的，只是形式上有区别。研究和叙述的过程实际上是"具体—抽象—具体"过程，研究面对的是直接的具体的材料，而叙述是把研究的结果表达出来，因此一般说来，在研究中，"具体—抽象—具体"的第一阶段"具体—抽象"所占比例要比叙述中的这个阶段要多，而研究中的第二阶段"抽象—具体"所占比例要比叙述中要少。黑格尔和马克思都很重视研究和叙述方法，马克思的研究方法和叙述方法是建立在人的现实生活基础之上,而黑格尔则是建立在绝对精神之上。黑格尔的这种唯心特点使得他的叙述方法好像只有"抽象—具体"阶段,而没有"具体—抽象"阶段。黑格尔"精神现象学"是通过精神现象的反思来通达绝对知识,我们可以把它看成一种研究过程(方法)。而"逻辑学"是从逻辑上表达绝对知识的过程,是对上帝的一个叙述、一个展示,"逻辑须要作为纯粹理性的体系,作为纯粹思维的王国来把握。这个王国就是真理,正如真理本身是毫无蔽障,自在自为那样。人们因此可以说,这个内容就是上帝的展示"[1]。由于黑格尔哲学的唯心性质,"逻辑学"缺少"具体—抽象"这个阶段,显得神秘。但正如马克思所指出的,精神现象学是·"黑格尔哲学的真正诞生地和秘密"。其实,逻辑学只不过是"精神现象学"的"纯化","逻辑学"实际上是以精神现象学作为研究基础的,逻辑学只不过是从逻辑上把精神现象学叙述出来。下面先来探讨黑格尔哲学中作为研究过程(方法)的《精神现象学》和作为叙述过程(方法)的"逻辑学"。

## 1. 黑格尔哲学中的研究方法和叙述方法

《精神现象学》是一个怀疑之路,是对意识的反思和研究。《精神现象学》分为意识、自我意识、理性、精神、宗教和绝对知识几个部分,它的内容和哲学全书中的《精神哲学》内容大体是对应的。《精神哲学》是逻辑学的"应用",因此《精神现象学》和"逻辑学"在内容上也是对应的,这说明逻辑学是以"精神现象学"为基础的,表明黑格尔研究方法和叙述方法暗地里是统一的。为了便于更好地理解黑格尔的研究方法和叙述方法,这里来论析《精神现象学》和"逻辑学"的过程。

---

[1] 〔德〕黑格尔:《逻辑学》(上),杨一之译,商务印书馆1966年版,第31页。

（1）《精神现象学》的研究过程

《精神现象学》中意识发展的第一阶段是"意识"。"意识"是人的意识发展的最初阶段。在"意识"阶段中，首先出现的是"感性确定性"。"感性确定性"好像是最丰富最真实的知识，它好像没有省略掉任何东西，而把对象完备地呈现出来。但事实上它是最抽象最贫乏的，我们知道的仅仅是它存在着，对象只是纯粹的这一个，并且作为认识的我来说，也只是纯粹的这一个。对于这样感性确定性的"这一个"，我们只能去"意谓"，而不能言说，因为一说出来，感性确定性就成了共相的东西。黑格尔举出"这一个"的两种存在形式即"这时"和"这里"作为例子来说明。如问"什么是这时"，回答说"这时是夜晚"，但到了正午时分，如有人又问同样的问题，则回答"这时是正午"。又如有人"什么是这里"，回答是"这里是一棵树"。当我一转身，如果有人又问同样的问题，回答则是"这里是一所房子"。由此可见，"这一个"、"这里"和"这时"都是普遍的东西，"当我们说出感性的东西时，我们也是把它当做一个普遍的东西来说的。我们所说的是：'这一个'，这就是说，普遍的这一个，或者当我们说：它存在时，亦即是说一般的存在"①。不仅如此，即使在同一个时间点或空间点来说"这时"或"这里"，"这时"或"这里"也是共相。如当我们说"这时"时，一旦这时被指出，则这时已经停止为这时了，正存在的这时已不是我们所指的这时，所指的这时已经过去了，这是对这时的一种否定，但是过去了的东西现在就不再存在，而我们说"这时"正是肯定存在，于是就要对那过去了的存在进行扬弃，"这样一来我就否定了对于这时的否定，于是就回复到第一个肯定，即这时存在"②。可见，这时并不是一个直接单纯的东西，它建立起一

---

① 〔德〕黑格尔：《精神现象学》（上卷），贺麟、王玖兴译，商务印书馆1979年版，第66页。
② 〔德〕黑格尔：《精神现象学》（上卷），贺麟、王玖兴译，商务印书馆1979年版，第70页。

个这时,又建立起否定这个这时的这时,这时是包含无数个这时的这时。这时如果是白天,就包含许多钟头;如果是钟头,就包含许多分钟;而如果是分钟,就包含许多这时。所以在同一个时间点指出这时时,这时仍然是一个共相,"指出这时本身就是说出这时之所以为这时的真理的过程,即是说,一个结果或者一个由许多这时集积而成的复多体;指出这时也就使我们经验到这时是一个共相"①。"这里"的情况如"这时"相类似,当我们在同一个空间点指出这里时,所指的"这里"仍是共相。可见,在感性确定性里,"这一个"无论在何种情况下指出,指的都是一个共相,这也就是说,我们在"知觉"一个事物。"感性确定性"是一个主体和客体还处在混沌不清的阶段,在这个阶段里,主体和客体都是非本质的东西,都只是一个抽象的存在,因此"感性确定性经历到:它的本质既不在对象里也不在自我里,它所特有的直接性既不是对象的直接性也不是自我的直接性"②。

在"知觉"阶段里,不再把存在的东西看成"这一个",而是看作普遍的东西。"知觉"既把认识的我看作一个共相,也把认识的对象看作一个共相。在"知觉"阶段,作为主体的认识的我和作为客体的对象还是对立的。在这对立中,对象是作为主要的一方,"那被规定为简单的一方面——对象——是主要的,是本质,不管它被知觉或不被知觉都是无差别的;但是知觉作为认识过程不是经常的,可以有知觉,也可以没有知觉,所以它是非主要的"③。当意识知觉事物时,总把事物的集合性和单一性对立起来,要么认为事物只是一个具有多个特质的集合体,要么只是认为事物是单一的,不包含众多特质。"意识以交替的方式,时而把它自身时而又把事物认作这两方面:时而认作纯粹的、不包含众多的单一体,时而又认作一个消融为诸多独

---

① 〔德〕黑格尔:《精神现象学》(上卷),贺麟、王玖兴译,商务印书馆1979年版,第70页。
② 〔德〕黑格尔:《精神现象学》(上卷),贺麟、王玖兴译,商务印书馆1979年版,第68页。
③ 〔德〕黑格尔:《精神现象学》(上卷),贺麟、王玖兴译,商务印书馆1979年版,第74页。

立的质料或特质的集合体。"①但是，如果只把事物看成是诸多特质之机械的集合体而不是单一体，那么这个事物也就不成为事物，因为一个事物之所以成为一个事物，乃是通过单一被规定为事物的；反之，如果把事物仅仅看成是一个单一体而不包含众多特质在内，不与他物发生任何关系，那么这个单一体也只是抽象的"这一个"，而不成为事物。真正看来，事物是单一和集合、自为存在和为他存在、个别性和普遍性的统一。事物达到这种统一并不是有条件的、从多个角度看的，而是"就一个、而且同一个角度看来，对象是它自身的反面：它是自为的，只因它为他物，它为他物，只因它是自为的。它是自为的，它自己返回到自己，它是单一体；但是这种自为、返回自己、单一体是和它的反面，和为他物而存在是分不开的"②。在知觉中，虽然知觉到的是一个共相，但这个共相毕竟是从感性东西而来的，它本质上还受到感性东西的制约。它并不绝对，而是有条件的存在，是一个为它存在的自在存在。但正如前面所言，为它存在和自为存在两者不是分离的，而是统一的，那么"现在那无条件的、绝对的共性就出现了，在这里意识才真正地进入到知性的领域"③。

"知性"所要把握的共相，是事物的本质或根据，黑格尔称之为"力"。力是一种普遍性的概念，它是一种超感官世界的东西。虽然力是超感官世界的东西，但我们却可以认识它，因为尽管力是超感官世界的，但由于力会把它表现在现象界，我们能通过力所表现的现象来认识力。认识现象，就是要找出现象的规律，这是知性的一大特点。规律组成了现象界，没有一个现象是没有规律的，一切的现象都可以用规律来把握。当我们认识一个现象的规律时，我们也就把握了事物

---

① 〔德〕黑格尔：《精神现象学》（上卷），贺麟、王玖兴译，商务印书馆1979年版，第82页。
② 〔德〕黑格尔：《精神现象学》（上卷），贺麟、王玖兴译，商务印书馆1979年版，第84—85页。
③ 〔德〕黑格尔：《精神现象学》（上卷），贺麟、王玖兴译，商务印书馆1979年版，第85页。

的本质。有一些现象是无法把握的，它们没有规律，可实际上，尽管一个现象不能用此规律来把握，但这个现象却能被另一个规律来把握，这样就存在着不同的有差别的规律。尽管这些规律之间有差别甚至是对立的，但能够归于更普遍的规律之下。这也就是说，所有的东西都是等同的，而所有等同的东西又是不等同的，"于是知性就体会到这乃是现象界本身的规律：即建立差别实际上没有差别，换句话说，凡是自身同一的也就是自身排斥的，并且知性同样体会到，在现象界中真正讲来差别是不存在的，并且是自身扬弃的，换句话说，那自身不同一的东西却互相吸引"①。这是一个新的规律，是"第二个超感官世界"，它不同于不能把所有现象归结到一个规律下的知性规律。知性规律解释不了那些互相冲突、互相矛盾的现象，只能把一些现象看成规律，而把另一些现象看作偶然现象，甚至是假象。而"第二个超感官世界"却能把这些相互冲突的现象把握住。它是一个"颠倒的世界"，这就是说，"它意识到它自己的反面；它是它自己和与它对立的世界在一个统一体中"②，这就是对立统一规律。说的是意识中有差别但是意识又扬弃这种差别，而这也就进展到意识发展的第二阶段"自我意识"。

"自我意识"是在对方中意识到自身。"我把我自己同我本身区别开，在这里我直接意识到，这种差别是没有差别的。我，自身同一者，自己排斥自己；然而这个与我相区别的东西，这个被建立起来的不等同于我的东西当它被区别开时，即直接地对我没有差别。"③ 在上述的"意识"（包括"感性确定性"、"知觉"和"知性"）阶段里，意识都

---

① 〔德〕黑格尔：《精神现象学》（上卷），贺麟、王玖兴译，商务印书馆1979年版，第106页。
② 〔德〕黑格尔：《精神现象学》（上卷），贺麟、王玖兴译，商务印书馆1979年版，第110页。
③ 〔德〕黑格尔：《精神现象学》（上卷），贺麟、王玖兴译，商务印书馆1979年版，第113页。

是以与自身相异的物为对象,而到了"自我意识"阶段,自我意识统摄和自己对立的物,不再以物为对象,而以意识自身为对象。自我意识首先表现为生命,表现为欲望。生命总想把外在的对象占为己有,但是在占有过程中,自我意识发现有另外一个自我意识和它相对,每一方都想消灭对方,把对方置于死地。他们之间于是发生一场生死的斗争,赢的一方就是主人,输的活着的一方就是奴隶,主人和奴隶的关系是统治与被统治关系。"其一是独立的意识,它的本质是自为存在,另一为依赖的意识,它的本质为对方而生活或为对方而存在。"①在"主奴关系"中,主人一方面与物相联系;另一方面与奴隶相联系,主人通过奴隶而间接与物联系。物对于奴隶来说是独立的,奴隶不能一下子就把物消灭掉,他只能对物进行加工改造。主人把奴隶放在物与他之间,通过奴隶对物的加工改造而享受物。但是奴隶在对物的加工改造过程中,却成了物的主人,而主人既然放弃了支配物的权利,把它让给了奴隶,这样主人反而依赖奴隶了。这样一来,"独立的意识的真理乃是奴隶的意识。奴隶意识诚然最初似乎是在那独立的意识自身之外,并不是自我意识的真理。但是正如主人表明他的本质正是他自己所愿意作的反面,所以,同样,奴隶在他自身完成的过程中也过渡到他直接的地位的反面。他成为迫使自己返回到自己的意识,并且转化自身到真实的独立性"②。这种独立意识就是一种自由意识,但这里的自由还只是一种抽象的思想上的自由,一种"斯多葛主义"意义上的自由。斯多葛主义认为自由只存在于人的思想中,只要自己主观上认为自己是自由的,不管外界如何,它都是自由的。斯多葛主义把外界看得一文不值,它对于自然的有限存在漠不关心。正是由于

---

① 〔德〕黑格尔:《精神现象学》(上卷),贺麟、王玖兴译,商务印书馆1979年版,第127页。
② 〔德〕黑格尔:《精神现象学》(上卷),贺麟、王玖兴译,商务印书馆1979年版,第129页。

斯多葛主义对外界事物的漠不关心，它的进一步发展必然导致"怀疑主义"。怀疑主义否定一切，否定外界事物，否定真理，它通过怀疑一切而达到心灵的宁静，但怀疑主义是矛盾的，它是"一种无意识的摇摆不定，从自身同一的自我意识一端到偶然的、紊乱模糊的意识一端，往来反复摇摆不定。它自己对它自己本身这两个思想就始终结合不起来：一方面它认识到它的自由在于超越出有限存在中的一切紊乱和一切偶然性；而另一方面它又同样自己承认自由在于退回到非本质的东西并徘徊周旋于这些非本质的东西里面"①，"怀疑主义"的这种矛盾心理就过渡到"苦恼意识"。在"苦恼意识"中，彼岸世界和现实世界、上帝与个人、灵与肉是分裂的，人陷入灵与肉之间的矛盾而不能自拔。一方面，人如果执着于彼岸、执着于灵魂，那他就要放弃此岸、放弃肉体的快乐；另一方面，如果人执着于此岸的肉体上的享受，那他就要放弃自己的彼岸、自己的灵魂。在"苦恼意识"阶段，这两方面始终统一不起来。但经过"苦恼意识"阶段的洗礼，人却意识到这两者是统一的，在执着于现实事物的同时也能执着于自己的灵魂，这也就是说，执着于外在对象的意识与执着于意识本身的自我意识是统一的，这就过渡到意识发展的第三阶段"理性"。

"自我意识"阶段中，"自我意识"一向关涉的仅是自己的独立和自由，而去牺牲客观世界，对客观世界采取否定态度，这样，它反而实现不了自己，达不到自由。而现在到了"理性"阶段，情况就不同了，理性对待外界事物不是采取一种否定的态度，而是采取一种肯定的态度，理性确知自己就是实在，或者说，实在就是自己。在此之前，理性完全不了解世界，它总是取消世界、否定世界，现在，理性发现了世界就是自己的世界。自己就是一切实在，这首先只是一种确定性，

---

① 〔德〕黑格尔：《精神现象学》（上卷），贺麟、王玖兴译，商务印书馆1979年版，第138页。

还不是真理性，要想把它提高到真理性，还必须将这空虚的我进行充实。于是理性首先就要进行"观察"，它要在外在事物中寻找出自己的概念。"观察的理性"是"理性"发展的初级阶段，在此阶段，理性认为它所认识的仅仅是事物，而不是意识自身。这就是说，在"观察的理性"阶段，自我和对象还处在对立状态，"可是，当理性只作为它即是一切实在这个意识确定性而直接地出现的时候，理性是将它的实在性当作存在的直接性看待的，同样它是将自我与这个客观的东西的统一视为一种直接的统一的。在这种统一中理性还没将存在的环节与我的环节分开后再重新统一起来，或者说，它还根本没认识到这种统一。因此理性，作为观察的意识，就走向事物，自以为它所认识的事物都是感性的，与我相对的事物"①。正由于"观察的理性"尚未认识到实在即是自己，所以"观察的理性"还不是真正的理性，它只是一种"理性的本能"。"观察的理性"中首先是"对自然的观察"，在这个阶段，无论是对无机物的观察，或者是对有机物的观察中，还是把自然当作一个有机体来观察，实际上都有自由的概念、思想参与其中。而这样的自由概念，只能在自我意识本身中能观察到，这就要"对自我意识的纯粹本身及其与外在现实关系"进行观察，这就是"逻辑规律"和"心理学规律"。"观察的理性"之下的"逻辑规律"只是一个不具有内容的形式规律，或者说是一种没有形式的内容规律。在这里，内容和形式是分开的，要么只有形式，没有内容，要么只有内容，没有形式。同样，这里的"心理学规律"并不成立，"心理学规律"认为现成的世界是独立存在的，它对个体发生影响，但由于个体是自由的，它有绝对的可能性根本不受外界影响，"由于个体具有这种自由，现实世界就有可能具有这双重意义，而由于现实世界可能

---

① 〔德〕黑格尔：《精神现象学》（上卷），贺麟、王玖兴译，商务印书馆1979年版，第162页。

有这两种意义，个体的世界就只能根据个体自身来理解；心理学所设想的那种自在而自为地存在着的现实世界，是对个体发生影响的，但由于个体有这种自由，现实对个体的影响就有绝对相反的两种情况，个体既可以听任现实的影响之流对自己冲击，也可以截住它，颠倒它或改变它"①。既然现实世界与自我并没有什么关系，那么观察就不得不退回到现实的个体上来，这就要"对自我意识与其直接现实的关系"进行观察，这就是"面相学"和"头盖骨学"。面相学认为人的面相和他的心理有必然关系，但实际上"一个人的真实性不是能从他的面相中看到的，它只能在他的行为里表现出来"②。头盖骨学比面相学更甚，在面相学里，据以推断内在品质的还是一个传情达意的面相，而头盖骨学所据以断定内在品质的则是一个完全固定不变的头盖骨。头盖骨学比面相学更无根据，两者都是未认识到事物本质的无概念的观察。

"观察的理性"还停留在静观对象阶段。在这个阶段，实在即自我尚未得到体现，要想让实在成为自我，理性还必须要通过自己的活动而把自己转化为客体。这一过程分为三个阶段："快乐和必然性"、"心的规律和自大狂"和"德行与世界进程"。在"快乐和必然性"阶段，个体轻视科学、规律，不去"创造他的快乐，而是得到快乐，享受快乐为他提供的东西"③。但是，个体并不能达到自己享乐的目的，因为"必然性"与它相矛盾，享乐的个体由于蔑视必然性，不顾别人，反而自己也享乐不成。个体在这个阶段虽然达不到自己的目的，却使自己明白不能再消极地享受现成的快乐，而必须掌握必然规律而自己去创造快乐，这样就进展到"心的规律与自大狂"。在这个阶段，

---

① 〔德〕黑格尔：《精神现象学》（上卷），贺麟、王玖兴译，商务印书馆1979年版，第203页。
② 张世英：《自我实现的历程》，山东人民出版社2001年版，第123页。
③ 〔法〕科耶夫：《黑格尔导读》，姜志辉译，译林出版社2005年版，第97页。

每个人都自大的按照心的规律来去改善世界，但别人也有自己的心的规律，这样，"当意识建立它自己的规律时，它就经验到从别的意识那里来的抗拒，因为它的规律与它们的心的同样个别的规律发生矛盾；而这些别的意识在它们的抗拒中所做的，恰恰也就是建立它们的规律并使之生效。现成已有的那个普遍，因而只不过是大家相互之间的一种普遍的抗拒和搏斗而已，在这一团混战中，大家各自努力维护自己的个别性，但大家同时又都做不到这一点，因为每个个体性都受到同一样的抗拒并相互地为别的个体性所消溶"①。这样，个体按照自己主观的"心的规律"去改善世界，仍达不到目的，于是就进入"德行和世界进程"这个阶段。"德行"要求牺牲个体性，放弃个人的目的和利益，而"世界进程"则主张个人的目的和利益，但德行如果完全否认个人的目的和利益，那它就是抽象空洞、缺乏任何内容的东西。实际上，德行和世界进程并不矛盾，"意识在它的斗争中已经取得经验，知道世界进程并不象它当初看起来那么坏；因为世界进程的现实性就是普遍的东西的现实性。这个经验同时又表明，通过牺牲个体性以求善的显现这种办法是行不通了；因为个体性正就是潜在着的或普遍的东西的现实化；而颠倒也就不再可以说是对于善的一种颠倒，因为这种颠倒勿宁恰恰是把善从一种单纯的目的转化为现实性；个体性的运动就是普遍的东西的实现"②。这样，个体性就具有了普遍意义，这就进展到理性的第三阶段"自在自为地实在的个体性"。到了这个阶段，个人不再受外界的限制，而专心于自身，每个人都按照"事情自身"去要求自己，但每个人都有自己以为的"事情自身"，因而许多人在一起不免发生互相欺骗，每个个体都在自欺欺人，这就是"精神动物

---

① 〔德〕黑格尔：《精神现象学》（上卷），贺麟、王玖兴译，商务印书馆1979年版，第251页。
② 〔德〕黑格尔：《精神现象学》（上卷），贺麟、王玖兴译，商务印书馆1979年版，第259页。

王国的欺骗或事情本身"。于是，意见不一的人们就想通过"立法"来达到共同的认识和行动，但人们所制订的法律却是抽象的，没有什么内容，与其说是制订法律，不如说是在通过抽象的形式规律去"审核"法律。真正说来，人们要想能实现自己，达到自由，不在于抽象的制订和审核法律，而是要进入意识发展的第四阶段"精神"。

"精神"阶段与前面几个阶段不一样，前面几个阶段谈的是个人意识，而到了精神阶段，谈的则是社会，"不过这些形态（指的是精神——引者）与以前所经历的形态不同，因为它们都是些实在的精神、真正的现实，并且它们并不仅仅是意识的种种形态，而且是一个世界的种种形态"①。在个人意识阶段，主观性和客观性很难统一起来，主观性和客观性要做到统一，需要在社会、在精神中。"精神"的发展分为三个阶段："真正的精神，伦理"、"自我异化的精神，教化"和"自我确定的精神，道德"，它们分别对应于历史发展的相应阶段。第一个阶段"真正的精神，伦理"相应于古希腊社会（这一阶段中的"法权状态"相应于罗马社会）。在这个阶段，伦理的领域是一个一个无瑕疵的、内部没有纷争的世界。但在这样一个无纷争的世界中，也不是没有对立，这就是家庭与国家的对立。家庭是个天然的伦理实体，家庭的法则来源于共同的祖先，支配它的法则是"神的法则"。而支配国家的法则来自于人们的共同政治生活。家庭与国家、"神的法则"与"人的法则"经常发生矛盾。在这种矛盾中，伦理实体注定要消亡，伦理变成了一个形式上的普遍性，它并没有真正容纳个体，个体性必定要在这只具形式普遍的伦理实体中分裂出来。"这种实体（指伦理实体——引者），作为自己的一切组成个体的一种形式的普遍性，已析出于它们之外，不再作为一种活的精神内在于它们之中；而实体的个体性，本是坚如磐石地团结一致的，现在毋宁已分

---

① 〔德〕黑格尔：《精神现象学》（下卷），贺麟、王玖兴译，商务印书馆1979年版，第4页。

崩离析，破裂成了众多的点"①，这就进展到"法权状态"。在"法权状态"下，人与人之间没有了内在的伦理关系，伦理的领域分裂为原子式的抽象的个人。这种法权状态丧失了自己的实在性，完全缺乏本质，原子式的个人是通过法律和武力聚集在一起的。这样，作为统治者的君主也就完全脱离了人群，但经历了这个矛盾之后，个人反而认识到社会现实是精神的自我异化的结果，这就进展到"自我异化的精神，教化"阶段。

"自我异化的精神，教化"阶段相应于封建时代到法国大革命的近代世界。所谓教化，简单地说，就是让自我意识和现实统一起来，"就个别的个体来说，个体的教化乃是实体本身的本质性环节，即是说，教化乃是实体的在思维中的普遍性向现实性的直接过渡，或者说，是实体的简单的灵魂，而借助于这个简单的灵魂，自在存在才得以成为被承认的东西、成为特定存在。因此，个体性的自身教化运动直接就是它向普遍的对象性本质的发展，也就是说，就是它向现实世界的转化。"② 教化与异化联系在一起，个体要想把自己的力量变为现实，必须进行异化。国家权力和财富是异化的最初形式，对待它们有两种态度"一种是肯定态度，这就是"高贵意识"；另一种是否定态度，这就是"卑贱意识"。"高贵"与"卑贱""善"与"恶"都只是相对的，是可以互相转化的，这种分裂的意识经过"信仰和纯粹识见"后必然要进展到"启蒙"阶段。启蒙运动有两派哲学思想：一种是唯物论；另一种是自然神论。这两派表面上看是对立的，但归根结底却是同一的。唯物论所讲的纯粹物质不过是自然神论所讲的纯粹思维，而反过来，自然神论所讲的纯粹思维也不过是唯物论所讲的纯粹物质。这两种哲学思想把人引向两种世界：其一是教化的、现实的世界；另

---

① 〔德〕黑格尔：《精神现象学》（下卷），贺麟、王玖兴译，商务印书馆1979年版，第33页。
② 〔德〕黑格尔：《精神现象学》（下卷），贺麟、王玖兴译，商务印书馆1979年版，第43页。

一是信仰的、理想世界。这两个世界是分裂的,人生活在现实生活中,但又想超越现实。第三世界功利世界把这两个分裂的世界结合起来,因为有用性既包含了第一世界的现实性,又包含了第二世界的理想性;有用性表明了对象不再是自我的彼岸,自我也不再是单纯的自我,自我要实现自己,它要变成普遍的意志,这就预示着"绝对自由"的来临。但"绝对自由"并不能产生任何肯定性事业,它能做的只是否定性的行动,带来的只是恐怖。这样,精神的发展就不能停留在这一阶段,而必须向前进展到"自我确定的精神,道德"阶段。

在这个阶段中,精神从异化状态恢复到自身,"绝对自由已经把普遍意志和个别意志的对立同它自己本身协调起来了;自身异化了的精神,即,达到了自己的对立的顶峰、从而纯粹意愿和纯粹意愿两者在其中还互有区别的那种精神,已把这种对立降低为一种透明的形式,并在其中发现自己本身"①。康德的道德观主张为义务而义务,这种为义务的义务是与现实分裂的,这样就过渡到"良心"阶段。在"良心"阶段,个人的行动全凭自己的良心,自己的良心就是行动的权威,但良心仍只是一主观的东西,这种脱离社会现实的抽象的良心只是"优美的灵魂"。"优美的灵魂"自视优美而不去行动,这就成了"道德判断"。"道德判断"从坏的方面去判断别人的行为,它把伟大人物的行为看做只是为了个人的名利。与"优美的灵魂"不同的是"恶的意识","恶的意识"不像"优美的灵魂"那样不去行动,它去行动,但这种行动的动机却是自私自利的。"优美的灵魂"和"恶的意识"两者都有片面性,前者只去进行判断而不行动,后者虽然自私自利,却产生实际的行动。要克服这两者各自的片面性,"优美的灵魂"需与"恶的意识"结合起来,而它们的结合只有在超社会的"宗

---

① 〔德〕黑格尔:《精神现象学》(下卷),贺麟、王玖兴译,商务印书馆1979年版,第123页。

教"中才能结合,这就过渡到意识发展的第五阶段"宗教"。

宗教在前此出现过的诸形态里都出现过,不过那时只是作为绝对本质的一般意识出现,并不是以自在自为的绝对本质出现。作为意识发展阶段的宗教是精神的完成,在宗教阶段,当精神知道自己是精神,达到自我意识。"宗教"包括三个阶段:"自然宗教"、"艺术宗教"和"天启宗教"。它们对应于个人意识发展的三个阶段:"意识"、"自我意识"和"理性"。在"自然宗教"阶段中,精神把自己作为一种在自然形态中的对象来认识。它的第一个小阶段为"光明之神",这个阶段以无生命的东西为对象;第二个小阶段是以动物和植物等有生命的东西为宗教对象;第三个阶段是把上帝当作工匠的阶段。"工匠"阶段表明了精神开始摆脱自然的束缚,这就过渡到"艺术宗教"阶段。在"艺术宗教"阶段,上帝不是把自己表现于自然品之中,而是表现在人所创造的艺术品当中。"艺术宗教"的第一个阶段是"抽象的艺术品"。"抽象的艺术品"表现于雕刻和赞美歌中,前者缺乏自我的表露,后者却如前者相反,而只关注自我。这两部分的对立在"崇拜"中统一起来,在"崇拜"中,人性和神性达到了调和。在这里,艺术品已超出了"抽象艺术品"阶段而过渡到"有生命的艺术品"。在"有生命的艺术品"阶段,作为自然东西的人的肉体成了精神东西的表现。在这里,人只是缺乏内在性的外在,而语言既是内在的又是外在的。但"这里所说的语言既不是其内容极其偶然和个别的神谕式的语言,也不是出于情感的、只是歌颂个别神灵的赞美那样的语言,更不是那狂热的酒神崇拜中内容模糊不清的语言,而乃是赢得了清楚的普遍的内容的语言"[①],这就过渡到"精神的艺术品"阶段。"精神艺术品"分为三个阶段:史诗、悲剧和喜剧。从史诗到悲剧再到喜剧

---

[①] 〔德〕黑格尔:《精神现象学》(下卷),贺麟、王玖兴译,商务印书馆1979年版,第212页。

是神性回到人性的过程。在史诗中，占有主导地位的是普遍性的神，而个体性的主体则是无关紧要的，普遍性的神通过单个的人表现出来，但它们之间的统一尚显脆弱，"各种普遍的力量采取个体性〔个人〕的形式，从而这些力量就具有行动的原则；因此当它们要完成任何事情的时候，它们似乎象一般人一样，完全由它们自己去做，而且是自由地做出来的。因此，神灵和人们所作的乃是同样的事情。那些神圣的力量象煞有介事地进行活动的严肃态度，实际上是可笑而无必要的，因为事实上神圣的力量是行动着的个人的推动力量。而个人的紧张和劳作也同样是无用的努力，因为神圣的力量在支配主宰一切"①。这也就是说，神和人在史诗阶段都是抽象的必然性，由于这种抽象的必然性，史诗就被过渡到悲剧阶段。悲剧中的歌唱者不象史诗中那样只是个无关紧要的歌唱工具，而是参与剧中的演员。在悲剧中，"尽忠"与"尽孝"由于各自坚持自己的伦理原则而互相对立，两者同样是正确的，也同样是错误的，否定力量使两者都毁灭其中，这种否定力量使得悲剧过渡到喜剧。在喜剧中，英雄失去神性而变成普通人，人摘下假面具后而露出了真面目，这样的人把神性当作过眼烟云。喜剧提高了人的主体性，却抹杀了神性，失去了神性的人性并不是具体的精神，艺术宗教必须过渡到更加高级的宗教形式"天启宗教"。"天启宗教"是"宗教"发展的最高阶段，相应于个人意识的"理性"阶段。在"天启宗教"中，人性和神性达到了统一，基督是上帝的化身，他既有神性，又有人性，关于基督的知识要在宗教社团中才能实现。宗教社团以"表象"方式来表达宗教知识，但"表象"难免有失外在性，在表象中，还不能使对象具有自我的形式，这样，"天启宗教"还需过渡到意识发展的最后阶段"绝对知识"。

---

① 〔德〕黑格尔：《精神现象学》（下卷），贺麟、王玖兴译，商务印书馆1979年版，第216页。

"绝对知识"是对宗教所具表象形式的超越，是对表象所带来的对象的异己性的克服。对于对象异己性的克服，"不应当片面地理解，以为对象是指向自我回复的东西，而应当更确切地理解为对象本身表明了自己对于自我说来是消逝着的东西；还应当理解为：正是自我意识的外在化建立了事物性，并且这种外在化不仅有否定的意义，而且有肯定的意义"①。这就是说，自我意识把自身外在化为对象，同时又扬弃这种外在化，把对象收回自身。这样，自我与对象、实体与主体就统一起来了，它们统一于用概念形式表达出来的知道自我即是对象的绝对知识中，绝对知识就是精神自身对自身的概念式的认识。

（2）"逻辑学"的叙述过程

作为叙述过程的"逻辑学"实际上是和作为研究过程的"精神现象学"统一的，"逻辑学"隐蔽的以"精神现象学"为基础。"逻辑学"分为三个部分："存在论"、"本质论"和"概念论"。"存在论"分为"质"、"量"和"尺度"三个大部分，其中在每个部分中又包含许多环节在内。凡属于"存在论"范围内的范畴都是直接性的，这些范畴孤立地看，都是彼此外在的；进一步来看，它们却是一方过渡到他方。

"质"分为"存在"、"定在"和"自为存在"三个环节。其中"存在"又有"有"、"无"和"变"三个环节。"有"是无任何规定性的单纯的直接性。"有"（是）只说出了一个"是"，至于是什么，则毫无所说。所以，这样纯粹的"是"，是绝对的否定，即什么也不是，也即"有"即"无"。既然承认"有"一个"无"，则"无"的概念就包含一个"有"，只不过这个有不是别的什么有，而是无自身的有。所以"有"和"无"作为纯粹的无规定性，实际上指的是同一

---

① 〔德〕黑格尔：《精神现象学》（下卷），贺麟、王玖兴译，商务印书馆1979年版，第258页。

个东西,"两者之间的区别,只是一指谓上的区别"①。"有"只是空虚的"无","无"也只是空虚的"有","有"中有"无","无"中有"有",因而"有"与"无"统一起来,"有"与"无"的统一就是"变"。在"变"中,"有"与"无"都只是消逝着的东西,因而,"有"与"无"在"变"中的统一只是一个自相矛盾的统一,"变"是产生与消灭的统一,从"有"到"无"就是消灭,从"无"到"有"就是产生。"变"由于这种自身的矛盾而过渡到"定在"。

"定在"是"变"的结果,"定在"和"变"一样包含"有"和"无"两个环节,但"有"与"无"在这里已不再是不安息的互相过渡,而是平静地相处在"定在"中。"定在"是有规定性的存在,具有直接的规定性,这种直接的规定性就是"质"。② 而"定在"返回这种直接的规定性就是"某物"。某物之所以是某物,乃由于其质,如失掉其质,某物便不再是某物。但"一切规定都是否定",说某物是此物就意谓着它不是别物,所以规定性就是限度。限度就是限定某物是此而非彼,限度即有现实性又有否定性,某物既现实地是某物又潜在地是别物。某物按照自身的本性必然要过渡到别物,而别物本身又是一个某物,它同样又必然过渡到另一个别物,如此递进,以至无限,这样的无限是"坏的无限"。但某物相对于别物来说,其本身也是一别物,是它自己的别物的别物,"因此可以推知,当某物过渡到别物时,只是和它自身在一起罢了"③。这种在别物中达到的无限的自我联系,是"真正的无限"。从否定方面来说,某物都是别物之别物,是否定之否定,经过这种否定之否定而恢复到肯定,就是"自为存在"。

"自为存在"是完成了的质,它作为否定的自身联系,也就是"一"。"一"的这种否定的自身联系也是自己与自己的区别、自己对

---

① 〔德〕黑格尔:《小逻辑》,贺麟译,商务印书馆1980年版,第194页。
② 注意这里的"质"不是指"存在论"中"质"、"量"和"尺度"中的"质"。
③ 〔德〕黑格尔:《小逻辑》,贺麟译,商务印书馆1980年版,第209页。

自己的排斥，就此而言，"一"中包含"多"，或者说，"一"中包含"许多一"。"多"和它的对方"一"一样，也是"一"，"多"和"一"是同一的。从"斥力"角度来看，"斥力"是许多"一"相互否定，尽管相互否定，毕竟还相互联系，同"一"发生联系的仍然是一个一个的"一"。这样，"一"与别物发生联系也就是与自身发生联系，因此"斥力"同样也是"引力"。这样，作为"自为存在"的"一"就扬弃自身而过渡到"量"，"量"扬弃了质的规定性，是一中之多。

"量"分为三个阶段："纯量"、"定量"和"程度"。"纯量"是纯粹的存在，它不再认作与存在本身相同一，它对于具有一定质的存在是无关重要的。"纯量"有两个方面：一是连续性，这是指量通过引力而设定的自身同一规定；另一是分离性，这是指量所包含的诸多"一"。纯量的这两个方面是联系在一起的：凡连续的量都具有分离性，因为它是许多单位的连续；而分离的量也是连续的，因为量中所包含的许多单位必然是相互联系在一起的整体。"纯量"中虽包含连续性与分离性两个环节，但这两者的区别只是潜在的，到"定量"中，两者的区别才明显确立起来。"定量"是特定的或有一定限度的量，它内部分裂为许多数目不确定的单位的量，每一个特定的量各自形成一个单位，但从另一方面看，这单位量仍然是多。这样"定量"便规定为"数"，"数"从分离环节来看就是"数目"，从连续环节来看就是"单位"。"定量"是有限度的量，就限度自身是多重而言，是"外延量"；就限度作为简单的规定性而言，是"内涵量"或者"程度"。"外延量"和"内涵量"不是两种不同的量，而是同一个量的两个互相包含的方面。凡"外延量"都是"内涵量"，凡"内涵量"也同样是"外延量"。在"程度"中，定量达到自己的概念，在未达到"程度"以前，定量是中立的简单的量，定量的规定性完全在定量的外面，在别的量中。于是此定量必然要超出自身转变为彼定量，彼定量又必然超出自身成为另一彼定量。这样，量的无限进展便被设立起来，量的无限进展最初似乎是不断地从一个数转化到另一个数，从思想看来，所谓量的无限进展，只不过是量返回自身，不过是以数规定数的过程，这便是"量的比例"。"量的比例"是真无限，相当于"自为存在"。在"量的比例"中，量具有质的特性开始有所表现。"量的比例"虽然具有质的特点，但在这里，质和量的关系还是外在的，只有在"质"和"量"统一的"尺度"中，二者才统一起来。

"尺度"是质与量的统一，是完成了的存在。"存在论"中范畴之间的关系是过渡的，它不像"本质论"中的范畴之间是"映现"的，在"尺度"中，"质"和"量"的统一也只是直接的。尺度中质和量的统一，最初尚未明显实现出来，在"特殊的定量"范围内，量的增减并不影响"特殊的定在"。但正由于质与量的统一是直接的，量的变化一旦超出其限度，就会引起质的变化。当一个尺度由于其量的性质超出其质的规定性时，便成为"无尺度"。"无尺度"就是原有的尺度受到否定，原有质量统一体受到破坏。不过，"无尺度"又是一种新的质量统一体，是一种新的尺度。由"尺度"到"无尺度"，再从"无尺度"到新的"尺度"，表现为无限进展过程。但"无尺度"也是一种尺度，因而从尺度到无尺度，仍然只是尺度和它自身相结合，这样，尺度的进展就不是"坏无限"，而是"真无限"。"真无限"把质和量原先潜在的统一性发挥了出来，表明质潜在的就是量，量潜在的就是质，无论在"尺度"还是在"无尺度"里，质和量都是统一在一起的。这种统一体作为简单的自身联系，包含着被扬弃了的一般存在及其各个形式在内，这就是"本质"，这就进展到"本质论"阶段。

"本质"总是相对于存在及其各种规定性而言的，因而本质也就是其规定性被扬弃了的存在。"尺度"是潜在的"本质"，尺度的发展过程，只在于把质和量的潜在统一性实现出来，"本质"是"尺度"发展的结果。"本质论"的进展经过三个大的环节，即"本质作为实存的根据"、"现象"和"现实"三个环节。①

"本质作为实存的根据"中，又经过"纯反思规定"、"实存"和"物"三个环节，其中"纯反思规定"和"物"又包括更小环节在内。在"本质"中，存在并没有消失，"本质"作为单纯的自身联系，"本质"才是存在，同时，"存在"由于其所具有的片面的直接性的规定而被贬抑为假象，因此，"本质"是映现在自身中的存在，是"纯反思规定"。"本质"就其纯粹反思的自身联系，就是自身"同一"。"同一"有抽象同一和具体同一之分，抽象同一就是排斥一切差别的同一，而具体同一是包含多样性和差异在内的同一，抽象同一集中体现在形式逻辑的同一律 $A = A$ 中，它是知性思维的规律。事实上，没有任何事物按照这抽象的同一律而存在，"本质"作为同一是自己和自己相联系的否定，是自己对自己的排斥。因而，"本质"是具体的同一，是包含差别的同一。"差别"的最初形式是"直接的差别"或"差异"，这是偶然的任意的差别，这种差别对于双方都是外在的，并不影响各物本身的本质。这也就是说，差别不在各物本身之内，只能在它们之外的"第三者"中，通过"比较"来找到它们间的差别，这就是"相等"和"不相等"。所谓"相等"就是从外在比较中得出的同一；而"不相等"就是从外在比较中得到的不同。但"相等"是彼此不同一的事物之间的相等，而"不相等"也是有关系的事物之间的

---

① 这里是按照"小逻辑"来划分的，"大逻辑"分为"作为反思自身的本质"、"现象"和"现实"三个部分。对比一下，可看出，"小逻辑"和"大逻辑"在三个大的环节的划分上区别不大，但是在进一步对每个环节的划分上，两者区别较大。"小逻辑"的第一个环节"本质作为实存的根据"分为"纯反思规定"、"实存"和"物"三个环节，而"大逻辑"的第一个环节"作为反思自身的本质"分为"映像"、"本质性和反思规定"和"根据"三个环节；"小逻辑"的第二个环节"现象"分为"现象界"、"内容和形式"和"关系"三个环节，而"大逻辑"的第二个环节"现象"分为"存在"、"现象"和"本质的对比"三个环节；"小逻辑"的第三个环节"现实"分为"实体关系"、"因果关系"和"相互作用"三个环节，而"大逻辑"的第三个环节"现实"分为"绝对物"、"现实"和"绝对的对比"三个环节。尽管这样，它们涉及的内容基本差不多。我们这里的讨论以"小逻辑"的划分为主，兼顾"大逻辑"的内容。

不相等，这样，"相等"和"不相等"并非毫不相干，而是一方映现在另一方内。所以"直接的差别"也就是潜在的差别、反思的差别和特定的差别。"直接的差别"必然要进展到"对立"，"对立"是"本质的差别"，对立的双方是肯定和否定。"肯定"是同一的自身联系，肯定不是否定；而否定作为自为的差别物，又不是肯定。肯定和否定每一方面都坚持自己不是对方，但既然只有否定对方才能坚持自身，这就是说："每一方只有在与它另一方的联系中才能获得它自己的[本质]规定，此一方只有反映另一方，才能反映自己。"① 因此，所谓对立，是指对立的双方不是和一个一般的它物对立，而是和一个同它正相反对的它物对立，于是，每一方都是自己的对方的对方。既然在对立中，一个事物既肯定对方，又否定对方，即与对方排斥，又与对方同一，因而实际上也就是一个事物自身分为两个对立面而互相冲突，是一个事物自己和自己的排斥，也就是事物的自相矛盾。矛盾的双方既然相互冲突，就要扬弃矛盾，这就走向"根据"。"根据"是矛盾的暂时解决，在"根据"中矛盾得到了扬弃，冲突的双方平息下来，但根据并不是据此就是抽象的统一，根据仍包含同一又包含差别，只不过同一和差别在这里作为被扬弃的东西。一个事物由于内在矛盾而变成另一个不同于自己的他物，这个事物就是另一个事物的根据。但由于矛盾是自相矛盾，因而这"另一个事物"仍然是这个事物的自身反映，因此，由于在根据中不是抽象的自身反映，本质才真正建立起来。真正的根据并不是"形式的根据"，在"形式的根据"中，根据和根据的结果是同一的，如问根据是什么，回答就是"根据是有一后果的东西"。问后果是什么，回答则是"后果就是一有根据的东西"。真正的根据也不是"实在的根据"，因为在"实在的根据"中，根据和后果之间的联系完全是偶然任意的，因此，"实在的根据"也

---

① 〔德〕黑格尔：《小逻辑》，贺麟译，商务印书馆1980年版，第254—255页。

可看成另一类型的"形式的根据";真正的根据应是"全面的根据"。"全面的根据"是形式的根据和实在的根据两者的统一,它把内在本性和外在事实统一起来,它把握到事物内外方面的全貌,这就引来了"条件",当根据具备了条件时,就到了"实存"。

"实存"是自身反思与他物反思的直接统一,"同一"、"差别"和"根据"都是作为自身反思的本质,"实存"从"根据"发展而来,具有他物反思的成分。这样,每一个实存的东西都包含有与别的实存着的东西的联系,把别的实存的东西作为根据反映在自身内,这样的实存就是"物"。"物"是根据和实存的统一,"物"既有"自身反思"的一面,也有"他物反思"的一面。就"他物反思"这一面来说,"物"具有差别在自身内,是个有规定性的东西,这个"物"所具有的不同的规定性就是"特质"。"特质"本身没有独立的地位,它隶属于"物"。但"物"相对于"特质"来说有独立地位,一物失掉某个特质,并不失为某物。既然"物"在"他物反思"的同时又"自身反思",那么"物"的许多"特质"就不仅是彼此相异,而且又是自身同一的。由此说来,"特质"又变成独立的不隶属于"物"的东西,这就是"质料"。"质料"虽具有独立性,但它还不是具体的"物",只是作为抽象规定性的实存。"质料"作为反思的存在,是与存在同一的。"质料"的独立性不同于"物"的独立性,"质料"只是特定的自身反映,它是物的持存性,这样,物又依赖于质料。"质料"既可构成这样之物,又可构成那样之物,因而"质料"对于规定性是不相干的。这些不同的规定性与"物"的外在联系就是"形式"。凡"物"都包括"质料"和"形式"两个方面,这两个方面是不可分的,没有无质料的形式,也没有无形式的质料。"物"是形式和质料统一的矛盾体,"物"按照否定的统一来说,它就是形式,在此,质料被降低到特质地位;同时另一方面,"物"又由质料所构成。就质料本身来说,它同样是独立的,但这种独立又被形式所否定,因而,

"物"便成了在自己本身内扬弃自己的本质的实存,所谓本质的实存,是指"实存"是依赖本质的,按照这样来理解的实存,便是"现象"。

在"现象"中,经过"现象界"、"内容和形式"和"关系"三个较大环节。"现象"不是"假象",当"本质"还只是自身之内的"映现"而未表现出来时,本质单纯的自身联系就是假象。但"本质"绝不停留在自身之内,而是作为根据进展到实存,这样,"实存"就不过是"本质"的表现,不过是"现象"。由此可看出,"本质"不能脱离"现象"而存在,"本质"不在现象之外,也不在现象之后。凡现象界的事物都要扬弃自己的持存而以作为本质的形式为根据,但这根据仍是一现象界的东西,于是,现象便通过形式的中介而形成一个的"现象的整体和世界"。现象界中事物联成一体,也就是事物的自身联系,现象的这种自身联系便成了自身的形式。这种形式不是外加的,而是本质的持存,即"内容",这种具有内容的形式也就是"现象的规律"。"内容",作为发展了的形式,既是实存着的东西的彼此间的外在性和独立性,也是这些实存着的东西之间的同一性和联系。其中存在的"对立性"和"同一性"就构成"关系"的两个方面。把关系表达得最直接最外在的便是"全体"与"部分","全体"和"部分"的关系本来可以被理解成有机联系在一起,部分不能离开全体,全体也不能离开部分。但它们间的关系通常被理解成机械地结合在一起。机械的观点把全体和部分看成没有内在联系的,全体由部分所组成,但每一个部分又各自成为一个全体,这样,部分又可以细分下去,以至无穷。在这无限的可分中,全体就失为全体,全体只是部分;反之,部分也失为部分,部分就是全体。这个矛盾只有在更深刻的范畴"力和力的表现"中才能得到解决。如果把全体分为部分的无穷过程认作否定的自身联系过程,对"全体"和"部分"的关系加以有机地理解,那么全体就作为掌握部分的东西而出现,全体就作为自身同一的全体,这就是"力"。当"力"扬弃内在存在而把自身表现于外时，就成为"力的表现"。"力"与"力的表现"明白地建立起同一关系。相对于具有潜在同一关系的"全体"和"部分"来说，可认作无限的关系，但相对于更高一级的关系来说，则是有限的。这是因为：其一，力需要一个事物作为它的承担者，似乎力只有附属的地位，力只是外加给事物的；其二，力需要外在的诱导而发挥出来，"而这诱导力的东西自身也仍是力的发挥，而这一力的发挥又同样需要诱导"①。如此递进，以至无穷，就永远得不到运动的绝对开始；最后，力与力的表现是同一的东西，因此用力来解释力的表现，只是空洞的同语反复。但从另一方面看，力与力的表现的这种同一性却表明一种更深刻的关系，这就是"内"与"外"的关系。因为力既然具有否定的自身联系，它就必定要表现出来，自身联系的同一就成为"内"，而表现出来则成为"外"。尽管从形式上看，"内"与"外"是对立的，内表示抽象的自身同一，外表示抽象的杂多性，但从本质上看，内外却是同一的，它们不能分离。在未达到范畴"内"与"外"时，内之表现于外是通过间接的空虚的中介的，到达"内"和"外"时，这种间接性就消逝成为一种直接性，也就是内与外达到自在自为地同一，这就是"现实"。

在"现实"中，经过"实体关系"、"因果关系"和"相互作用"三个环节。"现实"是内在与外在、本质和实存的统一。当"现实性"最初还处在内在的潜在的状态时，它便只是一种"可能性"。"可能性"最初表现为"形式的可能性"。"形式的可能性"不顾事物的一切关系和内容，"就这种形式的可能性意义上说，**一切不自相矛盾的东西，都是可能的**"②。"形式的可能性"只是单纯的内在性，当可能性已经成为现实，而这种现实只是一种单纯的可能性时，那么它就是

---

① 〔德〕黑格尔：《小逻辑》，贺麟译，商务印书馆1980年版，第285页。
② 〔德〕黑格尔：《逻辑学》（下卷），杨一之译，商务印书馆1976年版，第195页。

"偶然性"。"偶然性"是可能与现实的同一,偶然的东西是一个现实的东西,同时它也规定为可能性。偶然性作为现实的外在方面,本身不过是个条件,在它下面有各种各样的可能性。但那"现实的可能性"却要扬弃偶然性而使自己成为现实,这样的"现实的可能性"就是"必然性"。"必然性"分为三个环节:条件、实质和活动。条件和实质是活动的前提,而"活动是一种将条件转变成实质、将实质转变成条件,亦即转变到实存一边去的运动"①。但在"外在的必然性"中,这三者是独立存在,彼此的关系是外在的,因而是"外在的必然"。"外在的必然"受到外在的限制,而"绝对的必然"是无限的,"绝对的必然"不依赖与外在,自身为自身建条件,自己为自己开辟道路,条件、实质和活动在"绝对必然性"中并不是孤立的存在,而是统一起来。"绝对的必然性"首先作为实体与偶性关系而出现,"实体"是绝对自身同一性,既然是这种必然的自身同一性,它就要否定自身而表现于外,这就是"偶性"。实体是决定偶性的力量,是起主动作用的东西,而"偶性"是被作用的东西,实体和偶性作为两者有所区别的双方而发生的真正的关系,这就是"因果关系"。

当实体过渡到偶性而同时又返回自身时,实体就是具有创造性的原始的实质,这就是"原因"。但原因由于所具有的同一性必然要过渡到"效果"。效果是原因的实现,因而原因在效果中得以自身返回。"效果"有别于原因,只要执着于这种区别,则这个被原因所设定的效果也就是原因所设定的前提,因为没有效果也就没有原因,于是效果也就成了一个被动的实体。但效果既是实体,它同样也是主动的,它要扬弃第一个实体的主动性,而同时第一个实体又扬弃另一个实体的主动性,这样,因果关系便过渡到"相互作用"。

在相互作用中,原先坚持为有区别的原因和结果自在的都是同样

---

① 〔德〕黑格尔:《小逻辑》,贺麟译,商务印书馆1980年版,第311页。

的，两方都既是主动又是被动的，都既是原因又是结果。这样，所谓的两个原因的区别便是不真实的。相互作用表明了原始性的原因本身就包含效果，作用本身就包含反作用，原因在结果中恢复自身，原因就是自己是自己的原因。因而相互作用便是自己与自己的纯粹交替，它把必然性所具有的同一性显露出来。这种显露出来的必然性便是自由，自由就在于独立自决，自己排斥自己但又自身与自身同一，必然性中有同一性。但在必然性的初级阶段中，这种同一性还只是内在的，没有明显表现出来，必然性中对立的双方还互相束缚着，必然性的发展过程克服了它最初出现的僵硬外在性，逐渐表明那彼此束缚的双方实际上只是一个全体中不同的环节。这也就是说，必然性的发展过程就是由必然性转化到自由的过程。当然，必然作为必然还不是自由，自由以必然为前提，是对必然的认识，或者说，是认识了的显露出来的必然，只有在自由的基础上才能真正认识真正的必然。由必然到自由的过渡是最艰苦的过程，在这一过渡中，最坚硬的必然性被思维、主体所消解，而达到具体的积极的自由，这就是"概念"，这样，就从"本质论"进展到"概念论"。

"概念"从存在和本质发展而来，是存在和本质的统一，"概念"把前此一切范畴都扬弃的包含在自身之内。概念具有无限的创造形式，它把一切内容包含在内，而又不被内容所束缚，这样，概念就是能动和具体的东西，从而，概念论中的范畴之间的进展就不再是"存在论"中的那种"过渡"，也不是"本质论"中的"映现"，而是"发展"。所谓"发展"，是指把潜伏在本身的东西发挥和实现出来，"概念"按照自己必然的发展过程分为三个大的环节："主观概念"、"客体"和"理念"。"主观概念"又经过三个较大环节："概念自身"、"判断"和"推论"。黑格尔理解的概念指的是"具体概念"而不是"抽象概念"。抽象概念是脱离了特殊和个别的抽象物，具体的概念则是一般、特殊和个别的统一体。一般、特殊和个别是对立的，但它们又是统一的,一般乃是自身同一的东西,不过它同时却包含特殊和个别在内;特殊的东西是相异的东西,但它却是自身普遍的并作为个体的东西;个别是主体的东西,但它却包含有种和类在自身内,是实体性的存在。概念所具有的具体性和个别性表明了概念是能动的,概念必然要特殊化,这就是"判断"。

"判断"中的联系词"是"是从概念的本性中产生出来的,这样,判断就把概念所具有的潜在的特殊性表现出来。判断的最一般形式是"个别就是一般"。但在判断的进一步的发展中,主词便不再是直接的个体,主词获得特殊性和普遍性的意义;同样,谓词也不单纯是抽象的共体,它也获得特殊性和个体性的意义。这也就把概念的潜在的普遍性、特殊性和个体性的统一表现出来。概念是存在和本质的统一,从"存在"经"本质"到"概念"是概念自身的发展过程。而判断是概念的特殊化,因此,概念的发展过程也就是判断的发展过程,判断也要经过"存在"、"本质"和"概念"阶段。其中"本质"阶段由于其差别的性格又细分为"反思的判断"和"必然的判断"。这样,判断按照发展的次序就分为:"质的判断"、"反思的判断"、"必然的判断"和"概念的判断"。"质的判断"中首先是"肯定的判断"。肯定的判断形式是"个别就是特殊",但"质的判断"中谓语并不同主语有必然联系,因而个别并不是特殊,这样的判断就是"否定的判断"。在否定的判断中,主语与谓语的联系仍然保持着,谓语否定了主语的某一特质,但谓语仍是一种相对的普遍性,这就是说,"否定的判断"表明了"个别就是普遍"。但个别的事物并不是普遍的东西,因而否定判断自身便分裂为两个形式,或者是"同一判断":"个体就是个体",或者是无限的判断。无限判断是主词和谓词完全不相干的判断,如"狮子不是桌子"。质的判断中,主词和谓词是彼此外在的,但判断必须要表明主词和谓词的内在联系,这就发展到"反思判断"。"反思判断"表明主词通过谓词而与另一事物相联系,如"玫瑰花是有用的"。"质的判断"中主语是个体的东西,当从"质的判断"过渡到"反思判断"时,谓语由"质"变成了关系,而主语仍是个体,这样"反思判断"中,首先是"单称判断"。"单称判断"可以表述为"个体的东西就是普遍的东西"。但当说"个体的东西是普遍的"时候,实际上并不是说仅仅只有这一单独的个体具有普遍性,而是指一些这样的东西有普遍性,这就发展到"特称判断"。"单称判断"中直接的个体通过"特称判断"中的特殊性而失掉独立性,这样,个体性和特殊性就成为全体性,这就发展到"全称判断"。"全称判断"的主词只是个体的机械总和,并没有表明主词与谓词必然的联系,只有把"全称判断"中主词的"全体性"提高到普遍性,判断的主词和谓词才具有必然的联系,这就发展到"必然判断"。"必然判断"中的第一类判断是"直言判断",如"玫瑰花是一植物"。在"直言判断"中,主词和谓词各自独立,它们的同一性还只是内在的。而"必然判断"中的第二类判断"假言判断"却能把"直言判断"中内在的同一性明白表述出来,如"假如它是玫瑰花,则它是植物"。但"假言判断"只说出了"类"对它所属的一个种的必然关系,而未说出类对所有种的必然关系,这就要发展到"选言判断"。"选言判断"的一方是类,是普遍性,而另一方则是"类"所包含的"种的全体",是特殊性,这里,类和种的全体是统一的,"类是种的全体,种是全体的类"①。这种普遍性和特殊性的统一就是概念,从而,"选言判断"就发展到"概念的判断"。"概念判断"的第一形式是"确然判断"。"确然判断"以个体的东西为主词,以普遍性和特殊性是否一致为谓词,如"这所房子是好的"。但在"确然判断"中,主词并没有把特殊与普遍的联系表达出来,"这所房子是好的"并没有把主词"这所房子"和谓词"好的"之间的普遍联系表达出来。因为其所以好的理由并不知

---

① 〔德〕黑格尔:《小逻辑》,贺麟译,商务印书馆1980年版,第353页。

道，因而"确然判断"便只是一主观的特殊性，我们既可说"这所房子是好的"，又可说"这所房子是坏的"，这就发展到"或然判断"。而当找到主词是否符合普遍性的理由，当主词表达了客观的特殊性与它的"类"之间的联系时，就成了"必然判断"。如"这一所（直接的个体性）房子（类或普遍性），具有一些什么样的性质（特殊性），是好的或坏的"①。"必然判断"所表明的，乃是个体通过特殊而与普遍性统一，这样把主词和谓词统一起来，把个体性、特殊性和普遍性结合在一起的就是概念本身。当概念被区分为主词和谓词，并且又通过中介把它们联系起来的时候，就是"推论"。

"推论"是"概念"和"判断"的统一，"推论"是普遍性、特殊性和个别性既分化又实现其统一的过程。"推论"的第一种为"质的推论"。"质的推论"的第一种形式为"个体—特殊—普遍"，这里的中项只是主词的任一特性，中项也有许多不同的特性，因而这种推论中的各项是完全偶然的。不仅如此，这种推论中各项的联系形式也是偶然的，它们中的大前提和小前提各自都是一种直接的联系。"质的推论"中的第二种形式是"普遍—个体—特殊"，它由第一种形式发展而来，第一式通过特殊这个中介，表明了个体与普遍相结合，因而个体便在第二式中成为普遍和特殊的中介。在第二式中，普遍通过个体这个中介而与特殊联系起来，这就表明了特殊和个体也可以通过普遍而联系起来，这就是"质的推论"的第三式："特殊—普遍—个体"。既然推论中的各项都能取得中项和两端的地位，则它们之间彼此的差别便被扬弃了，具有各项无差别形式的推论，就是"量的推论"，即"甲＝乙，乙＝丙，则甲＝丙"。"量的推论"是完全无形式的推论，它实际上是质的推论最切近的结果。"质的推论"诸形式的发展过程表明：其一，个体、特殊和普遍三环节中的每一环节都自在

---

① 〔德〕黑格尔：《小逻辑》，贺麟译，商务印书馆1980年版，第354—355页。

的失掉其抽象的片面性而取得全体的特性和地位；其二，通过推论诸式的发展，每一项的大小两前提都是另外两式的结论，这表明每一式的大小前提都是有中介的。这样，概念三环节中起中介作用的便不再是外在的抽象的特殊性，而是个体性和普遍性反思的统一，这就发展到"反思推论"。"反思推论"以结合两端项于一体的东西为中介，这种推论的第一种形式是"全称推论"。"全称推论"有其缺点，因为它的大前提已先假定了结论，这样"全称推论"便建立在"归纳"之上。"归纳推论"的中项是所有个体的完全列举，但个体的列举决不能完全，于是，"归纳推论"又建立在"类比推论"上面。"类比推论"的中项"是一个个体，但这个个体却被了解为它的本质的普遍性、它的类或本质的规定性"①。要想"类比推论"做到深彻，中项必须是彻底的本质普遍性，这就发展到"必然推论"。"必然推论"以"本质的普遍性"为中项，"必然推论"首先是"直言推论"。"直言推论"在形式上与"质的推论"相同，但"直言推论"是建立在种和类的概念的必然关系之上，它具有客观必然性。不过这里的客观必然性还仅限于内容，并没有在形式上建立起客观必然性。这就发展到"假言推论"，"假言推论"的形式是"假如有甲，那么就要乙，现在有甲，所以有乙"，这就在甲与乙之间建立起形式上的必然性。因为推论的大前提是一种必然关系，但它在内容上却又陷入偶然性，因为小前提仍是一直接偶然的东西，因而结论也是一偶然的东西，这就要发展到"选言推论"。"选言推论"以普遍性为中项，但这普遍性不仅设定为特殊环节的全体，而且还设定为个别的特殊事物。在"选言推论"中，各项的主词是同一个，却分别体现普遍、特殊和个别，因而每次都是作为有中介的东西而出现。这样，在"选言推论"中，形式的必然性就与内容的必然性统一起来，它把中项建立为统一的概念总

---

① 〔德〕黑格尔：《小逻辑》，贺麟译，商务印书馆1980年版，第367页。

体,但这个概念总体经过自身分化之后,已不再是片面的主观概念了,而是以"客体"方式存在的概念。

"客体"由"推论"发展而来,"客体"既对"差别"毫不相关,也对"统一"毫不相关,它是一个"完全无独立性"和"完全独立性"的矛盾。"客体"的首先阶段是"机械性"。"机械性"的第一阶段是"形式的机械性"。"客体"最初只是潜在的概念,它最初总是把概念看成外在于它的主观的东西。这样,客体的各个规定性之间尚缺乏"概念"的统一性,它们只是一个凑合起来的聚集体,尽管它们之间有关系和无独立性,但同样又是独立的,这便是"形式的机械性"。"形式的机械性"具有受外力支配的非独立性,但这个事实恰恰说明客体具有自己的独立性,是包含否定于其自身的统一性和以别的事物为外围的"中心性"。而别的事物也同样是一个中心,它同样又以另外一个中心的事物为外围,"中心性"表明事物并不是对其周围事物毫不相关,这就是"有差别的机械性"。当把整个世界看成中心和外围事物构成时,则"有差别的机械性"就发展到"绝对的机械性"。如果把"中心个体性"看成一极端,把另一些非独立的客体看成另一极端,而把联接这两者的"相对的中心"作为中项,则"绝对的机械性"就是一种推论。在"绝对的机械性"中,每一项都可以作为中项,也可以作为端项,这就表明"客体"的实存不再是各自独立的,而是彼此有关系的、有亲和力的,这就发展到第二阶段"化学性"。尽管"化学性"克服了"机械性"的外在性,但在"化学性"中,无论是对于参加化合的客体,还是对于化合和分解过程,都是外在于化学过程的。这样,在"化学性"阶段,并没有达到真正的统一,概念还未实现出来。这就需要把潜存于机械性和化学性的概念解放出来,于是便发展到第三阶段"目的性"。"目的性"是否定了直接的客观性和达到了自为存在着的概念。"目的性"最初只是一种"外在的目的性"。"外在目的"是有限的,这一方面是由于目的的内容是主体凭主观需要制定的；另一方面是由于"客体"是现成的，是实现主观目的的外在条件。正因为"外在目的"的有限性，因而真正的目的应是"内在目的"。内在目的关系是一推论，是"主观的目的通过一个中项与一外在于它的客观性相结合"①。它的发展经过三个阶段：首先是"主观目的"，主观目的也是一推论，它通过特殊性把普遍的概念与个体性结合起来，使得个体成为一个能下判断的个体；其次是"正在完成过程中的目的"。既然在"主观目的"阶段是一种决心，那么他就必定转向外面，首先直接指向客体，把它作为自己的工具，来实现自己的目的。但在目的未完成之前，"目的"还只是有限的合目的性，作为工具的客体本身是不实的东西，它和目的还处于分裂状态；第三个阶段是"已完成的目的"。带有工具的目的性活动仍要指向外面，它要利用客体来达到目的，这样一来，作为工具的客体便与假定在先的客观性、材料发生联系。于是，"那作为支配机械和化学过程的力量的主观目的，在这些过程里让客观事物彼此互相消耗，互相扬弃，而它却超脱其自身于它们之外，但同时又保存其自身于它们之内"②，这样目的便完成了。但即便是"已完成的目的"，仍是有限的，因为已实现的目的不过是主体根据需要从外面强加在那现成材料上的形式，是一种偶然的规定，一个实现了的目的，又可成为达到别的目的的手段，如此递进，以至无穷。因此目的是实现了，但又没有实现，似乎目的永远都无法真正达到，但在主观有限的目的性活动中，已包含有某种无限的绝对的目的。主观有限的目的只不过是理念本身发展的一个环节，所谓无法真正实现目的，只不过是有限理性的一种错觉，而理念通过自己的行动必将扬弃这一错觉，这就发展到"理念"。

"理念"是概念和客观性的绝对统一，理念就是真理，因为真理

---

① 〔德〕黑格尔：《小逻辑》，贺麟译，商务印书馆1980年版，第391页。
② 〔德〕黑格尔：《小逻辑》，贺麟译，商务印书馆1980年版，第394页。

就是客观性与概念相符合。"理念"（真理）是全面的，个体的存在只不过是理念的某个方面，理念还需要其他的现实性，因为理念不过是概念的实现，而概念只能在所有现实事物的总和中和在它们的相互联系中才能实现。正由于理念是全面的，它就把知性所固执的一切对立关系都包括在内，所以，理念又不是抽象的，而是具体的，它使差异的东西无限恢复到自身同一。这样，理念就是一个矛盾的发展过程。在这个过程中，理念永恒产生矛盾，永恒克服矛盾，并且在矛盾中与自身相融合。理念作为过程，首先是"生命"阶段。"生命"是主观和客观、灵魂与肉体的直接统一。它首先是"有生命的个体"，在这个阶段中，有生命之物的灵魂不以外在事物为客体，而只以它的肉体为客体，作为客体的肉体的各个部分之间相互对立、相互争夺，却为同一有生命主体的一个活动；生命的第二个阶段是"生命过程"，这一阶段中，生命个体与其无机自然界发生统一与斗争关系，生命个体支配无机自然界，而无机自然界之所以能忍受这种征服，乃是因为无机自然是自在的生命。这就是说，生命个体是去征服自己，于是生命个体自身便取得一种真实的规定，成为潜在的族类、实体的普遍性，当个体与个体之间通过性的关系而彼此结合时，"族类"就实现了。"族类"的发展分裂为两个方面：一是简单的直接的生命个体成了有依赖性的被产生出来的东西；二是由于族类的否定，个体必将死亡。动物只能通过"族类"而延续生命，但新产生的个体仍是一直接个体，所以动物延种的过程乃是一个坏的无限过程。要克服这种坏的无限过程，只有发展到理念的第二阶段"认识"。主体把自己和客体区别开来，这是认识的前提，认识的任务就在于把二者的区别扬弃掉，而达到双方的统一，这一过程又分为两种运动，这就是"理论活动"和"实践活动"。在"理论活动"中，主观性自己否定自己主观的片面性，力图把存在着的世界纳到自身之内，并以客观内容充实自身的抽象确定性。因而，理论认识的主体最初显得就是一张白纸，它只是被动地反映一个事先业已存在的世界。理论认识的方法有分析和综合两种,分析法在于分解给予的具体内容,把它归结为各种抽象成分。但分析方法就好似剥葱,当葱皮一层一层剥掉时,原来的整个葱也就不复存在了,这就达不到认识的目的,于是认识就转向综合法。综合法以普遍性的界说为出发点,经过特殊分类而达到个别定理。它是从抽象到具体的过程,综合法不似分析法那样被动反映对象,而是积极地去规定对象,但无论是分析法还是综合法,由于它们都把对象看成外在于认识主体的,因而它们都是有限的认识。但从分析法到综合法,却显现出认识的能动性,认识的这种自己决定自己便是"意志"。"意志"的对象是"善",善有实现自身的冲力,它趋向于决定当前的世界,把当前的世界变成符合于自己的目的。但由于"意志"仍把外在事物看成事先假定的、从外面给予的和与主体对立的,意志仍是有限的,它本身是矛盾的,即"那善的目的既是实现了的,也是还没有实现,既是被设定为非主要的,又同样是主要的,既是现实的,同时又仅是可能的"①。有限的意志活动总把世界看成"是如此",而非"应如此"。但意志活动不会总是停留在这种有限性中,它会通过自己的意志活动而把有限性和有限性所包含的矛盾都扬弃掉。这也就是说,它不把外在事物当成虚假的,而把外在事物当成独立自存的。这样,意志活动就不把外在事物当成和自己对立的,从而达到"应如此"和"是如此"的统一,达到"理论活动"和"实践活动"的统一。于是,自在自为的善就已达到了,这种由认识的区别作用而又回归自身,并通过概念活动而把认识和生命统一起来的,就是"绝对理念"。这样,开端就如此这般地必然进展到逻辑学的终点"绝对理念"。

---

① 〔德〕黑格尔:《小逻辑》,贺麟译,商务印书馆1980年版,第419页。

## 2. 马克思哲学中研究方法和叙述方法

上面指出，在黑格尔那里，研究方法和叙述方法只有形式的差别，在实质上是一样的。马克思也是这样理解研究方法和叙述方法的，只不过马克思是站在人的现实活动这个唯物基础上来理解的。关于研究方法和叙述方法，马克思在《资本论》第二版跋中这样说道："当然，在形式上，叙述方法必须与研究方法不同。研究必须充分地占有材料，分析它的各种发展形式，探寻这些形式的内在联系。只有这项工作完成以后，现实的运动才能适当地叙述出来。这点一旦做到，材料的生命一旦在观念地反映出来，呈现在我们面前的就好像是一个先验的结构了。"[①] 为什么马克思在这里要提出这两种方法？因为《资本论》第一卷出版后，理论界关注的一个问题就是《资本论》方法问题。马克思认为这些理论家对他的方法理解是不对的，"人们对《资本论》中应用的方法理解得很差，这已经由对这一方法的各种互相矛盾的评论所证明"[②]。马克思特别提到俄国学者伊·考夫曼，这位学者认为马克思的"研究方法是严格的实在论，而叙述方法不幸是德国辩证法的"[③]，马克思引用他的原话："如果从外表的叙述形式来判断，那么最初看来，马克思是最大的唯心主义哲学家，而且是德国的极坏的唯心主义哲学家。而实际上，在经济学的批判方面，他是他的所有前辈都无法比拟的实在论者……决不能把他称为唯心主义者。"[④] 马克思认为回应这位学者的最好办法是从他自己的批评中摘几段话来，马克思在摘引了伊·考夫曼那一段话之后，说道："这位作者先生把他称为我的实际方法的东西描述得这样恰当，并且在谈到我个人对这种方法

---

① 《马克思恩格斯文集》（第5卷），人民出版社2009年版，第21—22页。
② 《马克思恩格斯文集》（第5卷），人民出版社2009年版，第19页。
③ 《马克思恩格斯文集》（第5卷），人民出版社2009年版，第20页。
④ 《马克思恩格斯文集》（第5卷），人民出版社2009年版，第20页。

的运用时又抱着这样的好感,那他所描述的不正是辩证方法吗?"① 由此可见,马克思认为他的研究方法(即实际方法)和叙述方法一样都是辩证法,但马克思随后强调他的辩证法和黑格尔的辩证法是根本不同的,"我的辩证方法,从根本上说,不仅和黑格尔的辩证方法不同,而且和它截然相反。在黑格尔看来,思维过程,即甚至被他在观念这一名称下转化为独立主体的思维过程,是现实事物的创造主,而现实事物只是思维过程的外部表现。而我的看法则相反,观念的东西不外是移入人的头脑并在人的头脑中改造过的物质的东西而已"②。这样看来,马克思的研究方法和叙述方法就没有什么实质的不同,要说有不同,也只是上面所引用的马克思所指出的在形式上这两种方法有差别。现在的问题是,如何理解马克思研究方法和叙述方法在实质上一样而只是在形式上有差别?为此先要搞清这两种方法究竟是何含义。

到底什么是研究方法?还是从马克思自己的言论中去寻找答案。马克思认为"研究必须充分地占有材料,分析它的各种发展形式,探寻这些形式的内在联系",把这个研究方法与"感性具体—抽象—思维具体"相对照,可以看出,马克思的研究方法的要义是在抽象到思维具体阶段,而不是感性具体到抽象阶段。因为马克思指出,在研究中要"分析它的各种发展形式,探寻这些形式的内在联系",这句话说的就是从抽象到具体的过程。当然,马克思并不由此认为就不需要"感性具体—抽象"这个阶段了。这个阶段是需要的,却不够。马克思认为,理论研究固然需要重视第一手的经验材料,但是理论研究又不能停留在此,而必须对这些经验材料进行理论抽象,进而分析各种抽象地内在联系,得出思维的具体。马克思指出,对于理论研究,"既不能用显微镜,也不能用化学试剂。二者都必须用抽象力来代

---

① 《马克思恩格斯文集》(第5卷),人民出版社2009年版,第21页。
② 《马克思恩格斯文集》(第5卷),人民出版社2009年版,第22页。

替"①，马克思这里所指的抽象力就是理论认识力。马克思在批评资产阶级经济学家时说道："对他来说，对一切后来的资产阶级经济学者来说，理解各种经济关系的形式区别所必要的理论认识力的缺少，都还是一个通例。他们只能对经验所写的材料粗糙地抓一抓，只对这些材料感兴趣。"②可见，研究方法虽然重视充分占有材料，但是它的重点在于探寻从经验材料中抽象分析出的形式的内在联系，即抽象到思维具体阶段。所以，对研究方法应该这样来理解：研究方法包括"感性具体—抽象—思维具体"总过程，而不是象有些学者认为研究方法只是从感性具体到抽象阶段，在这一个总过程中，重点在于抽象到思维具体这个阶段。

关于叙述方法，马克思认为研究工作做完之后，"现实的运动才能适当叙述出来。这点一旦做到，材料的生命一旦在观念地反映出来，呈现在我们面前的就好像是一个先验的结构了"。这就是说，叙述是在研究之后，是把研究所得的结果叙述出来。研究的结果是由研究过程而获得的，研究虽然包括"感性具体—抽象—思维具体"总个过程，叙述虽然是对研究的叙述，但在叙述时，不会把研究总个过程都叙述出来，而主要是把"抽象—思维具体"这个阶段叙述出来。

由此可见，叙述方法和研究方法在实质上是一样的，都主要是从抽象到思维具体的过程，表现出它们统一的一面。马克思明确指出叙述方法是从抽象到具体的方法，"从抽象上升到具体的方法，只是思维用来掌握具体并把它当作一个精神上的具体再现出来的方式"③。从道理上来讲，理应如此。研究显然离不开思维，而思维是离不开表达的，这样，在研究、思考时，其实在内心就有表达了。内心中的表达和思考是相互影响的，如果把思考看成内容、表达看成形式的话，那

---

① 《马克思恩格斯文集》（第5卷），人民出版社2009年版，第8页。
② 《剩余价值学说史》（第1卷），人民出版社1975年版，第71页。
③ 《马克思恩格斯全集》（第46卷上），人民出版社1979年版，第37—38页。

么思考这个内容就决定表达这个形式，表达这个形式反作用于思考这个内容。也就是说，有什么样的思考就会有什么样的内心表达。反过来，内心表达也会影响思考。由于思考的内容体现研究方法，因此研究方法实际上是思考与内心表达相互影响的结果。研究得出的结果要让别人知晓，需要叙述出来。与研究和内心表达关系相类似，研究（研究方法）和叙述（叙述方法）也是互相影响。这点不难理解，其实，叙述只不过是把内心表达记录下来而已。当叙述时，叙述人内心也同时在表达，同样也同时在研究。叙述和研究同样是相互影响的，一方面，先前的研究通过内心表达决定现在的叙述；另一方面，现在的叙述又通过内心表达来影响先前的研究。关于叙述时会影响先前的研究，这一点我们应该都有这个体会，我们在叙述时，并不是把先前的研究一点不改地叙述出来，而是在叙述先前研究时，又同时在思考先前的研究，叙述时也是在研究。马克思的叙述经历也说明了这点，马克思在给拉萨尔的信里写道："最近几个月来我都在进行最后的加工。但是进展很慢，因为多年来作为主要研究对象的一些题目，一旦想最后清算它们，总是又出现新的方面的问题，引起新的考虑。"[1] 这表明马克思在叙述时，也在研究，并不是纯粹在叙述。又如，马克思在给拉萨尔的另一封信中说道："我还有这样一个特点：要是隔一个月重看自己所写的一些东西，就会感到不满意，于是又得全部改写。"[2] 马克思看到以前的叙述时，就会引起新的思考，这也说明叙述也会引起新的研究。因此，尽管叙述是在先前研究完之后才开始的，但是这并不表明在叙述时对先前的研究就不发生任何影响，这就意味着叙述方法和研究方法在内容实质上是相同的。

但是，研究方法和叙述方法毕竟不完全一样，马克思指出，这两

---

[1]《马克思恩格斯文集》（第10卷），人民出版社2009年版，第149页。
[2]《马克思恩格斯全集》（第30卷），人民出版社1974年版，第617页。

个方法在形式上是不一样的。研究是研究者面对丰富的材料，经过抽象分析、理论综合而得出结论的过程。这一过程中少不了包括研究者的思考历程，叙述只是对研究过程逻辑上的叙述，一般不会像研究过程那样包含研究者的思考经过，这就决定了叙述方法和研究方法在形式上的区别。马克思在提到写作《资本论》的过程时说道："我的著作的各个部分是交替着写的。实际上，我开始写《资本论》的顺序同读者将要看到的顺序恰恰是相反的（即从第三部分—历史部分开始写），只不过是我最后着手写的第一卷当即做好了付印的准备，而其他两卷仍然处于一切研究工作最初阶段所具有的那种初稿形式。"① 可见，马克思写作《资本论》实际上是从历史部分开始的，在总体上，马克思从占有材料开始，以研究历史资料和现实材料为出发点，然后再写理论部分。而且在写作过程中，各个部分是交替完成的。这是由收集材料和研究状况导致的，这是马克思在开始研究时的真实情况。此时的叙述反映了当时的研究状况，在此时，叙述和研究基本上还是一致的，从而叙述方法和研究方法在形式上也没有什么不同。但是，这样的如实反映了马克思研究过程的叙述显然不能直接拿来给读者阅读。为此，在出版时，马克思对先前的叙述做了一些修改和调整，这样，最终的叙述和原来的研究在形式上就不一致了。另外，一般说来，研究的顺序和叙述的顺序是不一样的，研究往往从最成熟的最复杂的现象开始，"人体解剖对猴的解剖是一把钥匙"②；研究方法可以和实际发展的道路相反，而叙述时往往会从简单范畴开始，直到越来越复杂的范畴，例如《资本论》第一卷就是采取商品—货币—资本—剩余价值—资本积累……的顺序来叙述的。研究和叙述顺序的不一致也决定了研究方法和叙述方法在形式上的差别。

---

① 《马克思恩格斯全集》（第34卷），人民出版社1972年版，第285页。
② 《马克思恩格斯文集》（第8卷），人民出版社2009年版，第29页。

需要指出的是，说马克思的叙述方法是从抽象到思维具体的过程，只是从主要方面来说的，并不意味着不需要从感性具体到抽象的过程。如果把从感性具体到抽象这个过程排除出去，那么马克思的叙述方法好像只是从抽象到思维具体的过程，这就和黑格尔区分不开了。马克思特别强调他的辩证法（包含叙述方法）是建立在唯物基础上的，认为"观念的东西不外是移入人的头脑并在人的头脑中改造过的物质的东西而已"。马克思在叙述他的理论时，特别注意防止别人误解他叙述方法具有唯心性质。早在1857—1858年马克思写作《政治经济学批判》草稿时，已经注意到这一点，他写道："往后，在结束这个问题之前，有必要对唯心主义的叙述方法作一纠正，这种叙途方法造成一种假象，似乎探讨的只是一些概念的规定和这些概念的辩证法。因此，首先是弄清这样的说法：产品（或活动）成为商品，商品成为交换价值；交换价值成为货币。"① 为防止他的叙述方法有唯心主义之嫌，马克思特别注意他的叙述，例如《政治经济学批判》（1857—1858年草稿）中最初提法是："表现资产阶级财富的第一个范畴是**商品**的范畴。商品本身表现为两种规定的统一，商品是使用价值，即满足人的某种需要的物。"② 这里使用了"商品的范畴"，容易让人联想其唯心性质。马克思在几个月之后正式出版《政治经济学批判》时做了修改："最初一看，资产阶级的财富表现为一个惊人庞大的商品堆积，单个的商品则表现为这种财富的元素存在。但是，每个商品表现出使用价值和交换价值两个方面。"③ 这里没了"范畴"二字，用了"最初一看"。《资本论》初版时，马克思又做了修改："资本主义生产方式占统治地位的社会的财富，表现为'庞大的商品堆积'，单个的商品表现为这

---

① 《马克思恩格斯全集》（第46卷上），人民出版社1979年版，第97页。
② 《马克思恩格斯全集》（第46卷下），人民出版社1979年版，第411页。
③ 《马克思恩格斯全集》（第13卷），人民出版社1965年版，第15页。

种财富的元素形式。因此，我们的研究就从分析商品开始。"① 这样的表述就更看不出有唯心性质了。马克思之所以这样修改，就是想让别人知道，他的叙述方法是建立在唯物基础之上的，和黑格尔唯心的叙述方法不一样。其实这也是事理之中的事，马克思的叙述是对他的研究进行的，既然马克思的研究不只是抽象到思维具体的阶段（尽管这是主要的阶段），也包括从感性具体到抽象的阶段，所以尽管叙述主要是从抽象到具体阶段，但也不可避免有感性具体到抽象阶段的痕迹，表明了马克思的叙述方法不是黑格尔式的只是从抽象到思维具体的唯心过程。

总之，马克思的研究方法和叙述方法是对立统一的，两者在形式上有差别，在实质上是一样的。它们都是"感性具体—抽象—思维具体"的过程。在这一总的过程中，两者都注重从抽象到思维具体这个阶段。但在形式上，研究过程有更多的从感性具体到抽象阶段的内容，而相比较叙述过程更多的是在抽象到思维具体阶段，并且叙述阶段是对研究阶段中的从抽象到思维具体的"纯化"。

## 四、逻辑与历史的统一

由上面讨论可知，"感性具体—抽象—思维具体"这个过程重点是从抽象到思维具体阶段。这个过程是把分析、抽象所得结果综合为思维具体，现在问题是，从抽象到思维具体这个过程是如何做到的？这个问题与我们常说的"逻辑与历史统一"方法有关。"逻辑与历史的统一"在黑格尔和马克思那里都有深刻的运用。

---

① 《马克思恩格斯文集》（第5卷），人民出版社2009年版，第47页。

1. 黑格尔哲学中逻辑和历史的统一

　　历史的东西属于现象领域，是一种直观。黑格尔说他的逻辑学是自己生成自己的，实际上并非如此。他的逻辑学的形成是以其背后的直观（历史）为基础的，他暗中运用了逻辑与直观相统一方法。这里的"逻辑与直观的统一"包含两层深浅不一的意思：浅层意思是指"逻辑与直观的互为前提"；深层意思是指"逻辑规律与直观规律的一致"。其中浅层意思是深层意思的前提，逻辑规律与直观规律的一致只有在逻辑与直观的互为前提下才有可能。"逻辑学"之所以形成，首先是由于号称研究与感性毫无关系的纯粹思维的逻辑学实际上最终离不开经验科学、离不开历史、离不开直观；其次是由于在这基础之上的逻辑规律与直观规律的一致。本节就来揭示这一点，以表明逻辑与历史相统一方法在黑格尔哲学中的运用。

　　（1）逻辑与直观互为前提

　　这里所谓的"逻辑与直观互为前提"，指的是在任何逻辑活动中，必定都有直观相伴随；反过来，任何直观活动，其背后必定有逻辑的作用存在，没有逻辑的作用，任何一个简单的直观也不可能。这个结论从道理上可以首先得出。从道理上来讲，逻辑活动无疑是一种意识活动，而意识活动既然称得上是意识活动，那么在进行意识活动时，无论是何种意识活动，即使是最抽象的思维活动，也不可能大脑一片空白，没有任何直观物出现。这样，在逻辑活动中，也就始终会有直观物出现，只不过这个直观是以不同的直观形式出现而已，如感性直观、意象直观等。由此可见，逻辑无法离开直观，它是以直观为前提的。反过来，直观也离不开逻辑，没有逻辑的作用，就没有直观的存在。黑格尔在《精神现象学》中认为最简单的直观"感性确定性"实际上也是一个"共相"，这实际上是对直观无法离开逻辑做了一个很好的说明。总之，无论是逻辑活动还是直观活动，由于它们都是意识活动,它们就必定会以对方为前提,"意识活动无论是感性活动还是思维活动,均是直觉中渗透着逻辑、逻辑中渗透着直觉的渗透体"①。

黑格尔虽然没有专门论述直观与逻辑互为前提,但这个观点在黑格尔那里事实上是存在的。② 黑格尔在多处都强调"直接性与间接性的统一",如"无论在天上、在自然中、在精神中或在任何地方,都**没有**什么东西不同时包含直接性和间接性,所以这两种规定**不曾分离过**,也不可分离,而它们的对立便什么也不是"③。由于"直接性与间接性的统一"包含着"逻辑与直观的统一",而"逻辑与直观的统一"又包含"逻辑与直观互为前提",因而从黑格尔对"直接性与间接性统一"的强调可以得出黑格尔实际上也在强调"逻辑与直观互为前提"。另外,我们知道,逻辑学可以看成《精神现象学》的"纯化",逻辑学以《精神现象学》为前提,《精神现象学》是研究意识发展过程规律的,实际上也就是对人类的认识进行反思,而人类的认识一般说来离不开直观,这表明在黑格尔那里逻辑实际上是以直观为前提的。事实上,尽管并非那么直接,但从实际上看黑格尔在其著作中很多地方都表达了"逻辑以直观为前提"这层意思。归纳起来,这层意思主要在两个地方得到了体现:一是黑格尔对逻辑学开端的"直接性与间接性统一"的论述;二是黑格尔对逻辑学以经验科学为前提的强调。下面具体展开论述。

在论证逻辑学的开端时,指出了开端的无前提性,当时出于论证的需要,并没有进一步指出开端实际上是直接性与间接性的统一。但实际上"逻辑学"的开端是直接性和间接性、无前提性与有前提性的统一。事实上,黑格尔一面在强调开端的直接性、无前提性的同时,

---

① 王天成:《直觉与逻辑》,长春出版社2000年版,第52页。
② 在黑格尔著作中,出于需要,黑格尔更多地表达了"逻辑以直观为前提"这一面,而对于"直观以逻辑为前提"则表达得较少。基于这个情况,这里的论述将以黑格尔哲学中"逻辑以直观为前提"为多。
③〔德〕黑格尔:《逻辑学》(上卷),杨一之译,商务印书馆1966年版,第52页。

又同时在强调开端的间接性,开端的有前提性。开端实际上是有《精神现象学》这个前提的,这实际上表明作为直接性的开端背后有作为间接性的《精神现象学》的,是以《精神现象学》发展所达到的"纯知"为前提的。当然也可以把《精神现象学》作为直接性的东西来看待,而把开端当成间接性的东西,所以黑格尔说:"开端是**逻辑的**,因为它应当是在自由地、自为地有的思维原素中,在**纯粹的知**中造成的。于是开端又是**间接的**,因为纯知是**意识**的最后的、绝对的真理……于是逻辑以显现着的精神的科学为前提……但在逻辑中,则以从那种考察所得的结果——即作为纯知的理念——为前提。"① 由于《精神现象学》最终离不开直观,因而开端这种"直接性与间接性的统一"实际上表明了逻辑离不开直观,同时《精神现象学》之所以能够形成,背后也有逻辑学的存在,没有逻辑学思想存在,《精神现象学》不可能形成,因而也就表明直观离不开逻辑。这样一来,就可以把开端的"直接性与间接性的统一"解读成逻辑与直观的互为前提。

开端中的"直接性与间接性的统一"还表现在逻辑学的开端与终点互为前提上。前面已论述过,作为"逻辑学"终点的"绝对理念"是整个逻辑学所形成的体系,既然逻辑学是《精神现象学》的"纯化",那么可以说,在论述"逻辑学"的开端时,实际上整个"逻辑学"就在黑格尔头脑中已经产生了。这就是说,作为直接性的开端背后实际上已经有一个作为间接性的"绝对理念",所谓无前提开端的产生正是以这个"绝对理念"作为根据:"必须承认以下这一点是很重要的观察,——它在逻辑本身以内将更明确地显现出来,——即:前进就是**回溯**到**根据**,回溯到**原始的**和**真正的**东西;被用作开端的东西就依靠这种根据,并且实际上将是由根据产生的。"② 并且,终点

---

① 〔德〕黑格尔:《逻辑学》(上卷),杨一之译,商务印书馆1966年版,第53页。
② 〔德〕黑格尔:《逻辑学》(上卷),杨一之译,商务印书馆1966年版,第55页。

"绝对理念"也离不开开端,因为开端向后的发展,并不是丢失开端,而是把开端包含在其中,"离开端而**前进**,应当看作只不过是开端的进一步规定,所以开端的东西仍然是一切后继者的基础,并不因后继者而消灭。前进并不在于仅仅推演出一个**他物**,或过渡为一个真正的他物;——而且只要这种过渡一发生,这种前进也便同样又把自己扬弃了,所以哲学的开端,在一切后继的发展中,都是当前现在的、自己保持的基础,是完全长留在以后规定的内部的东西"[①]。其实,黑格尔在《逻辑学》最后从方法本身、综合与分析的统一和辩证法的否定论证了终点回到了起点,实际上也同时表明了作为直接性的开端与作为间接性的终点"绝对理念"的统一。这是因为,从方法本身层面看,"绝对理念"作为方法是开端的潜在根据,而作为方法的"绝对理念"也是通过开端的展开而形成的,因而开端与终点是统一的;从综合与分析层面看,由于开端的进展既是个综合的过程,又是个分析的过程,因而作为直接性的开端就包含着作为间接性的终点,而作为间接性的终点也包含着作为直接性的开端,因而作为直接性的开端与作为间接性的终点是统一的;从辩证法的否定来看,由于通过否定、否定之否定,开端向前的发展也就是向后回溯,这样开端与终点也就互为前提。终点"绝对理念"既然可看作整个逻辑学,而逻辑学又是以最终以直观的《精神现象学》为前提,因而,在这个意义上,可以把终点"绝对理念"看成"直观"。这样一来,作为逻辑形式的开端与作为"直观"的"绝对理念"也就互为前提,这也就是说,开端和终点的统一意味着逻辑与直观的互为前提。

逻辑与直观互为前提的观点还在黑格尔有关逻辑学和经验科学互为前提的论述中得到体现。前面说过,黑格尔逻辑学以《精神现象学》为前提,把《精神现象学》研究所得的意识发展规律进行"纯

---

① 〔德〕黑格尔:《逻辑学》(上卷),杨一之译,商务印书馆1966年版,第56页。

化",让它不再带有感性痕迹,而变成纯粹规律。而《精神现象学》又是以经验科学知识为前提的,因为《精神现象学》实际上是对认识的反思,是对知识的知识,是去探究经验科学知识的深层规律。既然是反思,则总要以所反思的知识为前提,因而《精神现象学》以经验科学知识为前提。这样,逻辑学也就以经验科学为前提。关于逻辑学和经验科学的关系,黑格尔说道:"思辨的科学与别的科学的关系,可以说是这样的:思辨科学对于经验科学的内容并不是置之不理,而是加以承认与利用,将经验科学中的普遍原则、规律和分类等加以承认和利用,以充实其自身的内容。此外,它把哲学上的一些范畴引入科学的范畴之内,并使它们通行有效。由此看来,哲学与科学的区别乃在于范畴的变换。"① 可见,逻辑学实际上是以经验科学知识为前提的,逻辑学中的纯粹概念实际上背后许多都来自经验科学知识中的概念,只不过是逻辑学对它们进行了"提纯",赋予更深更广的意义而已。由于经验科学知识来自于直观,因而逻辑学与经验科学知识的互为前提也就意味着逻辑与直观的互为前提。

在黑格尔那里,逻辑学和经验科学的互为前提是通过"自然哲学"这个中介来实现的。"自然哲学"和"经验科学"互为前提,而"逻辑学"又和"自然哲学"互为前提,这样"逻辑学"也就通过"自然哲学"这个中介而与"经验科学"互为前提。"自然哲学"与"自然科学"互为前提可以从黑格尔本人的学术生涯中得出。文艺复兴以来,欧洲自然科学和自然哲学的发展史上存在着两个自然哲学传统,一种是机械论的,主要发生在法国和英国。大致说来,机械论自然哲学单纯用古典力学解释一切自然现象,它把物理学、化学和生物学都归结为力学,把高级的物质运动形式归结为低级的物质运动形式。与此种机械论相对立,还存在着另一种自然哲学。在这种自然哲学中,

---

① 〔德〕黑格尔:《小逻辑》,贺麟译,商务印书馆1980年版,第49页。

含有思辨的因素，这一观点主要发生在德国及邻近国家。德国自然哲学家们认为自然界是一个有机整体，精神活动渗透其中，波墨、康德、歌德等都有这方面的思想。到了谢林那里，泛神论的自然观达到一个新的高度，在德国形成了一个谢林自然学派，谢林把"自然表述为不是外在于精神的东西，而是精神一般在客观的方式下的一种投射"①。黑格尔的自然哲学继承了德国自然哲学传统，力图对自然科学进行思辨的考察。黑格尔长期学习自然科学，他在耶拿大学当讲师还旁听过自然科学课程。他积极参加自然科学学术活动，是耶拿矿物学会、威斯特伐伦自然研究会和海德堡物理学会会员。除掉学习外，黑格尔还长期讲授自然哲学课程，讲授过数学和物理学。除此之外，黑格尔还写了不少自然哲学著作，除掉成熟的《哲学全书》中的"自然哲学"部分外，还有在1801年为取得耶拿大学授课资格而写的论文《论行星轨道》，在耶拿大学所写的三部哲学体系草稿中所包含的"自然哲学"部分，在纽伦堡时期写的《哲学入门》（1809年）所包含的"自然哲学"部分。通过对自然科学的学习，通过在"自然哲学"授课和创作中不断对自然科学的反思，黑格尔逐渐形成了成熟的"自然哲学"思想（即《哲学全书》中的"自然哲学"部分）。可见，黑格尔自然哲学不能离开他的自然科学知识，黑格尔明确指出："哲学与自然经验不仅必须一致，而且哲学科学的产生和发展是以经验物理学为前提和条件。"② 反过来，黑格尔所理解的自然科学肯定也离不开他的自然哲学思想。可以说，黑格尔的"自然哲学"与"经验科学"互为前提。③

"自然哲学"与"逻辑学"在黑格尔那里也是互为前提的。"自然

---

① 〔德〕黑格尔：《哲学史讲演录》（第四卷），贺麟、王太庆译，商务印书馆1978年版，第369页。
② 〔德〕黑格尔：《自然哲学》，梁志学等译，商务印书馆1980年版，第9页。
③ 这一节论证了黑格尔自然哲学以自然科学为前提，完成了通过自然哲学来论证逻辑学和经验科学互为前提的第一步。由于《自然哲学》是逻辑学的应用，因而实际上，仅凭这一步也可说明逻辑学和经验科学的互为前提。

哲学"是"逻辑学"的应用,这实际上表明"自然哲学"以"逻辑学"为前提。"自然哲学"虽是"逻辑学"的应用,然而,"逻辑学"也离不开"自然哲学",这可从"自然哲学"与"逻辑学"的内容相对应上看出。① "自然哲学"分为三个部分:"力学"、"物理学"和"有机物理学"。在"力学"阶段中,物质处于最抽象的、外在的状态,彼此之间只有"过渡"关系,其统一性还是外在的,"形式所具有的统一性是在这种个别化之外,因此是作为一种观念的、仅仅自在存在着的统一性,也只是被寻求的统一性。"② 这一阶段相当于逻辑学的"存在论"部分。在第二阶段"物理学"中,各个规定之间是相互反映关系,出现了较稳定统一的个体性,"实在性便是通过内在的形式规定性和其中存在的差别设定起来的,这是一种反映关系,这种关系的已内存在是自然的个体性"③,这个阶段相当于逻辑学的"本质论"部分。在第三个阶段"有机物理学"中,各规定之间是"发展"关系,达到了统一,"这种统一性已找到自身,并且是自为的,"④ 这一阶段相当于逻辑学中的"概念论"阶段。可见,"自然哲学"和"逻辑学"在内容上的确有对应关系,这实际上就表明了"逻辑学"和"自然哲学"的互为前提。

可见,在黑格尔那里"自然哲学"和"经验科学"互为前提,而"逻辑学"又和"自然哲学"互为前提。这样"逻辑学"也就通过"自然哲学"这个中介而与"自然科学"互为前提,从而在这里也体现出在黑格尔那里"逻辑与直观的互为前提"。

---

① 《自然哲学》和"逻辑学"内容上的相似,不能简单理解为只是由于前者是后者的应用而致,因为《自然哲学》还以自然科学为前提。这样,《自然哲学》和"逻辑学"内容上的相似就不能认为只是"逻辑学"对《自然哲学》影响的结果,而应理解为它们互相影响。
② 〔德〕黑格尔:《自然哲学》,梁志学等译,商务印书馆1980年版,第35页。
③ 〔德〕黑格尔:《自然哲学》,梁志学等译,商务印书馆1980年版,第35页。
④ 〔德〕黑格尔:《自然哲学》,梁志学等译,商务印书馆1980年版,第35页。

（2）逻辑规律与直观规律的一致

黑格尔那里存在着的"逻辑与直观的互为前提"只是"逻辑与直观相统一"的低级层次，用它来说明逻辑学"反思"是如何成立的还不成功，只有到了"逻辑与直观统一"的高级层次即"逻辑规律与直观规律相一致"那里，才能成功说明逻辑学"反思"的成立。为此，还必须进一步论证在黑格尔那里"逻辑与直观统一"的高级层次即"逻辑规律与直观规律相一致"的成立。[①]

通常认为，逻辑规律着重思维的连贯性、必然性，因而常把逻辑归于理性，却把直观看成直接性、突发性的非理性的东西，因而如果说直观有什么规律的话，那么它的规律也不会同于逻辑规律。然而仔细分析，问题却并非如此简单。如果从活动来理解逻辑和直观的话，那么逻辑和直观并不是分离的，逻辑规律和直观规律可以一致。

在哲学史上，逻辑与直观刚开始还处于朴素的统一之中，逻辑（logic）源于逻各斯（logos）。据专家考证，逻各斯在古希腊语言中有十多种含义，如谈话、尺度、思想、规则、理性等。在古希腊，把逻各斯作为核心概念提出的是赫拉克里特，它被用来指活火燃烧的"分寸"，是变的"尺度"，这时的逻各斯和直观并没有分离，逻各斯揭示了直观活动中的对立面的统一。在后来西方哲学的发展中，逻辑与直观开始发生了分裂，如柏拉图、库萨的尼古拉、斯宾诺莎等都认为直观知识比逻辑知识要高。直观与逻辑的分离在西方非理性主义中发展到高峰，非理性主义代表柏格森反对逻辑而重视直观（直觉），认为逻辑方法就是从对象的外部把对象分解为各种规定，然后在这些规定的区别和联系中把握对象。当这样做的时候，对象就被肢解成支离破碎的和僵死的东西，而在他看来，直觉却可以直接深入到对象的内部，真正的把握住对象。

---

① 本节主要参考了王天成所著《直觉与逻辑》中的有关思想。

逻辑与直观在这些哲学家的思想中之所以造成分离，乃是由于他们对逻辑进行知性的理解，或者说他们把逻辑理解成知性逻辑。他们之所以对逻辑进行知性的理解，是因为把逻辑规律当成逻辑本身，而逻辑规律又是对直观活动所产生的直观品进行反思而得到的。由于直观品是静止的东西，因而逻辑规律在对这些静止的作为结果的直观品反思时，逻辑规律不可避免地陷入孤立、片面和抽象之中而成为知性逻辑。这样的知性逻辑由于只是对直观品而不是对直观活动本身的反思，因而知性逻辑并不与直观活动本身的规律相一致，逻辑与直观在这里是不一致的。正是由于这种不一致，直观常常被视为非逻辑的。但是，由直观活动产生的直观品的规律并不就是直观活动本身的规律，而对直观品反思总结出来的逻辑规律也不等于逻辑活动的本身规律。如果我们认识到这一点，从活动去理解直观规律和逻辑规律的话，就有可能使得直观和逻辑统一起来。从活动上看，逻辑活动是对直观活动反思的结果，但是对直观活动的反思仍然也是一个直观活动，所以，直观活动和逻辑活动不是两个活动，而是同一个活动的两面。从一面看，它是直观活动，而从另一面看，它又是逻辑活动，因而直观活动的规律和逻辑活动的规律是一致的。如果加上直观活动规律主要是不自觉的，而逻辑活动规律主要是自觉的这个特点的话，则可以说，直观活动规律是不自觉地以直观形式表达的逻辑活动规律，而逻辑活动规律则是自觉地以逻辑形式表达的直观活动规律。

　　上面从道理上说明了逻辑规律和直观规律本来是可以一致的。从哲学史上的事实来看，最明白地表达了逻辑规律和直观规律相一致的，大概要算是黑格尔之后的现象学家胡塞尔了。由于胡塞尔从活动方面去理解了直观和逻辑，直观规律和逻辑规律最终在他那里得到了一致。胡塞尔坚定地认为直观的知识是最具真理性的知识，并把直观作为他哲学的第一原则："每一种原初给与的直观都是认识的合法源泉，在直观中原初地（可说是在其机体的现实中）给与我们的东西，只应按如其被给与的那样,而且也只在它在此被给与的限度之内被理解。"①他试图将一切知识特别是范畴逻辑的知识都建立于这种直观原则的基础之上。在他看来,逻辑的客观性是不可移易的,但是,逻辑要避免独断,始终保持它的客观性,却需要直观为其提供显现的视域。没有这种原初的给与的直观,一切知识和逻辑都难免陷入猜测的境地。基于此,胡塞尔特别重视逻辑的"明见性",重视这种具有原初被给与性的直观。这样,胡塞尔的现象学就始终贯穿着一种直观和逻辑的张力关系。胡塞尔这种为逻辑寻找直观的之路大体上经历了经验心理主义、本质还原和先验还原几个阶段。先验还原后,剩下的只是一个纯粹的先验意识活动结构,"纯粹心灵变成了先验的现象"②,这就是:"自我我思我思对象(ego cogito cogitatum)。"③ 这样一个意识活动结构是绝对直接被给与的,逻辑规定从根本上说就蕴含其中,通过它,逻辑规定就直接被直观到,被"原初地"显现出来。由此可见,由于胡塞尔从活动方面去理解直观和逻辑,逻辑规律和直观规律在胡塞尔最终达到了一致。

现在来考察一下逻辑规律和直观规律在黑格尔那里的情况。尽管黑格尔不如胡塞尔那样明确地追求逻辑规律和直观规律的一致,但实际上由于黑格尔也从活动出发去理解直观和逻辑,逻辑规律和直观规律在他那里也达到了一致。黑格尔之所以能够做到从活动上去理解直观和逻辑,显然受到在他之前的康德、费希特和谢林的影响。尽管逻辑规律和直观规律最终在他们那里没有达到一致,但康德、费希特和谢林在这方面却做了十分有益的研究。我们知道康德特别重视知识的原创过程,其先验逻辑就是对这种原创过程的先天条件的研究。先验逻辑不同于形式逻辑,形式逻辑由于抛弃了思维的活生生的内容而显

---

① 〔德〕胡塞尔:《纯粹现象学通论》,李幼蒸译,商务印书馆1992年版,第84页。
② 〔德〕胡塞尔:《现象学的方法》,倪梁康译,上海译文出版社2005年版,第193页。
③ 〔德〕胡塞尔:《笛卡尔沉思与巴黎讲演》,张宪译,人民出版社2008年版,第12页。

出诸多弊端，其弊端之一就是它只能对已有知识进行说明，而不能产生新的知识，"如果说形式逻辑只是一种判别有效性与否的非真谬逻辑，那么先验逻辑则是一种发现真理和谬误之根源的真谬逻辑"①。先验逻辑所具的这种性质决定了它是一种容纳直观的逻辑，或者说决定了先验逻辑和直观是联系在一起的。康德有关想象力的学说表明了逻辑和直观的固有联系，在康德看来，想象力是把未呈现之物诉诸直观的能力，想象力不同于感性，感性是一种接受能力，它对对象的显现是当下的直接呈现的，而想象力则是一种直观构造能力，因而它是当下化的。"想象力的这种性质决定了它是一种'能动的感性'"②，它是能动的，表明了它具有自发的逻辑功能，它是感性的，表明了它又是一种直观。康德的想象力学说不自觉地表明了这样一个结论：人们所进行的逻辑活动同时也是想象力依逻辑运行的直观活动。但是，康德并没有清醒意识到这一点，他仍把想象力和逻辑规定分离开来，逻辑规律和直观规律在康德那里并没有达到一致。康德之后的费希特改进了想象力学说，克服了康德哲学中思维和感性、逻辑和直观的分裂。与康德不同的是，费希特认为范畴也起源于想象力，范畴表达的是想象力活动的内在机制，它是通过对想象力的反思而得出来的。在费希特这里，范畴的自在的逻辑意义也就是想象力活动本身活动的内在规律。这里我们可以看出从活动中去理解直观和逻辑从而达到它们统一的可能。费希特之后的谢林进一步把费希特的由正题到反题再到合题的想象力活动发展成为直观（直觉）辩证法，这种直观辩证法的灵魂是分析与综合相统一的运动。

黑格尔显然吸取了他们的研究成果。黑格尔认为逻辑中的辩证法也是分析与综合相统一的方法，"这个既是分析的，又是综合的**判断**

---

① 王天成：《直觉与逻辑》，长春出版社 2000 年版，第 49—50 页。
② 王天成：《直觉与逻辑》，长春出版社 2000 年版，第 61 页。

的环节,通过它,那开始的普遍的东西从自身中把自身规定为**自己的他物**,它应该叫做**辩证法**的环节"①。这里可以看出,黑格尔明显直接受到谢林的影响。可以说,黑格尔辩证逻辑是谢林直观规律的逻辑化,"黑格尔的辩证逻辑就是谢林直觉辩证法的逻辑化的产物。"② 辩证逻辑就是从逻辑上对谢林直观所具有的综合与分析相统一规律进行反思的结果。黑格尔虽批评谢林,但并不能由此就简单地得出黑格尔反对直观,黑格尔真正反对的是谢林没有从逻辑上去论证直观规律,他要做的是要从逻辑上来论证这种直观规律。这样,由于黑格尔辩证逻辑只不过是对谢林直观活动反思的结果,因而这注定了在黑格尔那里逻辑与直观能够统一起来,黑格尔的逻辑必定能被直观到,因为它表达的就是直观规律。黑格尔在逻辑学的最后环节中说道:"绝对理念由于在自身内没有过渡,也没有前提,一般地说,由于没有不是流通的和透明的规定性,因此它本身就是概念的纯形式,这纯形式直观它的内容。"③(直观一词下的着重号属引者所加)我们知道,"绝对理念"代表着黑格尔逻辑学的实质,因而可以认为,黑格尔在这里实际上表达了逻辑规律与直观规律一致的观点。

可见,无论在道理上还是在哲学史上,事实上逻辑规律和直观规律都可达到一致。对于黑格尔,由于他能够吸收前人的研究成果,能够真正做到从活动上去理解直观和逻辑,因而逻辑规律与直观规律在他那里达到了一致。正是在他那里逻辑规律和直观规律的一致,才使得逻辑学中的"反思"得以可能。逻辑中的"反思"就是依据直观规律而进行的。当然,正如可以追问反思何以可能一样,在这里也可以继续追问"直观规律何以可能"。这个问题的答案其实我们已经给出,这就是"直观规律和逻辑规律的一致",直观规律正是依赖于逻辑规

---

① 〔德〕黑格尔:《逻辑学》(下卷),杨一之译,商务印书馆1976年版,第537页。
② 王天成:《直觉与逻辑》,长春出版社2000年版,第70页。
③ 〔德〕黑格尔:《小逻辑》,贺麟译,商务印书馆1980年版,第422页。

律而得以可能的。逻辑规律和直观规律实际上是处在一种张力关系的统一之中。正是这种处在张力关系中的逻辑规律和直观规律的一致，才最终使得逻辑学中"反思"之得以可能。

## 2. 马克思哲学中逻辑和历史的统一

马克思发扬了黑格尔的逻辑与历史相统一方法。关于对马克思逻辑与历史统一方法的理解，学术界尚存不同意见。对此问题，王南湜老师做了深入讨论，王老师指出，历史与逻辑相一致有更深的含义，应该从"历史过程与现实结果有同构性这一点去理解逻辑与历史相一致原则"①，王老师这种看法给人以很大启发。本文将在这些研究基础上，依据马克思有关文本，对马克思逻辑与历史统一的含义进行思考。逻辑与历史的统一在马克思那里有两层相关含义：一是事物形成的历史过程与其后的历史逻辑相统一；二是事物形成的历史逻辑与事物本身的逻辑相统一。

先来讨论第一点。如果把历史过程看成历史现象的话，那么这里所说的其后的历史逻辑就是本质，由于本质和现象是对立统一的，所以历史过程与其后的历史逻辑也就是对立统一的，这是"历史与逻辑"相统一的第一层含义。黑格尔在《历史哲学》中用他的唯心语言道出了这一层含义："哲学用以观察历史的惟一的'思想'便是理性这个简单的概念。'理性'是世界的主宰，世界历史因此是一个合理的过程。"②马克思对此也有明确肯定，他认为，按照历史次序，货币出现在资本、银行等之前。与此相应，按照范畴（历史逻辑）出现次序，货币也出现在资本、银行等之前，这两个秩序是一致的。"在资本存在之前，银行存在之前，雇佣劳动等等存在之前，货币能够存在，

---

① 王南湜：《辩证法：从理论逻辑到实践智慧》，武汉大学出版社2011年版，第127页。
② 〔德〕黑格尔：《历史哲学》，王造时译，上海世纪出版集团2006年版，第8页。

而且在历史上存在过。因此，从这一方面看来，可以说，比较简单范畴可以表现一个比较不发展的整体处于支配地位的关系或者一个比较发展的整体的从属关系，这些关系在整体向着以一个比较具体的范畴表现出来的方面发展之前，在历史上已经存在。在这个限度内，从最简单上升到复杂这个抽象思维的进程符合现实的历史过程。"① 恩格斯对历史进程与历史逻辑顺序的一致也持肯定态度，"对经济学的批判，即使按照已经得到的方法，也可以采用两种方式：按照历史或者按照逻辑。既然在历史上也像在它的文献的反映上一样，大体说来，发展也是从最简单的关系进到比较复杂的关系，那么，政治经济学文献的历史发展就提供了批判所能遵循的自然线索，而且，大体说来，经济范畴出现的顺序同它们在逻辑发展中的顺序也是一样的"②。马克思虽然认为历史过程与历史逻辑进程相一致，但并非无条件承认这一点。马克思只是"在一定限度内"承认历史逻辑与历史进程的一致，这个限度就是马克思所指出的"比较简单的范畴可以表现一个比较不发展的整体的处于支配地位的关系或者一个比较发展的整体的从属关系，这些关系在整体向着以一个比较具体的范畴表现出来的方面发展之前，在历史上已经存在"。也就是说，这个限度指的是比较简单范畴向比较具体范畴的发展在历史上就是这么存在的，而历史逻辑进程是一个从抽象到具体过程，这样一来，历史过程与历史逻辑进程就相一致。

但是，马克思看到，历史逻辑进程也有和历史过程顺序不一致的情况。马克思拿地租做例子，从历史过程看，地租出现在资本之前，但是在资本主义社会中，地租却由资本来决定，所以在资本社会中，从历史逻辑上来说，资本应在地租之前。所以马克思指出，研究资本主义社会，在逻辑上不能从地租出发，"从地租开始，似乎是再自然

---

① 《马克思恩格斯文集》（第8卷），人民出版社2009年版，第26页。
② 《马克思恩格斯文集》（第2卷），人民出版社2009年版，第603页。

不过的了，因为它是同土地，即同一切生产和一切存在的源泉结合着的，并且它又是一切多少固定的社会的最初的生产方式即同农业结合着的。但是，这是最错误不过的了。在一切社会形式中都有一种一定的生产决定其他一切生产的地位和影响，因而它的关系也决定其他一切关系的地位和影响。这是一种普照的光，它掩盖了一切其他色彩，改变着它们的特点。这是一种特殊的以太，它决定着它里面显露出来的一切存在的比重"①。可以把这里马克思所说的"普照的光"理解成资本，资本支配着包括地租在内的一切。在土地所有制处于支配地位的社会形式里，地租具有决定作用。而在资本主义社会中，资本却成了支配力量，所以在资本主义社会历史逻辑次序上，应该把资本作为起点，资本应先于地租。"在资产阶级社会中情况则相反。农业越来越变成仅仅是一个工业部门，完全由资本支配。地租也是如此。在土地所有制处于支配地位的一切社会形式中，自然联系还占优势。在在资本处于支配地位的社会形式中，社会、历史所创造的因素占优势。不懂资本便不能懂地租。不懂地租却完全可以懂资本。资本是资产阶级社会的支配一切的经济权力。它必须成为起点又成为终点，必须放在土地所有制之前来说明。"② 恩格斯也注意到历史过程和历史逻辑进程不一致的情况，恩格斯说道："逻辑的方式是唯一适用的方式。但是，实际上这种方式无非是历史的方式，不过摆脱了历史的形式以及起扰乱作用的偶然性而已。历史从哪里开始，思想进程也应当从哪里开始，而思想进程的进一步发展不过是历史过程在抽象的、理论上前后一贯的形式上的反映，这种反映是经过修正的，然而是按照现实的历史过程本身的规律修正的。"③

为什么会出现历史逻辑和历史进程不一致情况？这可从三个方面

---

① 《马克思恩格斯文集》（第8卷），人民出版社2009年版，第31页。
② 《马克思恩格斯文集》（第8卷），人民出版社2009年版，第31—32页。
③ 《马克思恩格斯文集》（第2卷），人民出版社2009年版，第603页。

来理解。首先是决定和非决定的统一。关于决定和非决定是如何统一的，目前对这方面的研究还需深入。有关决定论和非决定问题，在哲学上一直十分重要，并一直存在着争论。哲学史上有不少哲学家持"决定论"观点，例如德谟克利特和斯宾诺莎就是决定论者。斯宾诺莎说："每个个体事物或者有限的且有一定的存在的事物，非经另一个有限的，且有一定的存在的原因决定它存在和动作，便不能存在，也不能有所动作，而且这一个原因也非经另一个有限的，且有一定存在的原因决定它存在和动作，便不能存在，也不能有所动作；如此类推，以至无穷。"① 斯宾诺莎把世界看成一个决定论系统，这里没有偶然性，一切皆由"实体"的本性唯一地决定。持非决定论观点的哲学家也不少，例如，大家都很熟悉的提出"原子自动偏斜说"的伊壁鸠鲁主张非决定论。虽然决定论思想早就存在，但决定论到底是什么含义直到现在仍有不同看法。归纳起来，有两种最常见理解：第一种理解是，如果一个初始事物的一切都是定数的，那么它的一切后继状态的一切都是定数的；第二种理解是，过去、现在和未来的一切事物存在与变化皆有定数。"定数"一词的含义是说事物的存在和变化如果有多种可能的话，那么它就只有一种可能。这两种含义不一样，我们用 A、B、C 组成的集合表示一个事物的初始状态，用 A'、B'、C' 组成的集合表示一个事物的后继状态。第一种决定论说的是只要一个事物的初始状态是 A、B、C，那么它的后继状态就一定是 A'、B'、C'。而第二种决定论说的是不管一个事物的初始状态是什么，它的后继状态都一定是 A'、B'、C'。第一种决定论实际上是一个条件句，而第二种决定论表达的是一个事实。和我们这里讨论有关的是第一种决定论。第一种决定论说的是给出一个先前状态，就一定得出一个不变的结果。细想一下，这种决定论在事实上是没有办法证成或证否的。

---

① 〔荷〕斯宾诺莎：《伦理学》，贺麟译，商务印书馆1958年版，第25页。

这是因为，决定论说的是同样先前状态，就一定得出同样后继状态。要想证明这个观点，就必须找出两个完完全全在各个方面都一样的先前状态，然后看看是否得出两个完完全全在各个方面都一样的后继状态。很显然，这在事实上是无法做到的，因为我们不可能找到两个完完全全在各个方面都一样的先前状态。所以，我们只能从理论上判断决定论的对错。依据辩证法，任何事物都有其肯定方面和否定方面，这两者是同时存在的。如果我们把决定看成肯定方面的话，那么它必定同时有否定方面与其并存，这个否定方面就是非决定，即两个完完全全在各个方面都一样的先前状态得不到两个完完全全在各个方面都一样的后继状态。辩证法告诉我们，肯定方面和否定方面是互相渗透的，在这里，它们渗透在一起的结果就是：给出一个事物的初始状态，我们能够在趋势上在主要上能够断定它的后继状态，而不能在细节上完完全全能够断定它的后继状态。这就是我们平常所讲的决定和非决定的统一。

决定中蕴含非决定这个道理还可从外在决定和内在决定相统一来进一步说明。外在决定和内在决定是分不开的，任何事物一方面要受到外在决定，另一方面又要受到自身内在决定。正由于这样，才使得事物变化出现不确定性，没有纯粹的绝对的决定。以人为例，人的行为一方面要受到外在决定，另一方面又要受到自己内在决定。人不可能只受到外在决定，如果那样，人就成了动物。人也不可能只受自己内在而不受外在决定，要是那样，人就成为神了。关于人同时受到外在和内在决定，康德在讨论实践自由时，实际上间接指出了这点。康德特别看重实践自由，实践自由是先验自由落实到实践的结果，这是因为，先验自由在给世界起源设立一个绝对自发开端之外，也在不同序列因果性中赋予该序列中实体自由行动能力。"但由于这样一来毕竟这种在时间中完全自发地开始一个序列的能力得到了一次证明（虽然不是得到了洞察），所以我们现在也就斗胆在世界进程当中让各种不同序列按照原因性自发地开始，并赋予这些序列的诸实体以一种自由行动的能力。"① 这样，人的行为虽然遵循自然因果性，但同时又可以具有一个自由开端，表现出实践自由。先验自由要求完全自己决定自己，假如说先验自由已经落实到实践自由上，那么实践自由也必须完全受自己决定的自由。换句话说，这个实践就必须完全受到纯粹实践理性决定。但现实中，人的实践往往不能受到纯粹实践理性来决定，人的实践自由只是"自由的任意"而不是完全受纯粹理性来决定的"自由意志"。自由的任意不同于动物性的任意（arbitrium brutum），人的自由的任意能够不受病理学刺激强迫而去行动，而动物性的任意却要在病理学刺激强迫下去活动。例如，在饥饿情况下，动物会受到饥饿压迫而去吃面前的食物。动物性的任意体现了完全受外在决定，人的行为显然不是动物式的完全受外在决定。人即使在饥饿情况下，也可能会考虑这个食物要留作种子而不是受饥饿强迫去吃掉它。即便人的自由的任意不像动物的任意那样受到直接利害决定，由于在自由的任意阶段，人们之所以不去追求直接的眼前利益，是为了更大间接利益，并非为了自由。自由的任意下的行为只是出于"目的"和"手段"考虑，"所服从的只是作为出自理论哲学（自然科学）的补充的那些规范"②，因此自由的任意遵循的仍是自然因果性而不是自由因果性规则。这样，在自由的任意中，尽管人们可以用理性来驾驭感性，但是，由于还要受到别的利益决定，因此这里的理性还不是完全自己决定自己，还不是纯粹实践理性，而只是一般实践理性。只有在"自由意志"中，人们才能够在纯粹实践理性支配下完全自己决定自己，在自由意志下，人并不是为了一个非自由的目的而行动，人们行为不是以质料而是以形式为条件，出于自律而非他律，服从的是自由因果

---

① 〔德〕康德：《纯粹理性批判》，邓晓芒译，杨祖陶校，人民出版社2004年版，第378页。
② 〔德〕康德：《纯粹理性批判》，邓晓芒译，杨祖陶校，人民出版社2002年版，第7页。

律。"一个带有某种质料性的（因而是经验性的）条件的实践规范永远不得算作实践法则。因为，纯粹意志是自由的，它的法则把意志置于一个与经验性的领域完全不同的领域。"① 这里康德提到了三个概念：动物性的任意（arbitrium brutum）、自由的任意和自由意志。可以用受外在决定程度来说明这三个概念。动物性的任意完全受外在决定，自由的任意既受到外在决定又受到内在决定，而自由意志完全受内在决定。动物性的任意和自由意志是两个极端情况，现实中并不存在。现实中，人的行为不可能完全受外在决定，也不可能完全受自己决定，现实中人的行为都是出于自由的任意，既受到外在决定又受到内在决定。刚才举的是人的例子，其实不只是人，对于任何事物也都一样，它既受到外在又受到内在决定。拿一个石头来说，如果说石头运动是受到外在决定的话，那么它的运动同时也会受到自身决定。这听起来似乎不符合常识，说人有自我决定，这还好理解，说石头有自我决定，一般人难以承认。但是，按照辩证法对立统一规律，只要有外在决定存在，就一定同时存在着内在决定。所以只要承认石头有外在决定，那么就会同时存在着内在决定。这样，对于任何事物，都既受到外在决定又受到内在决定。事物在受到外在决定同时，又受到内在决定。这也就是说，事物在受到外在决定时，可以这样也可以那样做出反应。这就意味着，没有纯粹的决定，决定的同时就含有非决定。

回到我们的问题上来，为何历史逻辑与历史进程出现不一致？按照历史逻辑，它的外在表现应该是与其逻辑完全一致的历史进程，但实际上历史进程并没有与历史逻辑一致。现在我们可以从决定这个角度来说明这个问题。我们可以把依照历史逻辑表现出来的历史进程看成受到完全决定的现象，上面已讨论，这样的只受完全纯粹决定的现象实际上是不存在的，实际存在的现象一定和预期的完全依据逻辑来

---

① 〔德〕康德：《实践理性批判》，邓晓芒译，杨祖陶校，人民出版社2003年版，第44页。

绝对决定的有所偏差，表现出偶然性和非决定性。这就是为什么出现了历史过程和历史逻辑不一致的原因。

其次是历史逻辑有其自身相对独立性，这方面也会导致历史逻辑与历史过程不一致。历史逻辑是历史发展的规律，这个规律的获得固然离不开现实中的历史过程；但它又不是完全被动反映历史过程，它在反映历史过程的同时，还要反映自身内在逻辑。这实际上就是我们常讲的我们在认识时，既要按照事物本身来认识，又要按照自身来认识。我们平常对事物的认识，实际上既不是单方面来自客体，也不独来自主体，而是既按照客体又按照主体来认识。事物按照我们对它认识的样子而存在，一般来讲，事物的存在和它的逻辑（我们对其认识）是相一致的。但是，一旦我们对对象的认识（事物的逻辑）发生了改变，对象也就发生了改变。对象实际上并不是与认识无关的自在之物，而是在认识之中，随着认识的改变，对象也发生改变。关于这一点，黑格尔在《精神现象学》中有深入论述，黑格尔指出："当意识在它的对象上发现它的知识不符合于这个对象时，对象自身就保持不下去。"① 当事物的逻辑（我们对其认识）发生变化时，如果我们把事物还当成以前认识的事物，那么现在认识的事物就会和以前认识的事物出现不一致。假如我们对历史过程有了新的理解，有了新的历史逻辑，这时也会产生相应的历史过程。这个新的历史过程与在过去历史逻辑下的历史过程不一致，如果我们还拿过去历史逻辑下的历史进程与现在的历史逻辑做比较，那么就会出现这两者不一致的情况。

最后，概念含义的变化也会导致历史过程与历史逻辑不一致。我们知道，一个概念，它的含义是不断变化的，在不同历史时期会表现出不同含义。因此，在考察历史过程时，就需注意所考察历史过程中的概念具体指的是哪个历史时期，否则就会出现不一致的假象。拿马

---

① 〔德〕黑格尔：《精神现象学》（上卷），贺麟、王玖兴译，商务印书馆1979年版，第60页。

克思所举的地租为例,马克思说明了古代社会和封建社会的地租与资产阶级社会的地租是不一样的,前者处于支配地位,后者是被资本支配。马克思指出:"在从事定居耕作(这种定居已是一大进步),而且这种耕作像在古代社会和封建社会中那样处于支配地位的民族那里,连工业,工业的组织以及与工业相应的所有制形式都多少带着土地所有制的性质;或者像在古代罗马人中那样工业完全附属于耕作;或者像在中世纪那样工业在城市中和在城市的各种关系上模仿着乡村的组织。在中世纪,甚至资本——不是指纯粹的货币资本——作为传统的手工工具等等,也具有这种土地所有制的性质。"[1] 但是"在资本阶级社会中情况则相反。农业越来越变成仅仅是一个工业部门,完全由资本支配。地租也是如此"[2]。同样是地租,在资产阶级社会前和资产阶级社会中的含义不一样,所以,在资产阶级社会之前,地租是在资本之前,而在资产阶级社会中,资本却在地租之前。对于资产阶级社会,它的历史逻辑进程是资本在前、地租在后,它和资产阶级社会历史进程是一致的。如果我们拿前资产阶级社会历史进程中地租出现的顺序与资产阶级社会历史逻辑中地租出现的顺序做比较,那么就会出现不一致。

  逻辑与历史统一除掉历史过程与历史逻辑相统一这一层意思之外,还有与此相关的更深一层含义。这就是事物形成过程中的历史逻辑与事物本身的逻辑结构相统一。这层意义上的统一比起第一层要重要得多,因为第一层统一在实质上说的只是本质和现象的统一,并没有说出更多的东西。而第二层统一就不止如此,既然第二层告诉我们事物形成过程中的历史逻辑与事物本身的逻辑结构是相统一的,那么我们要想认识事物本身的逻辑结构,就可以通过认识事物形成过程中的历

---

[1] 《马克思恩格斯文集》(第8卷),人民出版社2009年版,第31页。
[2] 《马克思恩格斯文集》(第8卷),人民出版社2009年版,第31页。

史逻辑来认识之。那么如何理解第二层含义上的统一？不难看出，事物形成过程中的历史逻辑是过程中的逻辑，相对于这个过程来说，事物本身的逻辑结构是结果中的逻辑，因此它们可看成是过程和结果之间关系。过程和结果是统一的，结果中包含着过程，过程中包含着结果。任何事物都有一个过程和结果，事物的结果从它的过程得来，因而结果中包含着过程。而过程朝向结果，因此过程中也包含结果。黑格尔谈到绝对方法时，说的一段话很好地表明了结果中包含着过程，黑格尔这样说道："这种前进是这样规定自身的，即：它从单纯的规定性开始，而后继的总是愈加丰富和愈加具体。因为结果包含它的开端，而开端的过程以新的规定丰富了结果，普遍的东西构成基础，由此不应当把进程看作是从一个他物到他物的流动。绝对方法中的概念在它的他有中保持自身；普遍的东西在它的特殊化中，在判断和实在中，保持自身；普遍的东西在以后规定的每一阶段，都提高了它以前的全部内容，它不仅没有因为它的辩证的前进而丧失什么，丢下什么，而且还带着一切收获和它自己一起，是自身更丰富、更现实。"① 在另一处，黑格尔又说道："如果我们能够以哲学史里面出现的各个系统的基本概念，完全剥掉它的外在形态和特殊应用，我们就可以得到理念自身发展的各个不同的阶段的逻辑概念了。反之，如果掌握了逻辑的进程，我们亦可从它里面的各主要环节得到世界现象的进程。"② 哲学史是一个过程，哲学是一个结果，因而这里实际上也说出了过程和结果的统一。恩格斯也提到过过程和结果的统一，他说："这个划时代的历史观是新的唯物主义观的直接理论前提，单单由于这种历史观，也就为逻辑方法提供了一个出发点。"③ 恩格斯这里所说的历史为逻辑

---

① 〔德〕黑格尔：《逻辑学》（下），杨一之译，商务印书馆1976年版，第549页。
② 〔德〕黑格尔：《哲学史讲演录》（第1卷），贺麟、王太庆译，商务印书馆1959年版，第34页。
③ 《马克思恩格斯文集》（第2卷），人民出版社2009年版，第602页。

提供了一个出发点，说的就是过程与结果的统一。结果与过程的统一，在我们日常生活中，也在到处得到体现。例如，我们要想认识一个人，需要通过他的历史来认识他，反过来，认识了这个人，也就知道了这个人的历史。马克思对作为过程的事物形成的历史逻辑与作为结果的事物自身逻辑的统一有深刻认识。马克思明确指出："资产阶级社会是最发达的和最多样性的历史的生产组织。因此，那些表现它的各种关系的范畴以及对于它的结构的理解，同时也能使我们透视一切已经覆灭的社会形式的结构和生产关系。资产阶级社会借这些社会形式的残片和因素建立起来，其中一部分是还未克服的遗物，继续在这里存留着，一部分原来只是征兆的东西，发展到具有充分意义，等等。人体解剖对于猴体解剖是一把钥匙。反过来说，低等动物身上表露的高等动物的征兆，只有在高等动物本身已被认识之后才能理解。因此，资产阶级经济为古代经济等等提供了钥匙。"[①] 马克思这段话明确地说明了过程和结果的统一，通过理解资产阶级社会（结果）可以透视以前的社会形式（过程），通过人体解剖（结果）可以理解猴体解剖（过程）。反过来，低等生物身上（过程）表露着高等生物（结果）的征兆，当然正如马克思指出的，这种征兆需要在高等动物本身已被认识之后才能理解，这里实际上表明了过程和结果的互相影响，体现了它们的统一。马克思在看到过程和结果统一的同时，也看到了它们之间的差别："但是，绝不是像那些抹杀一切历史差别、把一切社会形式都看成资产阶级社会形式的经济学家所理解的那样。人们认识了地租，就能理解代役租，什一税等等。但是不应当把它们等同起来。其次，因为资产阶级社会本身只是发展的一种对立的形式，所以，那些早期形式的各种关系，在它里面常常只以十分萎缩的或者完全歪曲的形式出现。公社所有制就是个例子。因此，如果说资产阶级经济的

---

[①]《马克思恩格斯文集》（第8卷），人民出版社2009年版，第29页。

范畴适用于一切其他社会形式这种说法是对的,那么,这也只能在一定意义上来理解。这些范畴可以在发展了的、萎缩了的、漫画式的种种形式上,总是在有本质区别的形式上,包含着这些社会形式。"① 可见,资产阶级社会形成的历史逻辑和资产阶级社会本身的逻辑是对立统一的。正是这种对立统一,正是事物形成过程的历史逻辑与事物本身逻辑之间的相互耦合,才最终既形成了事物发展的历史逻辑,也形成了事物自身的逻辑结构。所以,我们可以通过事物形成的历史逻辑来认识事物本身的逻辑结构,反过来也可以,这正是逻辑与历史相统一的深层次的要义。

---

① 《马克思恩格斯文集》(第8卷),人民出版社2009年版,第29—30页。

## 第四章
## 马克思对黑格尔辩证法之弃

马克思对黑格尔辩证法并不是全盘接受，而是在发扬的同时又有克服。马克思评价黑格尔时指出："黑格尔善于用诡辩的巧妙手法把哲学家借助感性直观和表象从一个对象过渡到另一个对象时所经历的过程，说成是臆想出来的理智本质本身即绝对主体所完成的过程。其次，黑格尔常常在**思辨的**叙述中做出把握**事物**本身的、**现实的**叙述。"[①] 这段话表明马克思对黑格尔既有肯定又有否定。关于马克思对黑格尔辩证法之弃，学者们有很多研究，我们觉得，马克思对黑格尔辩证法之弃主要表现在两个相关方面：一是辩证法运行平台发生了改变，马克思用现实的人的活动取代了黑格尔的绝对精神；与此相关，二是马克思用自己实践辩证法的改造世界换替了黑格尔思辨辩证法的解释世界。

---

① 《马克思恩格斯文集》（第1卷），人民出版社2009年版，第280页。

## 一、从绝对理念到人的现实活动

黑格尔辩证法运行平台是绝对理念，或者说绝对理念自身运动就是辩证法。以绝对理念为运行平台不可避免带来缺点，马克思用人的现实活动作为其实践辩证法的运行平台，替换绝对理念，克服了绝对理念的缺陷。

### 1. 绝对理念作为辩证法载体的缺点

黑格尔把绝对理念作为辩证法平台，存在两个突出缺点，第一个缺点很明显也很好理解。黑格尔绝对理念虽然能"外化"成自然，但绝对理念实际上只是单纯的精神，其中并不内含自然，"现实的人和现实的自然界不过是成为这个隐蔽的非现实的人和这个非现实的自然界的谓语、象征"①。这就是马克思所批评的抽象地发挥了能动性的唯心主义。这显然违背了辩证法的对立统一规律。依据对立统一规律，精神和自然作为对立面，它们是互相内含的，不存在单纯的精神，也没有纯粹的自然，精神都是自然的精神，自然也都是精神的自然，黑格尔的不含自然的精神是不存在的。

第二个缺点是绝对理念本身是有前提的，这就意味着辩证法本身有前提。黑格尔并不认为绝对理念具有我们这里所指出的前提性。黑格尔绝对理念是整个逻辑学体系，"一说到绝对理念，我们总会以为，现在我们总算达到至当不移的全部真理了。当然对于绝对理念我们可以信口说一大堆很高很远毫无内容的空话。但理念的真正内容不是别

---

① 《马克思恩格斯文集》（第1卷），人民出版社2009年版，第218页。

的，只是我们前此曾经研究过的整个体系"①。黑格尔逻辑学有个开端，后面的所有环节都是这个开端的必然进展。如果开端是无前提的，那么也就说明了逻辑学体系即绝对理念是无前提的，所以黑格尔十分重视开端问题，他在《逻辑学》中专门开辟一节对之进行讨论。其中他特别指出开端的无前提性和能动性，但是他的开端其实还是有前提的。我们先看看黑格尔是如何论述开端的，然后指出其问题。

早在黑格尔之前，就有不少哲学家都在追求诸如"基础""根源"等实际上与开端有关的问题。古希腊一些哲学家去追求"始基"，这在某种意义上可看作对"开端"的追求。近代笛卡尔想通过全面怀疑而去为科学寻找可靠基础，"如果我想要在科学上建立起某种坚定可靠、经久不变的东西的话，我就非在我有生之日认真地把我历来信以为真的一切见解统统清除出去，再从根本上重新开始不可"②，这实际上也可视为笛卡尔在追求开端。费希特也说道："我们必须找出人类一切知识的绝对第一的、无条件的原理。"③同样费希特也在追求开端。现象学家胡塞尔更是明确指出："哲学是原开端的科学，是论证性原理的科学，是关于人类知识和行动之根源的科学（……）。它的彻底的、从根源而升起的进程要求绝对清晰地开端、方法。"④黑格尔更是对开端问题予以特别关注，黑格尔的逻辑学开端思想十分深刻和重要，甚至有人说："也许，理解黑格尔思辨哲学的最好办法是去勘察他有关哲学开端的评论。"⑤

黑格尔指出，古代哲学虽然提出水、气等为世界本原，但并没有对这一原则本身进行认识，他们关心的只是本原是什么，而不是应该

---

① 〔德〕黑格尔：《小逻辑》，贺麟译，商务印书馆1980年版，第422页。
② 〔法〕笛卡尔：《第一哲学沉思集》，庞景仁译，商务印书馆1986年版，第14页。
③ 〔德〕费希特：《全部知识学的基础》，王玖兴译，商务印书馆2007年版，第6页。
④ 〔德〕胡塞尔：《哲学作为严格的科学》，倪梁康译，商务印书馆1999年版，第92页。
⑤ Stephen Houlgate：*Hegel, Nietzsche and the criticism of metaphysics*, Cambridge, Cambridge university press, 1986, p. 123.

用什么作为本原,"于是对用什么作为开端这一问题的需要,比对本原的需要,也就不重要了"①。用什么作为哲学开端的问题只是到近代才意识到,但也只是把它当作"本原"的证明,或者把"开端"当成一种主观的原则来对抗"独断论",或者认为它没有这个需要,用信仰、直观来取消对"开端"问题的思考。黑格尔认为,仅仅意识到开端问题还不够,关键是要找到什么才是真正科学的开端。在找到科学的开端之前,先要知道开端应具有什么特性,那么开端应具的特性是什么?黑格尔认为,开端必须是无任何前提的;开端必须具有绝对能动性,只能是根据自己的本性必然前进,而不能有任何外力辅助。为什么开端应具备这两个特性?

关于开端所应具备的第一个特性,即无任何前提性,在许多哲学家那里都得到了强调,如谢林在其《先验唯心论体系》中专门用一节来讨论最高原理的必要性②,这可视为对开端无前提性的强调。同样,黑格尔也认为:"开端必须是绝对的,或者说,是抽象的开端(这在此处意义相同);它于是不可以任何东西为前提,必须不以任何东西为中介,也没有根据。"③ 为什么开端必须无任何前提?这是因为,如果开端具有某种前提,那么这个开端本身就值得怀疑,因而建立在其基础上的一切知识也就值得怀疑。除掉开端应具有无前提性外,开端还应具有第二种特性,即绝对的能动性。这是因为开端既然作为开端,它就必定要产生后续的一些内容,这是开端题中应有之义。如果开端静止不动,不管它多么不容置疑,也不能称之为开端。因而必须要求开端具有能动性,必须要求开端能够向前进展,而且这种能动性还必须是绝对的。也就是说,开端向前的进展完全由自己的本性来决定,而不由外在势力来左右。如果由外在势力来决定,那么开端的进展就

---

① 〔德〕黑格尔:《逻辑学》(上卷),杨一之译,商务印书馆1966年版,第51页。
② 〔德〕谢林:《先验唯心论体系》,梁志学、石泉译,商务印书馆1976年版,第19页。
③ 〔德〕黑格尔:《逻辑学》(上卷),杨一之译,商务印书馆1966年版,第54页。

不可避免带有偶然、任意性，因而进展的内容就值得怀疑。但哲学又要求有绝对的必然性，不能有任意偶然之处，因而开端的进展必须要求具有绝对能动性，必须由自己的本性来决定，它不需要外在势力协助，也不能让外在势力协助。

按照开端所应具有的这两个特性来衡量哲学史上一些哲学家的哲学思想，就会发现他们理论中的开端有问题。黑格尔认为，巴门尼德把思维活动精炼并提高为纯粹的思想即"有"本身，这在形式上可以把它作为逻辑学的开端，但这个"有"却是静止不动的，因而不能直接用这个"有"作为开端，而需要对它改造一番，让这个"有"动起来。笛卡尔想通过怀疑来找到确定无疑的起点，他经过方方面面怀疑之后，认为怀疑本身不能怀疑，因为对它的怀疑还是怀疑，于是笛卡尔得出"我思故我在"。但这里的"我"只是单纯的思维本身，只是单纯的存在，因而"我在"只具确定性，却不具有真理性，不含有内容。笛卡尔认为不能仅停留在这空洞的"我"的确定性上，必须过渡到有规定性的东西，过渡到世界中去，但问题是怎么过渡？笛卡尔没有让这个空无一物的"我"按照本性自己前进到有规定性的东西，而是以一种素朴的外在方式来过渡。他借助"凡是我们清楚明白地设想到的都是真实的"这个原则来推出上帝的存在，又借用上帝的权威来保证二元论的世界。但这样得出的世界就不是"我"本身产生出来的，因而这样的世界仍是值得怀疑的，由此可见笛卡尔的开端不能成为真正的开端。经验主义一切从经验出发，把经验当作开端，认为凡是真的，必定被感官所能感知，经验主义的彻底发挥，必定否认一切超感官事物。休谟作为经验主义的彻底发挥者，把印象和观念作为开端，但他却囿于经验主义的原则而固步在这样的开端上，他不仅否定了物质实体，而且也砍下了精神实体。他还认为客观世界如果有因果必然性的话，那么这种因果必然性也只能是人们心里习惯联想的结果。这样一来，所有的理论包括休谟自己的理论都得不到可靠的保证。由此可见，休谟把"印象和观念"作为开端，得到的却是值得怀疑的结果，同样休谟哲学的开端也是失败的。费希特的自我作为开端也不行，费希特想把他的全部知识都建立在自我基础之上，但这个自我如果是经验的自我，那么这个自我就包含复杂丰富的内容，因而不符合开端的纯粹要求；自我如果是纯粹的自我，由于这个纯粹自我并非在意识中是现成的，这个纯粹自我也就不是空无一物的抽象的同一，于是纯粹自我也就失去了作为开端的要求；同时费希特的自我只是从外在刺激来寻求解放，自身并没有绝对的能动性。

那么到底什么可以用作逻辑学的开端？逻辑学是研究纯粹思维的，既然这样，它的开端也必定是纯粹思维，这就有可能使逻辑学开端符合开端的第一个条件即"无任何前提性"。这是因为，虽然不是每一个纯粹思维都可以作为开端，但作为开端的必定是纯粹思维，因为非纯粹思维的感性必定有假定的成分，除非这感性是无感性，但既然这样，它也就成了纯粹思维了。在这可能性基础上，按照开端所应具备的要求，黑格尔把"纯有"当作逻辑学的开端。之所以能够把"纯有"当作逻辑学的开端，乃是由于"纯有"具备开端所应具有的两个特性。首先，"纯有"没有任何前提。纯有是单纯的直接性，它不需要任何准备和思考，不需要任何线索，只是一句空话和空洞的决心，不能感知也不能直观，只是一个直接的纯思，因而没有任何前提，我们不能说有什么，只能说有"有"，但有"有"也还是"有"，"纯存在或纯有之所以当成逻辑学的开端，是因为纯有既是纯思，又是无规定性的单纯的直接性"①。"纯有"肯定是有的，因为即使世界空无一物，也有个空无，因而也就有个"有"，可见"纯有"不需要任何前提。

这种空无一物的"纯有"还满足开端所应具有的第二个要求即

---

① 〔德〕黑格尔：《小逻辑》，贺麟译，商务印书馆1980年版，第189页。

"绝对的能动性"。"纯有"虽然是抽象的空无一物,但并不静止不动,它有巨大的能动性,只不过在纯有阶段,一切都被隐藏,存在的只是一种可能性,一种决心。既然纯有自身空无一物,那么它就是"纯无",正如在纯粹光明和纯粹黑暗里,什么也见不到,纯粹的光明就是纯粹的黑暗一样,这个纯无并不由我们意识产生,而是纯有按照它的本性产生的,纯无并不在纯有之旁,也不在纯有之外,真正的关系应是这样:"有之为有并非固定之物,也非至极之物,而是有辩证法性质,要过渡它的对方的。有的对方,直接地来说,也就是无。"① 有就是无,并不是指无是有的一个特性,而是有本身就是无,因而无也就是有,从无到有和从有到无就是变,而后"变"又按照自己的本性逻辑经过了实有、自为之有、量、尺度、本质、现象、现实等一直最后到达绝对理念。这样的过程每一步都是纯有按照本性必然前进的。

由此可见,"纯有"的确具备了开端应具有的两个特性,因而"纯有"能够成为逻辑学的开端。黑格尔在讨论逻辑学开端问题时还指出了为何不直接用开端作为开端。首先,"开端"在形式上虽然是全然抽象、毫无内容的,但"开端并不是纯无,而是某物要从它那里出来的一个无;所以有便已经包含在开端中了。所以开端包含有与无两者,是有与无的统一;——或者说,开端是(同时是有的)非有和(同时非有的)有"②。所以,要想以"开端"为开端,还得把"有"与"无"置于"开端"前面,用"有"与"无"来规定开端;其次"那个造成绝对开端的东西,必定同样也是在别处已经知道的东西,假如它是一个具体物,因而自身是多方面规定的,那么,这种自身的关系,就被假定为已知的东西"③,因而开端就包含区别,包含中介,开端作为开端,便不绝对;再次,分析和规定开端的方法是一种

---

① 〔德〕黑格尔:《小逻辑》,贺麟译,商务印书馆1980年版,第192页。
② 〔德〕黑格尔:《逻辑学》(上卷),杨一之译,商务印书馆1966年版,第59页。
③ 〔德〕黑格尔:《逻辑学》(上卷),杨一之译,商务印书馆1966年版,第60页。

外在的方法，是在事情本身之外而只属于主体的一种活动，因而不可避免带有主观的偶然性和任意性。这些方式与事情本性的必然运动没有关系，开端作为开端，不应有任何分析，更不用说这些分析是外在的。黑格尔还提到用事情作为开端也不行，因为事情包含内容，除非事情空无一物，这样就是"纯有"了。

黑格尔煞费苦心论证"纯有"作为开端的科学性，可惜没有成功，用"纯有"作为开端至少仍是有前提的。这里说"纯有"是有前提的，并不是在辨证意义上说。在辨证意义上，没有一个东西是绝对无前提的，无前提一定同时是有前提的。对于任何开端，凡是说它是无前提的，就一定同时是有前提的。黑格尔意识到了这点，既然开端每前进一步都有根据，而且这种根据必须是内在的，那么开端的前进实际上就是回溯，所以黑格尔说："前进就是**回溯**到**根据**，回溯到**原始的**和**真正的**东西，被用作开端的东西就依靠这种根据，并且实际上将由根据产生的——这样，意识在它的道路上，便将从直接性出发，以直接性开始，追溯到绝对的知，作为它的最内在的真理。于是，这个最后的东西，即根据，也是最初的东西所从而发生的那个东西出现。"① 这个最后的东西在逻辑学中就是绝对理念，所以开端"纯有"并不是无前提的，而是以"绝对理念"为根据和前提，正是由于绝对理念的存在，"纯有"才能够成为开端，开启一系列进程。

我们这里所说的"纯有"是有前提的，指的不是上面所说的辩证意义上的有前提，而是指"纯有"并不是一开始就存在的。它是哲学思维的结果，而哲学思维并不是一开始就是人类存在的思维，人类最初的思维并不是哲学意义上的，而是日常生活的生存意义上的。哲学思维是在人类后来的生活中才出现的。出现在人类后来生活中的哲学思维，如果正确反映了人的生活，那么对应于哲学思维的存在论意义

---

① 〔德〕黑格尔：《逻辑学》（上卷），杨一之译，商务印书馆1966年版，第55—56页。

上的存在也会是无前提的。但黑格尔哲学并没有正确反映人类生活，在黑格尔哲学中，自然没有独立的存在，它只是绝对理念的"外化"。这样在黑格尔哲学中，绝对理念其实只是纯粹精神，这种纯粹精神显然没有正确反映人的现实生活，因为在人的现实生活中，没有纯粹精神存在。所以，纯粹精神的存在，只是对人的现实生活一种歪曲的反映，这种歪曲的反映显然不能无前提，而是有前提的。所以，"纯有"无论在存在意义上还是认识意义上，都不是最初的无前提的东西，最初的无前提的东西只能是马克思所说的人的存在。所以，黑格尔的辩证法运行在绝对精神这个平台上，就会不可避免地带来这个平台的有前提性，由此其辩证法也就有了前提，这也是黑格尔把绝对精神作为辩证法运行平台的一大缺点。

## 2. 人的现实活动

黑格尔辩证法的运行平台是绝对理念，这个平台有刚才所指出的缺点，马克思克服了这个平台，用现实的人的活动代替了绝对理念。马克思关于现实的人的思想，有一个发展过程，这在前面已经详细讨论过，这里不再重复，只是简单论说一下人的活动对绝对理念的克服。马克思用人的现实活动替换了黑格尔的绝对理念，克服了黑格尔以绝对理念作为辩证法。从人的现实活动出发，就不会有纯粹的精神存在，既没有脱离自然的单纯精神存在，也没有脱离精神的单纯自然存在。单纯的自然和纯粹的精神都是不从人的现实活动出发反思的结果。从人的现实活动出发，就只能得出有精神的自然和有自然的精神。

用人的现实活动代替黑格尔的绝对理念，也克服了绝对理念所具有的前提性。从发生过程上讲，马克思关于人的现实活动思想也是一种哲学思维，它会同任何哲学一样，不是一开始就是人类存在的思维，它也是在人类后来的生活中才出现的。但是，它与黑格尔绝对理念不一样，它正确地反映了人的生活，所以尽管马克思认为人的现实活动思想是在人类后来生活中才出现的，但由于它正确深刻地揭示出人类生活的本来面目，所以无论在存在意义上还是在认识意义上，人的现实生活都是无前提的，因为人一开始面对的就是现实生活，它不以任何事物为前提。

## 二、从解释世界到改造世界

马克思把黑格尔辩证法平台从绝对理念改变到人的现实活动，这就意味着辩证法功能的改变，即从解释世界改变到改造世界。对于这样一种改变，研究者基本没有什么异议，但问题是究竟如何理解这种改变。

研究者对这种转变一个常见的误解是，他们认为黑格尔辩证法只是解释世界，而否认其同时具有改造世界功能，认为马克思辩证法只是改造世界，而不具解释世界功能。研究者常常引用马克思《关于费尔巴哈的提纲》中的一段话来支持自己的观点："哲学家们只是用不同的方式**解释**世界，问题在于**改变**世界。"① 似乎认为他的哲学只具改变世界的功能，不能解释世界，而其他哲学（当然也包括黑格尔哲学）只是解释世界，而不是改造世界。其实无论黑格尔和马克思哲学是一种什么样的哲学，它们首先都是一种哲学，都是一种理论体系。而不论何种理论体系，它都既能解释世界又能改造世界，不管它是如何解释如何改造。黑格尔和马克思哲学作为一种理论体系，两者也都必定既能解释世界又能改造世界。为什么任何理论都会既具有解释世界又有改造世界功能？首先很显然，任何理论都具有对世界的解释功能，不管其对世界解释是对是错，这是所有理论最基本的功用。其次，

---

① 《马克思恩格斯文集》（第1卷），人民出版社2009年版，第502页。

任何理论在解释世界时，无论是何种解释，都不会只具有纯粹的解释功能而没有批判改变世界的功能，在解释中必具批判作用。这是因为，任何解释都是人的一种认识，而在人的认识中，必定会带有情感。情感与人的活动本身以及人活动的结果与人的需要符合与否相关，当人的活动和活动的结果与人的需要相符合时，人就会产生积极的情绪；反之，当这两者不相符合时，人就会产生不积极的情绪。当然还有一种情况，就是人们对这个活动和活动结果无所谓，这时人就会产生一种既不积极也不消极而是平静的情绪。但对于哲学理论来讲，由于讨论和人有关的问题，在进行哲学认知时，不会保持中立的平静情绪。因此，对于哲学认知来说，存在着活动本身以及人活动的结果与人的需要符合与否相关问题，一般来讲，只要人的活动是自愿的，这个活动就与其需要相符合。但是对于活动的结果，往往不能自己决定，往往会出现活动的结果与人的需要不相符合情况，这时人就产生消极情绪。一旦产生消极情绪，人们往往就想去改变活动的结果，使活动的结果与自己的需要相符合。在解释世界的活动中，当对世界解释的结果不符合解释者的需要时，例如所认识到的世界是一个压迫人、剥削人的世界，解释者就会产生消极情绪。这时，解释者就会去从理论上论证不符合自己需要的所认识到的世界要灭亡，就会去论证符合自己需要的世界应当存在。这样，在解释世界中就不再是单纯的解释，而是不可避免地包含有解释者的愿望，不可避免地含有对现存世界的批判。所以黑格尔和马克思哲学都具有解释世界和改造世界的功能。其实马克思本人也没有反对这一点，就是在《关于费尔巴哈的提纲》中，也只是批评以前的哲学家只是解释世界，并没有反对哲学解释世界，没有说它的哲学不具有解释世界的功能。

既然任何哲学都有解释世界和改变世界的作用，那么马克思为什么要批评以前的哲学只是在解释世界而不改变世界呢？一门哲学，要想真正起到批判改变世界的作用，必须正确解释世界，因为解释中就有批判，如果解释是错误的，那么这门哲学也就起不到真正批判改变世界的作用。所以，马克思批判哲学家只是在解释世界而不改变世界，真正含义是认为以前的哲学对世界的解释不正确，不能真正起到改变世界的作用。以前的哲学没有把现实的人作为理论的出发点，不是建立在现实的人的活动、实践基础之上，它们对人，对自然的理解都是抽象的，因此并不能正确解释世界，从而也就不能真正改造世界。马克思哲学与它们不同，是以现实的人的活动为理论出发点，这样对自然和人的理解就不再抽象，能真正正确地解释世界。当然，在马克思那里，解释世界不是像传统哲学那样要对世界寻找一个最终的真理，而是从哲学上去论证无产阶级乃至全人类是如何得到解放的，这也是一种解释世界。正由于马克思哲学对世界进行了科学正确的理解，所以马克思哲学也就能够真正起到改变世界的作用。

但是任何哲学在理论上具有批判改变世界的功能是一回事，能不能真正在现实中起到改变世界的作用又是另外一回事。一个理论，尽管论证了人们应该怎么去做，但是在实际中人们能不能那样去做，这不一定。生活中经常会出现"知善而不为，知恶而为之"这种情况。明知是善的，从理论上说应该去做，却没有去做。明知是恶的，理论上不应该去做，却去做了。从理论上讲应该去做的或者不应该去做的，在实际中就应该去做或者不去做，但是往往理论上和实际上出现不一致，为什么会出现这种情况？一般说来，人们要去做一件事，应具备两个条件：一是对所做的事有所认识；二是要有情感的激发。两者缺一不可。例如，我认识到读书能够增长知识，认识到我可以读书，并且我又需要增长知识，增长知识能够给我带来快乐，有了这两点，就会使得我去读书。如果我认为读书不能够增长知识，尽管增长知识能够给我带来快乐，而由于我有这样的认识，也就不会去读书。或者，如果我认为读书能够增长知识，但是我并不需要增长知识，增长知识并不能给我带来快乐，那么由于我没有情感上的激发，也不会去读书。

我们常常说在道理上我知道应该去做某件事，这实际上就在理论上包括了对这件事有相应认识和有情感激发这两方面，如果不这样，也就不会认为自己应该去做某事。拿刚才那个例子来说，如果我在理论上觉得应该去读书，这实际上包含了两层意思：一是认识到读书能够增长知识；一是我需要增长知识，增长知识能给我带来快乐。那么为什么会出现我在道理上觉得应该去读书而实际上没去读书的情况？这并不是我现在在认识上发生了变化，觉得读书不能够增长知识，也不是我的需要，我的情感发生了变化，现在我并不需要增长知识，增长知识不能带给我快乐了。而是在实际中，遇到了一些其他情况，我会对这些情况进行认知并产生一些情绪。例如，我认识到读书会让我损失金钱，而我又需要金钱，损失金钱对于我来说是一件很痛苦的事。这样的认识和情绪使得我不愿去读书。这样，就可看出，刚才所说的理论上我愿意去读书，在实际中仍然存在，不过它只是我是否去读书的一个理由，在实际中，还有其他的理由存在。我最终读书与否，要看所有理由的综合情况，而不是只看其中的一个理由。在这个例子中，如果我对金钱的需要大于对知识的需要，损失金钱的痛苦比得到知识所带来的快乐对我影响更大，那么在我是否去读书的这两个理由的较量中，对金钱的需要这个理由会战胜得到知识的需要，从而使得我不去读书。这样，我们就好理解为什么有些人明明知道某事不该干，却在实际中做出来了，或者明明知道某事该干，却在实际中没有去做。现在我们知道，这是因为在实际中，不仅仅有道理上所存在的去做或者不去做某事的理由，还有一些其他去做或者不做某事的理由。所有这些理由会对我去做或者不去做某事发生影响，而不是只有其中的一个理由发生作用，我们最终去做还是未去做某事是由所有这些理由综合起来决定的。

回到我们这里的问题来。上面指出，任何哲学都具有解释世界和改造世界的功用，马克思哲学作为一种哲学，也不例外，也具有解释世界和改造世界的作用。我们说一个哲学具有改造世界的作用，显然指的是在理论上具有改造世界的可能，并非指实际上已经做到了改变世界。对于马克思哲学，我们说马克思哲学是改变世界的哲学，显然不仅指马克思哲学在理论上具有改变世界的可能，还指马克思哲学在实际中也能够指导人们去改造世界。也就是说在实际中人们会以马克思哲学为指导去行事，"对**实践的**唯物主义者即**共产主义者**来说，全部问题都在于是现成世界革命化，实际地反对并改变现存的事物"①。上面讨论的结果告诉我们，即便一个人在道理上很信奉马克思哲学，但是由于面临一些实际问题他有可能不按照马克思哲学来做事。要想人们能够在实际中按照马克思哲学来行事，就必须做到马克思哲学有足够强大的理论说服力，能够在与实际问题的斗争中打败对手，这样尽管有一些实际情况出现，但由于理论的说服力足够强大，那么人们仍会按照马克思哲学来行事。马克思对于这个问题有着很明确的意识，他知道理论上的改变世界和实际上的改变世界是有区别的，要想一个理论真正能在实际上改变世界，必须掌握群众，也就是真正说服群众，使得群众能按照你的理论来改变世界。马克思说："批判的武器当然不能代替武器的批判，物质力量只能用物质力量来摧毁；但是理论一经掌握群众，也会变成物质力量。"② "哲学把无产阶级当作自己的**物质武器**，同样，无产阶级也把哲学当作自己的**精神**武器；思想的闪电一旦彻底击中这块素朴的人民园地，**德国人就会解放成人**。"③ "**德国人的解放就是人的解放**。这个解放的**头脑**是**哲学**，它的**心脏**是**无产阶级**。"④ 马克思的这些言论都表明了这样的观点：他的哲学要想真正在实际中起到改变世界的作用，必须说服群众，切实使群众做到以他的

---

① 《马克思恩格斯文集》（第1卷），人民出版社2009年版，第527页。
② 《马克思恩格斯文集》（第1卷），人民出版社2009年版，第11页。
③ 《马克思恩格斯文集》（第1卷），人民出版社2009年版，第17—18页。
④ 《马克思恩格斯文集》（第1卷），人民出版社2009年版，第18页。

哲学为指导来行动。但问题是哲学、理论如何才能说服群众、掌握群众呢？对此，马克思有一段精辟的话："理论只要说服人［ad hominem］，就能掌握群众；而理论只要彻底，就能说服人［ad hominem］。所谓彻底，就是抓住事物的根本。而人的根本就是人本身。"① 马克思这时虽然对人的理解还没有达到"现实的人"的水平，但是他已经意识到要把理论建立在人的基础之上，只有把理论建立在人的基础之上，理论才能彻底，才能说服人。马克思后来所做的，正是把他的理论建立在现实的人基础之上，现实的人是他的理论出发点和归宿。马克思把他的理论建立在现实的人而不是"抽象的个人"或"抽象的普遍的人"基础上，一方面使得他的哲学理论是科学的；另一方面又使得他的理论具有现实革命性。因为马克思的哲学理论是关于人的解放的学问，这样他的理论必然深得人心，人们在情感上也就必定会愿意遵行马克思的哲学理论，会在情感上战胜一些负面情感。这样，马克思哲学理论就具有强大的理论说服力，而真正能在实际中起到改变世界的作用。

---

① 《马克思恩格斯文集》（第1卷），人民出版社2009年版，第11页。

# 参考文献

## 一、中文部分

[1]《马克思恩格斯文集》(第1、2、3、4、5、6、7、8、9、10卷),人民出版社2009年版。

[2]《马克思恩格斯全集》(第31卷),人民出版社1998年版。

[3]《马克思恩格斯全集》(第44卷),人民出版社2001年版。

[4]《马克思恩格斯全集》(第45卷),人民出版社2003年版。

[5]《马克思恩格斯全集》(第46卷),人民出版社2003年版。

[6]〔德〕黑格尔:《精神现象学》(上、下),贺麟、王玖兴译,商务印书馆1979年版。

[7]〔德〕黑格尔:《小逻辑》,贺麟译,商务印书馆1980年版。

[8]〔德〕黑格尔:《逻辑学》,梁志学译,人民出版社2002年版。

[9]〔德〕黑格尔:《逻辑学》(上),杨一之译,商务印书馆1966年版。

[10]〔德〕黑格尔:《逻辑学》(下),杨一之译,商务印书馆1976年版。

[11]〔德〕黑格尔:《自然哲学》,梁志学等译,商务印书馆1980年版。

[12]〔德〕黑格尔:《精神哲学》,杨祖陶译,人民出版社2006年版。

[13]〔德〕黑格尔:《法哲学原理》,范扬、张企泰译,商务印书馆1961年版。

[14]〔德〕黑格尔:《历史哲学》,王造时译,上海书店出版社2006年版。

[15]〔德〕黑格尔:《美学》(1、2卷和3卷上册),朱光潜译,商务印书馆1979年版。

[16]〔德〕黑格尔:《美学》(3卷下册),朱光潜译,商务印书馆1981年版。

[17]〔德〕黑格尔:《宗教哲学》,魏庆征译,中国社会科学出版社1999年版。

[18]〔德〕黑格尔:《哲学史讲演录》(第1卷),贺麟、王太庆译,商务印书馆1959年版。

[19]〔德〕黑格尔:《哲学史讲演录》(第2卷),贺麟、王太庆译,商务印书馆1960年版。

[20]〔德〕黑格尔:《哲学史讲演录》(第3卷),贺麟、王太庆译,商务印书馆1959年版。

[21]〔德〕黑格尔:《哲学史讲演录》(第1卷),贺麟、王太庆译,商务印书馆1978年版。

[22]《黑格尔早期著作集》(上),贺麟等译,商务印书馆1997年版。

[23]《黑格尔政治著作选》,薛华译,中国法制出版社2008年版。

[24]《黑格尔通信百封》,苗力田译,商务印书馆1982年版。

[25]〔苏〕列宁:《哲学笔记》,人民出版社1957年版。

[26]〔匈〕卢卡奇:《历史与阶级意识》,杜章智等译,商务印书馆1999年版。

[27]〔法〕阿尔都塞:《保卫马克思》,顾良译,商务印书馆2006年版。

[28]〔德〕阿多尔诺:《否定的辩证法》,张峰译,重庆出版社1993

年版。

[29]〔法〕科耶夫：《黑格尔导读》，姜志辉译，译林出版社 2005 年版。

[30]〔加〕查尔斯·泰勒：《黑格尔》，张国清、朱进东译，译林出版社 2002 年版。

[31]〔意〕克罗齐：《黑格尔哲学中活的东西和死的东西》，王衍孔译，商务印书馆 1959 年版。

[32]〔匈〕卢卡奇：《青年黑格尔（选译）》，王玖兴译，商务印书馆 1963 年版。

[33]〔美〕罗伯特·皮平：《黑格尔的观念论》，陈虎平译，华夏出版社 2006 年版。

[34]〔德〕里夏德·克朗纳：《论康德与黑格尔》，关子尹译，同济大学出版社 2004 年版。

[35]〔美〕考夫曼：《黑格尔——一种新解说》，张翼星译，北京大学出版社 1989 年版。

[36]〔英〕斯退士：《黑格尔哲学》，宋祖良等译，中国社会科学出版社 1989 年版。

[37]〔苏〕古留加：《黑格尔小传》，贾泽林等译，商务印书馆 1980 年版。

[38]《柏拉图全集》（第 1 卷），王晓朝译，商务印书馆 2002 年版。

[39]《柏拉图全集》（第 2、3、4 卷），王晓朝译，商务印书馆 2003 年版。

[40]〔古希腊〕亚里士多德：《形而上学》，吴寿彭译，商务印书馆 1959 年版。

[41]〔古希腊〕亚里士多德：《工具论》（上、下），余纪元等译，中国人民大学出版社 2003 年版。

[42]苗力田主编：《亚里士多德全集》（第七卷），中国人民大学出版

社 1983 年版。

[43]苗力田主编:《古希腊哲学》,中国人民大学出版社 1989 年版。

[44]〔法〕笛卡尔:《第一哲学沉思集》,庞景仁译,商务印书馆 1986 年版。

[45]〔德〕莱布尼茨:《人类理智新论》,陈修斋译,商务印书馆 1982 年版。

[46]〔英〕洛克:《人类理解论》,关文运译,商务印书馆 1959 年版。

[47]〔英〕休谟:《人性论》(上下册),关文运译,商务印书馆 1980 年版。

[48]〔英〕休谟:《道德原理研究》,曾晓平译,商务印书馆 2001 年版。

[49]〔德〕康德:《纯粹理性批判》,邓晓芒译、杨祖陶校,人民出版社 2004 年版。

[50]〔德〕康德:《实践理性批判》,邓晓芒译、杨祖陶校,人民出版社 2003 年版。

[51]〔德〕康德:《判断力批判》,邓晓芒译、杨祖陶校,人民出版社 2002 年版。

[52]〔德〕康德:《道德形而上学原理》,苗力田译,上海人民出版社 2005 年版。

[53]〔德〕费希特:《全部知识学的基础》,王玖兴译,商务印书馆 1986 年版。

[54]〔德〕谢林:《先验唯心论体系》,梁志学、石泉译,商务印书馆 1976 年版。

[55]〔德〕胡塞尔:《逻辑研究》(一、二卷),倪梁康译,上海译文出版社 1976 年版。

[56]〔德〕胡塞尔:《纯粹现象学通论》,李幼蒸译,商务印书馆 1992 年版。

［57］〔德〕海德格尔：《林中路》，孙周兴译，上海译文出版社 2004 年版。

［58］〔德〕海德格尔：《路标》，孙周兴译，商务印书馆 2000 年版。

［59］〔德〕海德格尔：《存在与时间》，陈嘉映、王庆节译，三联书店 1987 年版。

［60］北京大学美学教研室编：《西方美学家论美和美感》，商务印书馆 1980 年版。

［61］洪谦主编：《逻辑实证主义》，商务印书馆 1989 年版。

［62］金岳霖：《知识论》（上下册），商务印书馆 1981 年版。

［63］石里克：《伦理学问题》，孙美堂译，华夏出版社 2001 年版。

［64］〔英〕乔治·摩尔：《伦理学原理》，长河译，上海人民出版社 2005 年版。

［65］邓晓芒：《思辨的张力》，商务印书馆 2008 年版。

［66］杨祖陶：《康德黑格尔哲学研究》，武汉大学出版社 2001 年版。

［67］杨祖陶：《德国古典哲学逻辑进程》，武汉大学出版社 2003 年版。

［68］邹化政：《黑格尔哲学统观》，吉林人民出版社 1991 年版。

［69］王天成：《直觉与逻辑》，长春出版社 2000 年版。

［70］张世英：《论黑格尔的逻辑学》，中国人民大学出版社 2010 年版。

［71］张世英：《论黑格尔的精神哲学》，上海人民出版社 1986 年版。

［72］张世英：《黑格尔（小逻辑）译注》，吉林人民出版社 1982 年版。

［73］张世英：《自我实现的历程》，山东人民出版社 2001 年版。

［74］薛华：《自由意识的发展》，中国社会科学出版社 1989 年版。

［75］薛华：《黑格尔对历史终点的理解》，中国社会科学出版社 1983 年版。

［76］薛华：《黑格尔与艺术难题》，中国社会科学出版社 1986 年版。

［77］赵林：《黑格尔宗教哲学》，武汉大学出版社 2005 年版。

[78] 贺麟:《黑格尔哲学讲演集》,上海人民出版社 1986 年版。

[79] 宋祖良:《青年黑格尔哲学思想》,湖南教育出版社 1989 年版。

[80] 梁志学:《论黑格尔的自然哲学》,上海人民出版社 1986 年版。

[81] 王树人:《思辨哲学新探》,人民出版社 1985 年版。

[82] 杨寿堪:《黑格尔哲学概论》,福建人民出版社 1986 年版。

[83] 张澄清:《黑格尔的唯心辩证法》,福建人民出版社 1984 年版。

[84] 周礼全:《黑格尔的辩证逻辑》,中国社会科学出版社 1989 年版。

[85] 温纯如:《黑格尔逻辑学的真理观》,中国社会科学出版社 2008 年版。

[86] 朱立元:《黑格尔美学论稿》,复旦大学出版社 1986 年版。

[87] 朱光潜:《西方美学史》(上下卷),人民文学出版社 2004 年版。

[88] 宗白华:《美学散步》,上海人民出版社 1981 年版。

[89] 李泽厚:《美学四讲》,安徽文艺出版社 1994 年版。

[90] 蒋孔阳:《德国古典美学》,商务印书馆 2005 年版。

[91] 孙正聿等:《当代中国马克思主义哲学专题研究》,吉林人民出版社 2010 年版。

[92] 孙正聿等:《马克思主义基础理论研究》(上下册),北京师范大学出版社 2010 年版。

[93] 孙利天:《论辩证法的思维方式》,吉林人民出版社 2006 年版。

[94] 孙利天:《让马克思哲学说中国话》,武汉大学出版社 2010 年版。

[95] 贺来:《辩证法的生存论基础》,中国人民大学出版社 2004 年版。

[96] 王南湜:《辩证法:从理论逻辑到实践智慧》,武汉大学出版社 2011 年版。

[97] 俞吾金:《实践与自由》,武汉大学出版社 2010 年版。

[98] 王东:《马克思哲学新奠基——马克思哲学新解读的方法论导言》,北京大学出版社 2006 年版。

[99] 张一兵:《马克思历史辩证法的主体向度》,武汉大学出版社

2010年版。

[100] 吴晓明：《形而上学的没落——马克思与费尔巴哈关系的当代解读》，人民出版社2006年版。

[101] 杨耕：《为马克思辩护》，黑龙江人民出版社2002年版。

[102] 张曙光：《人的世界与世界的人——马克思的思想历程追踪》，北京师范大学出版社2009年版。

[103] 何萍：《文化哲学：认识与评价》，武汉大学出版社2010年版。

[104] 候才：《马克思的遗产》，黑龙江人民出版社2009年版。

[105] 韩庆祥、邹诗鹏：《人学——人的问题的当代阐释》，云南人民出版社2001年版。

[106] 杨祖陶、邓晓芒：《康德〈纯粹理性批判〉指要》，人民出版社2001年版。

[107] 陈修斋主编：《欧洲哲学史上的经验主义和理性主义》，人民出版社2007年版。

[108] 俞宣孟：《本体论研究》，上海人民出版社2012年版。

[109] 周晓亮：《休谟哲学研究》，人民出版社1999年版。

## 二、外文部分

[1] Béatrice Longuenesse. "Hegel's Critique of Metaphysics" [M] Cambridge: Cambridge University Press, 2007.

[2] Terry Pinkard. "Hegel: a Biography" [M]. Cambridge: Cambridge University Press, 2000.

[3] Alfredo Ferrarin. "Hegel and Aristotle" [M]. Cambridge: Cambridge University Press, 2001.

[4] H. S. Harris. "Hegel's Development, Night Thoughts (Jena 1801 -

1806)" [M]. Oxford: Clarendon Press, 1983.

[5] Allegra de Laurentiis. "Subjects in the Ancient and Modern World: on Hegel's Theory of Subjectivity" [M]. Houndmills: Palgrave Macmillan, 2005.

[6] Frederick. C. Beiser. "The Cambridge companion to Hegel" [C]. Cambridge: Cambridge University Press, 1993.

[7] Alan Patten. "Hegel's Idea of Freedom" [M]. Oxford: Oxford University Press, 2002.

# 后 记

本书缘起于兰州理工大学马克思主义学院"马克思主义理论研究文库"出版计划,学院领导多次鼓励我在前期研究的基础上出版专著。我在做博士后研究期间对黑格尔和马克思辩证法进行了比较研究,一直以来我不断坚持这方面的思考,有一些见解,本书是对自己多年思考的一个总结。本书是对哲学基础问题的研究,基础问题研究在当今似乎是吃力不讨好的事,但这是不能也不该避开的任务。秉持"潜心研究,严谨治学"态度,我为本书的完成倾注了大量心血。作为一本学术专著,在内容上不求面面俱到,但求有新意,在吸取前人研究成果基础上我尽量在本书每部分内容中都提出自己的看法。

本书完成之时,掩卷思叹,要感谢的人很多。感谢我的硕士生导师武汉大学赵凯荣老师,感谢他引导我如何学思哲学!感谢我的博士生导师吉林大学王天成老师和博士后研究期间合作导师吉林大学吴宏政老师,本书中的一些观点受到了他们启发,有的直接借鉴了他们的观点。感谢马克思主义学院饶旭鹏副院长(主持工作)、张军成书记、杨莉副院长对本书出版的鼓励和支持!感谢我们学科团队负责人刘海霞老师,刘老师自始至终十分关心本书的写作,还亲自为我联系出版社,让我备受感动!本书撰写过程中,饶旭鹏、杨莉、王海霞、刘海霞、邹驯智、王国斌、黄安、杨文静、孙大林多次参与了本书提纲的讨论和修订,提出了不少宝贵意见,在此对他们表示感谢!我的妻子兰州理工大学外国语学院赵雪华老师就书中有关美学问题多次和我商讨，书中的一些观点得益于和她的探究，在此向她表示感激！

感谢兰州理工大学"马克思主义理论研究文库"出版计划和"马克思主义与当代中国实践研究"学科团队对本书出版的资助！人文在线范继义老师对本书提出了中肯的修改建议，为本书的顺利出版做了不少工作，在此深表感激！

我深知，书中观点难免有不当之处，诚恳希望学界同仁批评指正！

朱长兵
2017 年 7 月 9 日于兰州